Mais Elogios a 360 *Graus de Influência*
"Influência não é uma linha reta e lógica; é um passeio tortuoso pelos valores e pelas percepções que o público tem de você. Harrison Monarth oferece um GPS para a influência, navegando pelo complexo cenário das crenças e expectativas pessoais — seja o seu destino um escritório executivo ou um relacionamento feliz."

Jay Heinrichs, autor de
Thank You for Arguing e *Word Hero*

"Recheado de ideias expressas articuladamente."

Chris St. Hilaire, autor de
27 Poderes de Persuasão

"Harrison Monarth novamente cumpre o que promete com histórias inteligentes e com sinceridade. *360 Graus de* Influência é muito bem fundamentado em pesquisas e informativo."

Nicholas Boothman, autor de
Como Convencer Alguém em 90 Segundos

"Harrison Monarth passará a você vários ensinamentos sobre influência, da habilidade de ouvir à habilidade de enquadrar. À medida que ler este livro, você buscará compreender de que forma pode utilizar sua influência para ajudar outras pessoas e você mesmo."

Meir Statman, Ph.D., professor de finanças Glenn Klimek da Universidade de Santa Clara, autor de *What Investors Really Want*

"Fortalecer intencionalmente seu impacto é uma tarefa complexa. Harrison Monarth busca esclarecer os fatores que afetam sua capacidade de influenciar: de que forma as pessoas desenvolvem e mantêm crenças e determinados tipos de resistência e como podemos lidar com elas, bem como estratégias para obter os resultados que você deseja. Um livro bem fundamentado em pesquisas e criterioso e uma ótima leitura."

Shelle Rose Charvet, autora do *best-seller* internacional *Words That Change Minds: Mastering the Language of Influence*

"Nenhuma das definições clássicas do ser humano, de animal 'que utiliza símbolos' a animal 'racional', de fato capta especificamente nossa essência tanto quanto a visão de Harrison Monarth, que enxerga o ser humano como um animal que influencia. Em 360 *Graus de Influência*, Monarth vê o desejo onipresente dos seres humanos de influenciar comportamentos como veemente, seja de forma consciente ou não. Aprender a fazer isso apropriadamente pode afetar quase toda atividade humana, do sucesso nos negócios à conduta diante dos intimidadores. Para aqueles que participam do jogo da persuasão, essa é uma oportunidade de ter sucesso em uma atividade definitivamente humana que poucos autores podem absorver tão bem quanto Harrison Monarth."

Richard E. Vatz, PhD, professor, Universidade Towson, autor de *The Only Persuasive Book of Persuasion*

"Você alguma vez já desejou ter uma visão de raio X ou conseguir voar? Em 360 *Graus de Influência*, Monarth nos dota de superpoderes bem mais incríveis do que esses! Saia da frente, Batman! Não mais restrito à esfera dos super-heróis e dos diretores executivos, o extraordinário poder da influência agora está ao alcance de todos.

Recém-formados, assistentes executivos, gerentes de projeto e empresários, todos podem se beneficiar dos passos básicos apresentados por Monarth para 'levar todos a seguir sua liderança'."

Marshall Goldsmith, autor de *MOJO* e *What Got You Here Won't Get You There*, *best-sellers* do *The New York Times*

"Este livro de Harrison Monarth se destaca por cobrir de forma prática e abrangente o tema fundamental da influência no ambiente de trabalho. Com orientações valiosas sobre como apresentar suas ideias de maneira mais eficaz e como lidar com seu chefe, essa monografia de Monarth é uma leitura obrigatória para todas as pessoas que precisam desenvolver sua marca pessoal e se autopromover — o que, obviamente, inclui todas as pessoas."

— Jeffrey Pfeffer, Ph.D., professor da Escola de Negócios de Stanford e autor de *Power: Why Some People Have It — and Others Don't*

"Sua capacidade de influenciar e persuadir outras pessoas é a habilidade mais importante para ter sucesso dos negócios e da liderança — e este livro mostra a você como fazê-lo com técnicas simples, eficazes, práticas e comprovadas."

— Brian Tracy, autor de *Full Engagement*

"*360 Graus de Influência* será um dos livros mais procurados do ano. Ao lhe ensinar a persuadir outras pessoas, de maneira inteligente e pragmática, Monarth sintetiza essa ciência de vanguarda e o que ocorre fora dos laboratórios, no mundo real. Todo influenciar necessita deste livro."

Kevin Hogan, doutor em psicologia, autor de *The Science of Influence: How to Get Anyone to Say "Yes" in 8 Minutes or Less*

"Finalmente! Um livro sobre influência que não lhe diz como impor seu ponto de vista aos outros, mas como mostrar caminhos para construir relações autênticas e mutuamente benéficas. Uma abordagem verdadeiramente avançada do século XXI para uma habilidade tão fundamental."

— Lois P. Frankel, Ph.D., autor de *Nice Girls Don't Get the Corner Office* e *Nice Girls Just Don't Get It*

"*360 Graus de Influência* abre novas possibilidades. Harrison Monarth escreve com talento, paixão e discernimento. Mesmo os profissionais já tarimbados considerarão seus conselhos práticos e inestimáveis."

— **Harry Mills, diretor-geral do Mills Group e autor de *Artful Persuasion* e *The StreetSmart Negotiator***

360 Graus de Influência

LEVE TODOS A SEGUIR SUA LIDERANÇA EM SUA TRAJETÓRIA PARA O TOPO

HARRISON MONARTH

Tradução: Beth Honorato

São Paulo, 2014
www.dvseditora.com.br

360 GRAUS DE INFLUÊNCIA
Leve todos a seguir sua liderança em sua trajetória para o topo
DVS Editora 2014 - Todos os direitos para a língua portuguesa reservados pela editora.

360 DEGREES OF INFLUENCE
Get everyone to follow your lead on your way to the top
Original edition copyright © 2012 by Harrison Monarth. All rights reserved. Portuguese edition copyright © 2014 by DVS Editora Ltda. All rights reserved.

Nenhuma parte deste livro poderá ser reproduzida, armazenada em sistema de recuperação, ou transmitida por qualquer meio, seja na forma eletrônica, mecânica, fotocopiada, gravada ou qualquer outra, sem a autorização por escrito do autor.

Diagramação: Konsept Design e Projetos

Dados Internacionais de Catalogação na Publicação (CIP)
(Câmara Brasileira do Livro, SP, Brasil)

```
Monarth, Harrison
    360 graus de influência : leve todos a seguir
sua liderança em sua trajetória para o topo    /
Harrison Monarth ; tradução Beth Honorato. --
São Paulo : DVS Editora, 2014.


    Título original: 360 degrees of influence : get
everyone to follow your lead on the way to the
top.
    ISBN 978-85-8289-069-1


    1. Influência (Psicologia) 2. Liderança
3. Persuasão (Psicologia) I. Título.
```

14-04224	CDD-158.4

Índices para catálogo sistemático:

1. Liderança : Psicologia aplicada   158.4

Com amor, para a minha mãe,
Roswitha Krems

SUMÁRIO

PREFÁCIO xiii

AGRADECIMENTOS xvii

Capítulo 1 Dominado, persuadido e compelido: a influência é constante 1

Capítulo 2 A influência de 360 graus começa em você 27

Capítulo 3 Rompendo a resistência: as principais barreiras para influenciar outras pessoas 49

Capítulo 4 Saiba o que de fato motiva as pessoas e com o que as pessoas de fato se importam 67

Capítulo 5 Como nossas decisões definem nossa capacidade de influenciar 83

Capítulo 6 Preparando o terreno: como influenciar estrategicamente as decisões das pessoas 113

Capítulo 7 Ganhando domínio em política organizacional 137

Capítulo 8 Influenciando os de cima: persuada seu chefe a concordar com sua maneira de pensar 159

Capítulo 9 O sexo oposto em prol do sucesso mútuo 177

SUMÁRIO

Capítulo 10 Influenciando as impressões do público
sobre sua organização   199

Capítulo 11 Utilizando suas palavras para influenciar
e mudar mentalidades   225

Capítulo 12 Controlando o poder de influência de
sua marca pessoal   259

NOTAS   283

SOBRE O AUTOR   315

PREFÁCIO

Pergunte a qualquer pessoa quais superpoderes ela gostaria de ter — supondo que isso fosse possível. É provável que você não precise esperar muito tempo para obter uma resposta. Capacidade de **ler a mente humana, visão de raio X, velocidade da luz** ou **capacidade de voar** talvez estejam entre as respostas.

Desde o momento em que o Super-Homem foi criado em 1938, pessoas do mundo inteiro sucumbiram à fascinação exercida pelos super-heróis — essa palavra gera mais de sete milhões de buscas no Google —, cujas imagens e aventuras ancoraram-se na consciência da sociedade moderna e na cultura popular. Aliás, é muito difícil um verão em que Batman, Homem Aranha ou Homem de Ferro não sejam revividos nas grandes telas para atrair bilhões de pessoas do mundo inteiro para os cinemas. E não precisamos recorrer a Jay Leno para afirmar que a maioria das pessoas consegue citar cinco super-heróis fictícios mais rapidamente do que cinco membros do gabinete do presidente.

Os psicólogos já conseguem explicar esse fenômeno. Do nosso desejo pelo poder de mudar nosso mundo e nossas circunstâncias aos códigos morais bem definidos e valores específicos de verdade e justiça que os heróis fantasiados defendem e com os quais podemos nos identificar, tudo isso faz sentido. Infelizmente, esse sonho não está ao alcance de nós, mortais, não importa quantas aranhas radioativas cravem as presas em nossa carne. Nenhum de nós se transformará no Homem Aranha.

PREFÁCIO

Contudo, existe um tipo de superpoder que supera a junção de todos aqueles que os famosos cruzados de capa possam oferecer, e é um poder que qualquer pessoa pode adquirir. Praticado por uma porcentagem minoritária de comunicadores qualificados, aos quais não falta a "capacidade de leitura mental" necessária para compreender as necessidades e as crenças das pessoas que participam de um intercâmbio, esse superpoder específico está ao alcance de todos aqueles que procuram conhecer e exercer esse poder para si mesmos.

Estou falando do **poder de influenciar** e mudar mentalidades sempre que necessitamos, da capacidade de formar opiniões e persuadir os céticos a aceitar nosso modo de pensar — a relíquia da carreira profissional e dos relacionamentos. Assim que dominamos essa capacidade, não necessitamos de nenhuma alavanca para convencer os outros a ver as coisas da forma como enxergamos, lemos a mente de outras pessoas por meio do que os cientistas sociais chamam de precisão empática ou descobrimos o que elas estão pensando para atingi-las mais a fundo e, desse modo, vender nosso argumento. Esse poder inteiramente humano reside na empatia, a capacidade de compreender as necessidades e os objetivos humanos, e no talento para empregar uma linguagem empática no momento em que ela é fundamental.

Embora poucas pessoas lutem contra supervilões ao longo de sua vida profissional, muitas delas cresceram lutando contra alguns **intimidadores** — algumas vezes dentro da própria família — e hoje, devidamente formadas e adaptadas, elas se deparam com eles em todos os cantos, dos corredores do escritório ao mais alto nível da administração. Ainda que ninguém consiga penetrar na mente do outro e controlar seu comportamento, o poder de saber de que forma as outras pessoas tomam decisões e tendem para as escolhas pode nos ajudar a influenciar comportamentos em prol do de um bem mútuo. Além disso, embora ninguém consiga viajar à velocidade da luz, a influência vigorosa que emana das decisões e escolhas que tomamos para o

PREFÁCIO

modo como nos comunicamos e nos apresentamos pode percorrer o globo terrestre por meio das multimídias enquanto estamos dormindo e então convencer as pessoas a escolher o que oferecemos.

Aliás, já não basta simplesmente conhecer alguns truques para acessar rapidamente uma fotocopiadora quando existe uma fila de pessoas aguardando. Nem é particularmente útil ficar sabendo de que forma uma determinada estratégia conseguiu fazer com que as mães de um povoado africano oferecesse uma nutrição mais adequada para seus recém-nascidos. Na verdade, neste livro você aprenderá a utilizar os **superpoderes da influência** e da presença nas inúmeras situações reais da vida que você enfrenta no dia a dia; depois que você praticar e dominar esses poderes, terá oportunidade de determinar a trajetória de sua carreira e de seu sucesso nos negócios. Da capacidade de superar a provação diária das políticas organizacionais, às estratégias para conseguir defender um argumento em uma reunião importante com a alta administração, à capacidade de elaborar uma narrativa que repercuta profundamente em um cliente importante, este livro o envolverá pessoalmente com constatações sobre as dinâmicas da influência que talvez você nunca tenha tido oportunidade de compreender mas às quais está sujeito diariamente. No que diz respeito aos superpoderes, eles são bem melhores e enormemente mais úteis do que conseguir saltar sobre arranha-céus e disparar rajadas de energia com os olhos.

Espero sinceramente que você consiga encontrar inspiração nestas páginas, seja qual for sua profissão e formação. A **influência** é um **impulso humano natural** e a **capacidade de adquiri-la agora está em suas mãos!**

AGRADECIMENTOS

Devo meu agradecimento à Rita Rosenkranz, a agente mais atenciosa e qualificada que um autor poderia desejar. Seus elevados padrões preparam o terreno para este livro. Devo muito também à minha editora já de longa data na McGraw-Hill, Donya Dickerson, cujo estímulo e entusiasmo ajudaram a viabilizar este livro. Agradeço ainda aos editores Joe Berkowitz e Nancy Hall, que garantiram que minha redação tivesse a melhor qualidade possível.

Agradeço aos meus admiráveis colegas e companheiros de trabalho que contribuíram com pesquisas e ideias para este livro — dentre eles, Terri Peterson, Ph.D., Larry Brooks, Joe Walsh, Heather Iarusso e muitos outros do meio acadêmico, empresarial e profissional.

Sou grato à minha mulher, sempre paciente e afetuosa, e aos meus bons amigos, que me ofereceram o equilíbrio certo para enfrentar as pressões de inúmeros prazos e de uma frenética agenda de viagens.

Por fim, gostaria de agradecer sinceramente aos colegas, especialistas e autores que consideraram este livro bom o suficiente para expressar sua generosa aprovação. Você poderá conferir os respectivos nomes e comentários na quarta capa e nas primeiras páginas deste livro. Fico grato por sua gentileza.

CAPÍTULO 1

Dominado, persuadido e compelido: a influência é constante

Um banco da Nova Zelândia persuade prestativamente os clientes a economizar dinheiro em pulsos apenas pressionando um botão em seu *iPhone*. Ao que parece, existe um aplicativo para isso. Nos Estados Unidos da América (EUA), as cantinas escolares estão tentando oferecer opções de comida mais saudáveis e tornar as frutas, as verduras e os legumes mais atraentes do que a popular batata frita. Para isso, elas estão melhorando a iluminação, o posicionamento e a denominação desses alimentos (as cenouras são chamadas de "*X-ray vision carrots*" ou "**cenouras de visão de raio X**", lhe apetece?).

Em Nova York, os táxis têm telas sensíveis ao toque na traseira do banco da frente para sugerir quanto os passageiros devem dar de gorjeta ao motorista ao chegar a um determinado destino. Botões grandes e coloridos oferecem a opção de US\$ 2, US\$ 3ou US\$ 4, se o valor da corrida for inferior a US\$ 15. Se for superior a US\$ 15, os botões exibem porcentagens de 20% a 25% ou até 30%. Fiando-se obviamente na suposição de que as pessoas são incapazes ou têm preguiça de calcular e escolher por conta própria um valor justo de gorjeta, os motoristas de táxis estão felizes em informar que o valor das gorjetas disparou, uma vez mais, devido em parte a esses botões extremamente sugestivos que apelam para a **generosidade**.

Todos os dias, participamos de centenas ou milhares de interações menores e maiores que nos orientam ou nos incitam a tomar uma ou outra direção. Embora toda essa influência e persuasão fiquem mais óbvias à medida que envelhecemos, elas têm um papel ativo desde o momento em que soltamos nosso primeiro grito **lancinante ao nascer**.

Nascemos para influenciar

Hoje em dia, é impossível caminhar pelas ruas e não sentir o poder da influência. Mesmo que as ruas estejam completamente vazias, sinais, avisos, argumentos de vendas e opiniões preenchem todos os ângulos de visão concebíveis. Esse contato com a influência inicia-se com a nossa primeira percepção de **eu** (*self*), no momento em que reconhecemos que não estamos sozinhos e experimentamos alguma forma de desejo. Para a maioria das pessoas, isso começa no **nascimento**.

Com esse primeiro desejo infantil surge o instinto natural de obter o que desejamos. Choramos, choramingamos e adotamos essa técnica muito antes de aprendermos que também podemos obter o que desejamos sorrindo e rindo. Os bebês não conseguem racionalizar, priorizar nem comunicar nada além de seus desejos, embora consigam o que desejam apenas abrindo sua linda boquinha e desatando a chorar.

A necessidade dos pais de perceber e reagir, no sentido de oferecer proteção e/ou aprender, é tão instintiva quanto a do próprio bebê. Essa necessidade de acalentar está tão enraizada quanto o choro do bebê e oferece o primeiro indício da intenção da natureza de que os seres humanos exerçam e percebam um círculo completo de influência ao longo da vida. De acordo com um estudo de 1968 a respeito dessa interação, a troca entre pais e filhos é precisamente a essência da afeição, e até mesmo do amor. Pais e filhos iniciam seu caminho juntos, por meio de uma dança de influência e reação, realizada em um palco de interações. Desde o primeiro instante da nossa vida, indícios verbais e não verbais preenchem o espaço familiar e definem rapidamente uma dinâmica que definirá os rumos de toda uma infância.

Esse primeiro gosto que sentimos do poder da influência desencadeia um processo de desenvolvimento e interpretação de nossos poderes inerentes nesse aspecto. Embora variáveis sociais e domésticas conspirem para levar essa capacidade para diferentes lugares e níveis, o fato universal é que ela está ali dentro de nós, sempre disponível como um poder que deve ser reconhecido. Quer esse poder surja de canalizarmos a influência para obtermos o que desejamos ou de cedermos a ele e nos tornarmos impotentes diante dos desejos de outros, o poder de influenciar continua sendo uma questão não tanto de destino, mas de **compreensão**.

Em outras palavras, alguns o conquistam e outros não.

Uma luta interminável por recompensas e recursos financeiros

Assim como nos parece natural exercer e reagir a **influências**, está provado que o poder de influência assume várias formas e níveis entre os adultos. A luta constante por recompensas e as pressões decorrentes da disputa por recursos estão entrelaçadas no tecido de qualquer organização repleta de profissionais focados em metas. Eles são a placa de Petri imaginária da psicologia humana que eleva a influência a nada menos que a moeda do sucesso.

Ao tentar tirar proveito dessa moeda, às vezes as pessoas ultrapassam limites éticos e legais. Um artigo recente e bombástico na revista *Rolling Stone* descreveu detalhadamente que o Exército dos Estados Unidos pode ter utilizado mal alguns de seus especialistas em "operações psicológicas" (ou "op psico", como normalmente são chamadas) para influenciar senadores norte-americanos que apareciam para uma visita. Geralmente, esses especialistas aprendem a identificar organizações e indivíduos estrangeiros hostis para manipular várias crenças, sistemas de valores e emoções e obter vantagens estratégicas em situações e territórios de conflito. Entretanto, nesse caso, o jornalista da revista divulgou que as operações psicológicas visavam aos legisladores dos EUA que compareciam em campo em uma iniciativa calculada para persuadi-los a aprovar mais tropas e recursos financeiros. Um escândalo se sucedeu.

A **competição** ou **disputa por recursos** é intrínseca à evolução de qualquer espécie sobrevivente e a capacidade de adaptá-la ao ambiente prevalecente, para a maior parte da vida existente no planeta, definindo, assim, quem vive e quem morre. No reino humano, a competição é o combustível de quase tudo o que é político, econômico e relacional. Competimos por votos; disputamos empregos e dinheiro; lutamos por participação de mercado; classificamos os melhores talentos; lutamos por prestígio, galardões de honra e êxito pessoal; e, em nível global, travamos guerras por poder, vantagens e propagação de nossos sistemas de crenças. A ânsia pela influência é tão antiga quanto a história documentada e, portanto, contém a essência da dinâmica da evolução humana.

Vencendo o combate por meio da influência

Seja por meio de uma cenoura (recompensa) ou de uma vara (punição) ou de qualquer uma das formas mais sutis de influência nesse espectro, tudo o que desejamos, negociamos, medimos e remuneramos é produto de nossa capacidade de exercer influência de uma forma eficaz. À medida que nossa espécie evoluiu, nosso cérebro aumentou literalmente. Na verdade, o cérebro triplicou de tamanho nos últimos dois milhões de anos, de acordo com um estudo de David Geary, professor de estudos psicológicos da Faculdade de Artes e Ciência da Universidade do Missouri. A seleção natural impulsionou essa evolução à medida que as necessidades tornaram-se mais complexas com o passar dos milênios. Esse fenômeno entre os seres humanos deve-se precisamente ao instinto natural de competir por recompensas, porque fazemos isso de uma maneira mais socialmente complexa e ambientalmente diversa do que outras espécies, cujo cérebro tem predominantemente o mesmo tamanho desde quando os répteis gigantes perambulavam pelo planeta. O leão mais veloz come; a gazela mais lenta é comida. Contudo, entre nós, a sobrevivência econômica e social é uma proposição bem mais complexa e delicada.

Com toda a capacidade intelectual de que dispomos, dois mil milênios de evolução e mais recompensas do que nunca para agarrar, esse nosso grande interesse por dominar a arte da influência é mais do que compreensível. As pessoas que a desenvolveram são aquelas que se encontram nos luxuosos escritórios destinados aos executivos, enquanto nós outros continuamos até certo agarrados àquelas primeiras pontadas de necessidade expressas por meio de clamores e sorrisos na esperança de obter algo em troca. Isso porque, embora instintivo, exercer uma influência eficaz em uma economia e cultura complexas é tanto uma arte psicológica aprendida quanto um dom da lábia.

Nossos valores são alvo de influência

Para compreender verdadeiramente o poder de influência, é necessário compreender o contexto no qual esse poder nasce. De acordo com Shalom H. Schwartz, Ph.D., da Universidade Hebraica de Jerusalém, os **valores** resultam da associação entre sistemas de crenças e emoções e, por isso, são um fator de motivação de peso em nossas decisões diárias. Esses valores definem o ponto ideal para uma influência pretendida, porque o objetivo final é conduzir as decisões dos outros para o lugar (ou ponto de vista) que desejamos.

Segundo Shalom H.Schwartz, nossas motivações são caracterizadas por **dez crenças** distintas cujas diferenças não dependem de onde vivemos nem de quem somos em termos de visão de mundo. São elas:

1. **Autodireção** – Capacidade de escolher; de agir de acordo com a vontade; e de criar, descobrir e explorar opções.
2. **Estímulo** – Sensação de energia, entusiasmo e desafio.
3. **Hedonismo** – Recompensa obtida por meio da maximização do prazer.
4. **Realização** – Canalização da competência para metas específicas e aceitas socialmente ou que obtêm aprovação.
5. **Poder** – Dominação e controle, com frequência imbuídos de prestígio e *status*.
6. **Segurança** – Sensação de segurança e estabilidade em relação aos nossos relacionamentos e a nós mesmos.
7. **Submissão** – Fuga de reações e ações que tenham consequências negativas ou do risco de desaprovação, demonstrada por meio de restrição ou negação.
8. **Tradição** – Sujeição a hábitos e costumes definidos pela religião, pela cultura ou por um sistema de crenças estabelecido que evocam respeito e aceitação.
9. **Benevolência** – Promoção do bem-estar alheio, particularmente das pessoas com as quais temos relacionamentos pessoais.
10. **Universalismo** – Respeito e atenção a todos os aspectos da natureza e a outras pessoas por meio do apreço, da tolerância e da compreensão.

A profundidade dessa análise subjuga exatamente os fatores que tornam a influência no mundo moderno mais desafiadora do que nunca: a assustadora amplitude da experiência humana e das formas de socialização. Nunca antes nos defrontamos com essas várias opções nesse nível de competição por recompensas. O escopo do potencial de influência é inédito; tão inédito que, para nós, talvez seja difícil associar nossos desejos com nossos valores, pelo menos até que comecemos a questionar nossas motivações e nosso autoconhecimento. A autorreflexão, e não o instinto básico, é a base de um *self* desenvolvido em uma cultura evoluída, e a arte da influência é a beneficiária desse processo. Porém, nossas iniciativas para mudar ou mesmo dominar a mente de alguém são obstruídas quando não compreendemos as motivações de nosso público ou de nossos antagonistas.

A influência eficaz depende de compreendermos por que as pessoas resistem à mudança mesmo quando uma ideia ou oportunidade atende a seus interesses. Influenciar não consiste tanto em apresentar um conjunto de verdades para os outros, mas em apresentar essas verdades de uma maneira que as outras pessoas pensem que foram **elas** que perceberam e descobriram as ideias por si próprias, e não por nos ouvir. Dentre os vários fatores centrais à resistência encontram-se diversos sistemas de crenças e valores que dividem nossa cultura em vários subconjuntos e silos isolados de pessoas com mentalidade semelhante. O poder desses sistemas é tal que eles podem superar a lógica e os fatos, e é por isso que alguns extremistas **explodem o próprio corpo** em nome de suas crenças. Isso é igualmente verdadeiro tanto nas organizações — e **para** as organizações — quanto em qualquer outro subgrupo. É difícil mudar uma cultura e muito mais ainda influenciá-la quando nossa intenção diverge das normas aceitas e sobre as quais já se chegou a um consenso.

Enquanto líderes, precisamos prever o que é necessário para realizar uma mudança e, por conseguinte, como devemos moldar nossas iniciativas para exercermos influência. Diversos pesquisadores respeitados apoiaram-se em sete fases principais do ciclo de mudança, fases essas que devem ser consideradas pelos influenciadores durante a preparação de uma iniciativa que pretenda convencer um público a sair do *status quo*. A sequência é a seguinte:

1. **O mesmo de sempre** – Modalidade do "não inventar moda e deixar as coisas como estão", estado de imobilidade.
2. **Ameaça externa** – A possibilidade de perda; um infortúnio iminente; algum tipo de desenlace; uma mudança por meio da introdução de um novo elemento.

3. **Negação** – Uma simples recusa em examinar as evidências, em considerar as probabilidades e em enfrentar a verdade.
4. **Lamentação/pesar** – O estado sombrio e confuso de se desprender do que já foi.
5. **Aceitação** – O esperado desprendimento do passado com a mente aberta para o que vem em seguida.
6. **Renovação** – Descoberta de novas percepções, a emoção diante de um novo começo e de um movimento para o futuro, a sensação de que a visão está se transformando em realidade, o gozo da esperança.
7. **Nova estrutura** – O novo torna-se o *status quo* e há uma sensação de estabilidade e continuidade.

Essa resistência à mudança ancorada em valores está associada à existência de **inércia emocional** ou à simples falta de energia para fazer as coisas de maneira diferente. A influência constitui a energia que supera a inércia e qualquer comprometimento implícito desafia a lógica de um caminho melhor. O que parece ser resistência pode ser simplesmente duas forças emocionais opostas que lutam até que haja um vencedor. Os líderes influentes encontram sempre uma maneira de descobrir e compreender em que consistem essas crenças e forças conflitantes.

Os funcionários que demonstram comportamentos constantes de autoderrota são um exemplo de sistemas de crenças conflitantes, e não de oposição explícita. Imagine, por exemplo, um homem jovem que, em seu tempo livre, toca em uma banda de *rock* e mantém-se próximo e unido ao grupo que o abraça nesse âmbito de sua vida. No emprego, ele demonstra bons hábitos de trabalho, é querido, não tem problemas e apresenta um nível de desempenho que atende e com frequência supera as expectativas. Contudo, ele foi preterido em uma promoção, em favor de pessoas com um desempenho aparentemente inferior — talvez isso tenha a ver com o fato de seus olhos estarem sempre injetados em virtude dos ensaios até altas horas da noite e com uma tatuagem no pescoço que às vezes fica à mostra; as avaliações sobre seu desempenho ressaltam que ele não se ajusta muito à cultura corporativa e precisa batalhar para se integrar à equipe. Se a empresa lhe desse tempo e possibilidade, um psicólogo poderia descobrir que ele está tendo problemas para se desprender de sua identidade encoberta de rebelde e resiste a se transformar em apenas mais um dos "engravatados" do escritório, embora tenha a mesma virtude pelo trabalho e as mesmas metas profissionais. Entretanto, existe uma possibilidade de conciliação em ambos os extremos dessas dinâmica, se o funcionário descobrir e tiver oportunidade de controlar seu aparente preconceito contra a cultura corporativa e compreender o viés da organização em relação à conformidade cultural; a organização em si beneficia-se de funcionários e líderes autorreflexivos que descobrem que, ao se desprenderem de seu perfil de candidato arquetípico, sua influência produz melhores escolhas para o futuro, livres das camadas ocultas de crenças distorcidas e pensamentos prejudiciais.

Uma análise mais profunda sobre nossos comportamentos "irracionais"

Embora possivelmente paradoxal, muitos de nós tendemos a pensar que sabemos de onde provêm comportamentos e sistemas de crenças inexplicáveis. Quanto mais eles nos afetam, mais pensamos que os compreendemos, mas, ao que se revela, é menos provável que de fato compreendemos. É por isso que um ano inteiro em uma escola de pós-graduação em psicologia humana dificilmente poderia explicar o que nos motiva a agir de acordo ou a resistir a uma influência recebida. No entanto, os influenciadores eficazes estão cientes desse **nível de complexidade** e valem-se disso para derrubar barreiras mais rapidamente e completamente.

A existência de um fator psicológico às vezes imbui a **irracionalidade** de **legitimidade**. Considere, por exemplo, uma pessoa que tem dificuldade para se lembrar das coisas. Sem reconhecer que alguma coisa pode estar errada, atribuímos esse comportamento à distração, sobrecarga de trabalho ou dispersão. Contudo, no momento em que sabemos com certeza que isso se deve a um desequilíbrio químico, o problema de memória muda de contexto, para algo que explica o comportamento e traz à tona uma resposta diferente e mais tolerante. E essa constatação também oferece uma oportunidade para melhorar o problema.

Supostamente, na cultura econômica moderna o comportamento racional origina-se de decisões e ações que atendem aos interesses e recompensas do **decisor**. Porém, existem vários exemplos de pessoas que fazem exatamente o contrário do que é esperado; elas resistem ao que poderia ajudá-las e adotam crenças e demonstram comportamentos que inevitavelmente voltam a assombrá-las de alguma maneira. Praticamente como se isso fosse sua intenção desde o início. Elas são masoquistas com total comando sobre o rumo de sua vida ou alguma outra coisa — um problema de desequilíbrio psicológico ou neuroquímico — assume o comando no momento da decisão?

A resposta é que poderia ser ambos ou nenhum desses fatores. Na área emergente da economia comportamental, pesquisadores proeminentes como Daniel Kahneman, Amos Tversky, Richard Thaler e Dan Ariely, autor de *Predictably Irrational* (*Previsivelmente Irracional*), demoliram suficientemente a ideia de que os seres humanos são racionais. Em vez de racionalidade, o influenciador eficaz procura indícios para determinar o fator causal mais provável da **"irracionalidade"** de uma pessoa e utiliza isso como ponto de partida.

Algumas vezes, a voz humana da insensatez que impede uma decisão positiva é **social**, e não bioquímica. Não precisamos examinar nada além da comunidade de mártires extremistas para reconhecer isso. **Todos eles são doentes mentais?** Sofrem de desequilíbrio químico? Ou eles foram condicionados e programados a tal ponto que suas vias neurais correm em uma direção que está de acordo com seus sistemas de crenças e falam mais alto que sua percepção de *self* e qualquer medo intrínseco? É quase certeza de que esse seja o caso, e isso molda completamente o contexto de qualquer tentativa de racionalizar com essas pessoas ou de influenciá-las.

Seja por motivos biológicos, químicos ou sociais, se nossas crenças são **"irracionais"**, também o serão nossos comportamentos. Nosso cérebro dita nossas opções, segundo um estudo conduzido na Universidade de Minnesota. Um exemplo amplamente citado é o que os pesquisadores chamam de **falácia do jogador**, que postula que, quando os jogadores acreditam que está se formando um padrão em um baralho que normalmente seria aleatório, eles jogam de acordo com uma probabilidade que eles mesmos criam. Eles acreditam que eles estão com **sorte** e continuam jogando.

Talvez ganhem, talvez não. Contudo, esse é um dos motivos pelos quais "a casa sempre vence". Os jogadores que identificam um padrão onde a aleatoriedade é o único fator que controla as cartas seguirão esse padrão até a bancarrota.

Com relação às mentes mais "racionais" existentes entre nós, talvez elas sejam um exemplo incomum. Todos sabem que os jogadores têm um problema — um problema que felizmente não afeta nem você nem a mim. **Certo?**

Se você acredita nisso, um rápido passeio imaginário pelo mercado de ações pode trazê-lo de volta à realidade.

Irracionalidade no mercado de ações

Após o colapso econômico de 2008, as finanças comportamentais voltaram a ser um tema quente no debate sobre o que teria dado errado. As pesquisas precursoras de Amos Tversky e Daniel Kahneman ofereceram algumas respostas. Eles as chamaram de **teoria da prospecção**, e constataram, especificamente, que os investidores — na verdade, todos os seres humanos — avaliam os ganhos e as perdas de uma forma diferente. Com relação a perdas prováveis, nosso pânico pode ser desproporcionalmente maior do que o prazer que sentimos com a possibilidade de obtermos ganhos. Em poucas palavras, a ideia de perder US$ 100 nos afeta duas vezes mais fortemente do que a ideia de ganhar US$ 100. Nesse contexto, esses pesquisadores também descobriram que os investidores — e todos nós — são bem mais propensos a correr o risco de evitar qualquer perda do que tentar obter possíveis ganhos.

Meir Statman, especialista em finanças comportamentais da Escola de Negócios Leavey, afirma que na realidade as pessoas sofrem depois que tomam decisões ruins, inclusive decisões financeiras. Para a maioria delas, encarar a possibilidade de ter de vender suas ações é tudo, menos uma busca racional por dicas; ao contrário, é um exercício emocional que está intimamente associado com o cálculo da diferença entre quanto pagamos pela ação e quanto podemos vendê-la no momento.

Statman, que estudou os erros cognitivos e as emoções que podem influenciar o comportamento dos investidores, tem duas teorias:

○ Os investidores se prendem às ações que estão caindo para evitar a triste constatação de ter cometido um erro se as venderem.
○ As pessoas preocupam-se com o que os outros vão pensar quando divulgarem perdas decorrentes de investimentos ruins e, portanto, postergam a decisão de amenizá-las.

Outros pesquisadores da área de economia comportamental postulam que o pensamento de rebanho orienta o comportamento do investidor, na medida em que se considera mais seguro seguir o rebanho — ele provavelmente sabe mais — do que confiar na própria decisão. A consequência disso é terrivelmente óbvia. Quando um "rebanho" de investidores entra em pânico, todos vendem suas ações de uma só vez, todos estimulados pelo comportamento um do outro.

Outro indício de nosso comportamento de seguir o rebanho cristaliza-se quando investidores extremamente entusiasmados se juntam para comprar uma ação de preço elevado, mas muito popular, demonstrando o oposto do mantra de investimento racional — **"compre baixo, venda alto"**. Quando o preço da ação por fim cai, os investidores conseguem racionalizar mais facilmente suas péssimas decisões culpando o rebanho pela exagerada debandada, em vez de culparem a si mesmos.

Vejamos outras circunstâncias em que somos influenciados constantemente.

Onze maneiras de você estar sendo influenciado exatamente neste momento

Não olhe agora, mas você está sentado ou em pé diante de um frenético bombardeio de influências de alta frequência. Elas são como ondas de rádio da teledifusão, dos celulares, dos dispositivos sem fio e dos satélites espiões — estão em todos os lugares, são onipresentes, a ponto de não mais as percebermos. Contudo, elas definem nossa vida diária e nos oferecem os meios pelos quais ponderamos e fazemos escolhas. O mesmo ocorre com as forças de influência — muitas das quais partem justamente dessas ondas de rádio — que nos bombardeiam em todos os momentos em que estamos acordados.

A influência mais óbvia que recebemos é, como se sabe, a propaganda. Mas não a propaganda que seu pai costumava ver em *Tudo em Família* (*All in the Family*). Hoje, os anunciantes utilizam técnicas fundamentadas na **neurociência**, diretamente dos filmes de ficção científica, para atingir todos os sentidos e desencadear o processo de salivação antes de você mudar de canal. A favorita do frango frito nos EUA, a KFC, na verdade utiliza dispensadores de aroma (você sempre será persuadido pelo aroma de frango frito) nos carrinhos que fazem entregas de lanche nos estacionamentos dos prédios de escritórios. De acordo com o diretor executivo da empresa, isso funciona melhor do que a propaganda para atrair os clientes. Eu acredito nisso. Uma vez aconselhei os proprietários de uma sorveteria artesanal em Denver a canalizar o cheiro dos cones recém-assados para a área de pedestre ao redor da loja utilizando um sistema de tubulação simples. Os clientes começaram a se aproximar para curtir um prazer saído na hora, como vespas atraídas pela luz.

As empresas investem bilhões de dólares anualmente para tentar nos fazer comprar seus produtos. Em 2009, a famosa revista *Advertising Age* avaliou que a Procter & Gamble investiu US$ 8,68 bilhões, tornando-se o maior anunciante do mundo. Com o desenvolvimento de uma área científica relativamente nova denominada *neuromarketing*, as empresas ampliaram gradativamente suas táticas persuasivas para atingir todos os nossos sentidos e afetar nosso cérebro e, desse modo, nos fazer comprar. Veja alguns exemplos:

1º) Nós *versus* eles

A marca Apple explora a tendência natural do cérebro humano de desejar pertencer a um determinado grupo em detrimento de outro. Isso é o que os psicólogos sociais chamam de **identidade social**, ou seja, o quanto nos é importante fazer parte de um grupo e por que e como nos identificamos com pessoas que compartilham de nossos interesses. Ao longo dos anos, as campanhas de propaganda da Apple, como as que contrapõem o Mac com o PC, agrupam as pessoas em duas categorias, **bacanas** e **modernas** e **tolas** e **impopulares**, sem ao menos mencionar nenhuma característica ou benefício do produto. Mercedes-Benz *versus* Prius, da Toyota, é outro exemplo de *marketing* que busca ativar os neurônios da "necessidade de pertencer". A Mercedes-Benz tenta atrair aqueles que valorizam o *status* e prestígio; as campanhas do Prius, por sua vez, exploram o desejo dos clientes de praticar a **responsabilidade ambiental** e, talvez, exibir uma elegância contida.

2º) Momento do *feedback*

Outra forma de influência está relacionada ao fenômeno solicitar, oferecer e receber *feedback*. Estudos comprovam que, quando o *feedback* é imediato (por exemplo, notas de prova que são divulgadas imediatamente), o medo do fracasso e da decepção atinge seu ponto máximo.

Por causa desse medo, o *feedback* imediato força o melhor desempenho e o maior empenho. Um estudo canadense demonstrou que as notas aumentavam 22% quando as pessoas sabiam que elas seriam classificadas e avaliadas logo após a conclusão da prova, em comparação à situação em que precisavam aguardar a divulgação dos resultados em um momento posterior. Isso se transforma em uma espécie de martelo de veludo para o influenciador, que pode aproveitar a proximidade do *feedback* ao transmitir mensagens e opções.

3º) Influência da "iluminação"

Um estudo alemão comprovou que o tipo de iluminação de fundo de um recinto em que as pessoas estão degustando vinho influencia favoravelmente em sua percepção de sabor e aumenta sua propensão a pagar mais. A iluminação azul e vermelha, em contraposição à branca ou verde, estimula os degustadores de vinho branco a considerá-lo como mais doce, mais frutado e mais caro. Para os donos de restaurante e outras pessoas responsáveis pelas cores e pela iluminação de um espaço comercial, a influência desses aspectos sobre o valor subjetivo de um produto é algo que deve ser levado em conta.

4º) Sem homens afeminados

Pesquisadores da Cornell conduziram um estudo com dois grupos de homens com o objetivo de analisar a masculinidade dos participantes. Eles ficticiamente caracterizaram os homens em um dos grupos como se tivessem poucos traços masculinos. Subsequentemente, esse grupo supercompensou a falta de masculinidade percebida e exibiu tendências mais homofóbicas, forte apoio à guerra do Iraque e maior preferência por utilitários esportivos sobre outros veículos.

5º) Sobrevivência dos mais bonitos

Os eleitores avaliam a competência de um candidato com base em sua aparência facial. Uma pesquisa da Universidade de Princeton revelou que os eleitores mais propensos a ser influenciados pela aparência são aqueles que assistem à televisão e são menos informados. Dessa maneira, por meio da manipulação de modelos de rosto computadorizados, de modo que retratassem graus de competência, os pesquisadores concluíram que a "maturidade facial e a atratividade física" foram as características que levaram os eleitores a perceber o candidato como competente.

6º) Davi 0, Golias 1

Você acha que o mais fraco tem maior motivação para vencer uma contenda com resistência e habilidades aparentemente superiores? Essa é a história que adoramos ver nos filmes. Aparentemente, isso é mais um mito. Um estudo recente descobriu que os integrantes de uma equipe se esforçam mais quando estão competindo com outro grupo de menor prestígio ou habilidade do que quando estão competindo com uma equipe de iguais. Psicólogos sociais da Universidade Estadual de Ohio e Universidade Cornell revelaram que seus estudos **contradizem** a crença popular de que os mais fracos são extremamente motivados quando estão competindo contra um grupo de maior prestígio. Segundo Robert Lount, coautor desse estudo e professor assistente de administração e recursos humanos na Faculdade de Negócios Fisher, da Universidade Estadual de Ohio:

"Constatamos repetidas vezes, ao longo de vários estudos, que as pessoas se esforçavam 30% mais no trabalho quando seu grupo estava competindo com um grupo de menor prestígio. Parece uma surpresa para muitas pessoas o fato de a equipe com alto prestígio ter maior motivação, mas isso na verdade faz sentido. O grupo com maior prestígio tem mais a perder se não for melhor do que o grupo com menor prestígio. Porém, se o grupo de menor prestígio perder para um rival superior, nada muda — isso apenas reafirma como as coisas são."

7º) Rápido julgador de caráter

Se os olhos são a janela para a alma, então o rosto é um poderoso indício no cartaz dos mais procurados. Novas constatações publicadas na *Psychological Science* postulam que um olhar de relance para o rosto de alguém é suficiente para avaliar sua inclinação para a raiva. Psicólogos da Universidade Brock pediram aos voluntários do estudo para que dessem uma olhada em algumas fotografias de homens e classificassem o quanto eles eram agressivos. Eram fotografias de homens cujas tendências agressivas já haviam sido avaliadas no laboratório. Os voluntários examinavam a foto individualmente durante 2.000 milissegundos ou 39 milissegundos. As avaliações de agressividade apresentadas pelos voluntários foram razoavelmente precisas. Curiosamente, elas também estavam correlacionadas com a característica facial que pesquisas anteriores haviam estabelecido como indicação de comportamento agressivo: a largura entre a face esquerda e direita da pessoa analisada e a distância entre o lábio superior e o início da testa. Isso é chamado de **proporção entre largura e altura facial**. Quanto maior essa proporção, mais agressivo o homem tende a ser. Isso indica que somos influenciados por essa característica facial e isso pode afetar nosso julgamento sobre as pessoas nas nossas interações com elas. **O que isso tem a dizer para os influenciadores?** Que eles devem tentar manter uma expressão cordial ou pelo menos evitar franzir a testa, pois isso pode não ser considerado ameaçador, mas poderia ser interpretado erroneamente num julgamento. Ambas as coisas podem pôr um negócio a perder.

8º) Táticas táteis

Você está pedindo um aumento? Comprando um carro? Sente-se em uma cadeira dura. Um estudo recente, realizado por várias universidades, descobriu que as pessoas que se sentaram em cadeiras duras eram negociadores mais difíceis e menos flexíveis e movimentavam-se menos durante as negociações. Além disso, eles percebiam as pessoas com as quais estavam negociando como mais **estáveis** e menos **emocionais**. "As primeiras impressões são suscetíveis a influências do ambiente tátil e o controle sobre esse ambiente pode ser particularmente importante para os negociadores, os especialistas em sondagem de opinião pública, as pessoas que estão procurando emprego e outros interessados em comunicação interpessoal", afirmaram os autores em um artigo na revista *Science*. "A utilização de 'táticas táteis' pode representar uma nova fronteira na influência social e na comunicação."

9º) Adeptos do peso-pesado

Esse mesmo estudo procurou avaliar o peso com respeito à sua relação metafórica com "seriedade e importância". Os participantes do estudo assumiam o papel de recrutadores e recebiam currículos para avaliar; os currículos eram colocados sobre pranchetas leves ou mais pesadas. Os participantes que avaliavam os currículos sobre pranchetas mais pesadas classificavam os candidatos como mais qualificados e sérios. Além disso, eles se autoatribuíam uma nota de precisão mais alta quando estavam com uma prancheta pesada do que quando estavam com uma prancheta leve.

10º)_Diminuindo a distância emocional

Na próxima vez em que alguém lhe disser: "Eu só preciso de um pouco de espaço", você saberá quais são as implicações emocionais que isso pode ter sobre seu relacionamento. Dois psicólogos da Universidade Yale examinaram se um espaço aberto e organizado afeta diferentemente as emoções das pessoas em comparação com um espaço desordenado e contido (Esses princípios são os mesmos do *feng shui*). Esses pesquisadores pediram aos participantes para traçar determinadas linhas em um gráfico que os condicionariam a sentir "distância espacial" ou "proximidade espacial". Veja os resultados em poucas palavras. Em comparação com aqueles que foram condicionados (pré-ativados) a sentir proximidade espacial, os que foram condicionados a sentir distância espacial por meio de um exercício gráfico simples apresentaram reações emocionais mais distantes a representações de constrangimento da mídia — isso significa que eles se sentiam mais livres para senti-las — e também se sentiram menos aflitos diante de representações fictícias de violência. Os pesquisadores ficaram até certo ponto surpresos ao constatar que essa técnica de pré-ativação (*priming*) induziu igualmente os participantes a relatar que não sentiam tanta afeição emocional pela família e por sua cidade natal, demonstrando o efeito que o condicionamento ao distanciamento pode ter sobre nossas emoções.

11º) Condicionado à influência

Finalmente, trazendo à tona a questão de que somos influenciados em todos os ângulos, você se lembra do exemplo anterior sobre a decisão irracional dos investidores com relação ao mercado de ações? Um estudo constatou que a leitura de artigos de jornal sobre temas irrelevantes envolvendo riscos afeta as decisões financeiras das pessoas. Pesquisadores da Universidade de Haifa deram ao grupo A uma matéria sobre assumir riscos e obter grandes lucros e ao grupo B uma matéria sobre alguém que não assumiu um risco e evitou prejuízos significativos. A ambos os grupos foi dito que eles estavam lendo aqueles artigos para testar sua **capacidade de recordação**. Em seguida, ambos receberam informações idênticas sobre uma ação da Nasdaq não identificada. **E qual foi o resultado?** O grupo A, que havia lido o artigo sobre assumir riscos e ter êxito, atribuiu um valor mais alto à ação do que o grupo B.

Daron Kliger, PhD, que realizou esse estudo com um de seus alunos, comentou:

"Os resultados dessa pesquisa demonstram que as preferências por assumir riscos podem ser manipuladas — embora a pessoa que está tomando essas decisões não tenha consciência disso. O consultor de investimentos que lê notícias nos jornais matutinos que 'estimulam' o risco pode se comportar de uma maneira totalmente diferente, em termos profissionais, daquela que ele se comportaria se lesse notícias sobre riscos malsucedidos. A psicologia define comportamentos humanos variados, dependendo de inúmeros fatores.

Não se deve pressupor que os decisores financeiros estão imunes a essas influências."

O fator preponderante em tudo isso é que os influenciadores 360 graus têm um conjunto proeminente de técnicas e instrumentos psicológicos à sua disposição e não precisam do título de PhD após o nome. É mais que carisma e dom da lábia; é o conhecimento e a estratégia que diferenciam os líderes profissionais influenciadores eficazes que estão mais aptos apenas para contribuir com o sucesso de uma organização. Ambas as pessoas são essenciais para o progresso de qualquer organização e negócio, mas você está lendo este livro para se tornar o **primeiro** e conduzir o **segundo** para o sucesso por meio de sua capacidade de influenciar em todas as direções.

Quem somos diferencia como influenciamos

Por falar em dom da lábia, e até certo ponto contrariando a opinião popular, ser um orador treinado e um debatedor experiente não é um requisito fundamental para uma pessoa se tornar um influenciador eficaz. Entretanto, pesquisas demonstram que determinados traços e perfis demográficos de fato geram influenciadores mais competentes.

Tradicionalmente, as mulheres se revelam mais democráticas na liderança, estimulando a colaboração e o envolvimento em todos os níveis de uma equipe. Além disso, elas tendem a exibir um estilo de liderança mais transformacional — isto é, direcionado para a preparação e ao crescimento de subordinados —, transformando-os em mentores mais eficazes.

Na outra face dessa moeda politicamente suscetível, as mulheres são menos propensas a adotar estilos agressivos quando necessário e, portanto, têm uma esfera menor de opções quando desejam influenciar. Um estudo demonstrou que um apresentador masculino tem probabilidade seis vezes maior de obter adesão do que uma mulher que apresenta a mesma informação. Embora injusta, essa é uma excelente informação para as mulheres líderes explorarem estrategicamente, ou seja, elas podem utilizar um apresentador masculino de confiança para a comunicação para um determinado grupo, para que a informação seja aceita rapidamente. Estratégia e psicologia superam o ego sempre que metas empresariais importantes estão em jogo.

Alguns líderes — e isso se aplica igualmente a ambos os sexos — têm um estilo de liderança egoísta, que chega às raias do narcisismo (o que, por sua vez, define seu estilo de influenciar) e os coloca na categoria de **intimidador** (*bully*), na qual quem é afetado são seus subordinados e alguns colegas. Jim Moran, professor de Administração na Faculdade de Negócios da Universidade Estadual da Flórida, revelou que quase um terço das pessoas entrevistadas em seu estudo afirmou que seus chefes eram propensos a exagerar suas realizações para que assim parecessem competentes. Um pouco mais de um quarto afirmou que seu chefes eram arrogantes e viciados em elogios; tinham uma autoimagem inflada e ilusória; eram egocêntricos; e, em uma proporção ligeiramente menor, faziam favores somente quando havia possibilidade de obter algo em troca. A menos que você seja o dono, essa estratégia de carreira não o levará muito longe.

Esses estudos, embora pareçam sexualmente tendenciosos, baseiam-se em pesquisas estatísticas e têm muitas exceções, em particular quando os influenciadores utilizam um conjunto de técnicas fundamentadas, e não interesses próprios e psicologia.

Obtendo uma ideia precisa de seu atual poder de influência

Um fator fundamental na **ciência da influência** é avaliar em que lugar as pessoas que você precisa influenciar se encaixam em termos de autoimagem e socialização. Pesquisas demonstram que as pessoas que se sentem **excluídas** socialmente são propensas a tomar medidas extremas para mudar sua situação nesse sentido. Isso procede de um bocado de psicologia convincente e fundamentada, com consequências e barreiras que o influenciador competente precisa compreender.

Um experimento mostrou que as pessoas que se sentiam excluídas de um grupo eram mais propensas a comprar um produto que demonstrasse que elas **pertenciam** a um grupo, com o objetivo de "se encaixar" e serem aceitas. Do ponto de vista social, esse estudo também mostrou que as pessoas eram mais propensas a pedir alimentos dos quais elas não gostavam e até a inalar cocaína em um recinto reservado para procurar a amizade de pessoas que elas acreditavam que fossem íntimas de um grupo do qual elas se sentiam excluídas.

As informações a seguir reforçam a necessidade de compreendermos as crenças de um grupo que precisamos influenciar e associar nossas ideias com essas crenças. Pesquisadores da Universidade da Flórida e de Illinois conduziram amplos experimentos sobre o quanto as pessoas são receptivas a ideias contrárias às delas e o que as motiva (defensivamente ou precisamente) a se abrir ou se fechar para essas novas ideias. Esse estudo associou dados de 91 experimentos com quase oito mil participantes, e sua conclusão confirma o que poderíamos conjecturar instintivamente: as pessoas são duas vezes mais propensas a escolher ideias que estão de acordo com suas crenças centrais do que a considerar ideias opostas às suas crenças (67% *versus* 33% dos entrevistados). "Determinados indivíduos, aqueles com personalidade intolerante e não receptiva a novas ideias, são ainda mais resistentes a se expor a pontos de vista diferentes", afirmou Dolores Albarracín, professora de psicologia da Universidade de Illinois. "Em 75% das vezes, eles optarão por informações que correspondam a seus pontos de vista." Isso é particularmente verdadeiro quando essas opções giram em torno de religião, política ou ética.

Outro estudo exibiu um lado menos óbvio da influência, mas de uma sutileza possivelmente fortalecedora. A aceitação ou a simpatia pode ser uma ferramenta de influência de grande eficácia; se você deseja que as pessoas gostem mais de você para isso lhe sirva de base para exercer sua influência, compre um ingresso para um *show* em vez de um relógio caro. Pesquisadores da Universidade do Colorado, em Boulder, descobriram que as pessoas que investiam tempo, dinheiro e energia em experiências, e não em coisas materiais que elevam a autoestima, eram mais aceitas e admiradas do que as extravagantes. Segundo o professor Leaf Van Boven, pesquisador que encabeçou esse estudo, "O erro que podemos cometer algumas vezes é acreditar que obter bens materiais nos trará prestígio e admiração e, ao mesmo tempo, melhorará nossos relacionamentos sociais [...]. Na verdade, isso parece ter um efeito exatamente oposto. Isso é de fato problemático, porque sabemos que ter relacionamentos sociais de qualidade é um dos melhores indicadores de felicidade, saúde e bem-estar".

As últimas duas décadas testemunharam um renascimento no campo das pesquisas sobre **quociente de inteligência (QI)**, decompondo o potencial do cérebro em um espectro mais amplo de inteligência cognitiva, social e emocional — e demonstrando uma correlação **surpreendentemente pequena entre elas**. Em termos de influência, estudos comprovam que as pessoas com alto nível de inteligência emocional são mais propensas a se tornar líderes estudantis e, em uma fase posterior da vida, influenciadores organizacionais, em comparação a seus colegas possivelmente mais talentosos do ponto de vista acadêmico. Com certeza isso não é mais grande novidade, mas ainda existem organizações grandes e pequenas que promovem especialistas em determinadas áreas do conhecimento e especialistas com alto nível de QI para cargos de liderança e acabam constatando que eles não conseguem inspirar e liderar equipes. Os líderes que têm condições para promover e os funcionários com conhecimentos básicos sobre inteligência emocional e social precisam reconhecer que a verdadeira influência sobre os outros não está relacionada com uma classificação de QI de três dígitos ou com um grande domínio em manipulação de planilhas; na verdade, você precisa ter capacidade para reconhecer e controlar suas próprias emoções e, desse modo, gerenciar favoravelmente seu relacionamento com os outros.

É comum perceber que as pessoas que são crédulas por natureza são um alvo fácil para **influenciadores insinceros**; essa confiança com muita frequência é sinônimo de ingenuidade. Contudo, estudos demonstram que as pessoas extremamente propensas a confiar são também mais inclinadas a farejar mentirosos e fraudes. Nancy Carter e Mark Weber, da Escola de Administração Rotman, da Universidade de Toronto (Canadá), afirmam que as pessoas que são muito confiantes também desenvolvem uma primeira impressão mais precisa que se traduz em decisões de contratação mais adequadas no ambiente de trabalho. Os líderes prospectivos tomam o cuidado para que as pessoas muito propensas a confiar sejam colocadas em cargos que exigem um ótimo senso de percepção e capacidade para compreender precisamente a personalidade das pessoas, com poucas informações.

Com relação aos **influenciadores astutos**, em qualquer nível, isso significa ouvir aqueles que são considerados indivíduos confiantes para que possam se manter à frente daqueles menos confiáveis.

Seu arsenal pessoal de influência

Mais informações surgem regularmente sobre nossas inclinações, nossas habilidades de decisão, nossas preferências e aversões, nossas irracionalidades e nossos sentimentos a respeito de algo — qualquer coisa —, à medida que atualizamos freneticamente nossos perfis nas várias redes sociais. Os influenciadores passam a ser então cientistas. Eles são pesquisadores que colocam as peças do quebra-cabeça no lugar com a ajuda de livros como este e depois começam a incorporar as informações em sua estratégia de influência.

O influenciador astuto aproveita cada migalha de informação e conhecimento cultural sobre como as pessoas pensam e comportam-se, com o objetivo de otimizar a transmissão de informações e promover a adesão. Além disso, sempre que possível, ele utiliza os canais de influência mais eficazes.

Edward M. Hallowell, doutor em medicina e instrutor de psiquiatria na Escola de Medicina de Harvard, afirma que a estratégia de influência mais eficaz é apoiar-se em reuniões presenciais. Com a proliferação da transmissão de mensagens digitais, a reunião face a face (em pessoa) está se tornando uma arte rara; por isso, o efeito pretendido com as reuniões presenciais enquanto veículo para estabelecer vínculos e confiança é intensificado.

Por falar em confiança, o próprio emprego dessa palavra pode elevar o nível de suas iniciativas de influência. Independentemente da lógica e dos fatos que você está utilizando para promover seu ponto de vista, no momento em que a palavra **confiança** aparece, a conversa torna-se personalizada. É como se você estivesse apostando sua reputação naquilo que está dizendo; você está se investindo tanto no risco quanto no resultado; e está pedindo ao ouvinte para se unir a você, e não para mudar ou se privar de algo.

Talvez mais do que qualquer outro aspecto da liderança e do *empowerment* (empoderamento) profissional, a arte de influenciar outras pessoas em todos os ângulos (360 graus) depende de dois tipos de habilidade: capacidade para elaborar **claramente**, **estrategicamente** e **persuasivamente** seus pensamentos e apresentações e capacidade para utilizar nessa iniciativa as ferramentas apropriadas e o poder da **psicologia humana cientificamente** comprovada. Tudo isso começa e termina com uma compreensão de seu público de dentro para fora e a conformação de suas intenções para criar uma situação de ganho mútuo que encontre eco em sua percepção de valor, de satisfação e de um bem maior para todos.

No capítulo seguinte, você descobrirá que a influência de 360 graus começa no *self*. Analisaremos a inteligência cognitiva, emocional e social, bem como a necessidade de definir seus pontos fortes e fracos nessas áreas. Além disso, você compreenderá melhor seu poder pessoal e social.

CAPÍTULO 2

A influência de 360 graus começa em você

Como alguém tão inteligente pode ser tão tolo? Regularmente muitas pessoas nos levam a fazer essa pergunta. Atletas multimilionários que construíram sua imagem de bom chefe de família e acabaram vendo mensagens de voz, textos e vídeos incriminadores vazados para a imprensa. Governadores, senadores, presidentes — pessoas de poder que se esforçaram para obter sucesso profissional e viram tudo isso desmoronar em decorrência de decisões pessoais desastrosas.

E não são apenas os ultra-ambiciosos. Talvez você tenha chamado a atenção de alguém que você conhece — ou talvez alguém tenha chamado sua atenção. "Eu não sei o que eu estava pensando!" normalmente é a explicação, o que em linhas gerais se traduz **"Eu não estava pensando"**.

Ninguém deseja ser pego em um relacionamento ou esquema que, *a posteriori*, pareça escancaradamente errado, mas não é incomum pessoas inteligentes e sensatas sabotarem a si mesmas ao se envolverem em um emaranhado de problemas. Mesmo aquelas que não se autodestroem notável e publicamente podem arruinar sua vida pessoal e profissional por não prestar atenção em seus comportamentos ou nas possíveis consequências desses comportamentos sobre outras pessoas. Engenheiros brilhantes podem fazer com que seus colegas de trabalho percam o interesse com posturas rudes. Contadores cautelosos podem cavar sua própria sepultura na vida profissional por não reconhecerem limites pessoais e sociais.

E **você** não deseja ser aquela pessoa sobre a qual os outros dizem "Ela é inteligente, mas...". Portanto, aprenda a ser inteligente de **todas as formas**.

QI, QE (IE) e IS: os diferentes tipos de inteligência

Tal como ressaltei no Capítulo 1, existe **mais de uma forma de inteligência**. Algumas pessoas conseguem processar números com a mesma facilidade com que outras conseguem derrubar argumentos; algumas conseguem diagnosticar um problema e outras conseguem solucioná-lo. Mecânicos, motoristas de táxi, advogados, médicos — toda área tem sua própria convenção sobre o que é ser "inteligente". E existem aqueles que simplesmente "têm uma boa cabeça" ou habilidades para lidar com dificuldades e perigos e conseguem improvisar rapidamente.

Contudo, mesmo após décadas de pesquisas e teorias sobre os vários tipos de inteligência, a palavra **inteligência** leva grande parte das pessoas a logo pensar em **inteligência cognitiva** — que é a junção entre **capacidade analítica** e **memória**. Os testes de quociente de inteligência (QI) são concebidos para identificar a capacidade cognitiva ou até que ponto uma pessoa é capaz de ponderar e extrair correlações, e ter QI alto é sinal de inteligência.

Em 1920, E. L. Thorndike já havia apresentado a ideia de que existe mais de um tipo de inteligência. Os pesquisadores John Kihlstrom e Nancy Cantor explicam que Thorndike dividiu a inteligência "em três aspectos, relativos à capacidade de compreender e lidar com ideias (**inteligência abstrata**), objetos concretos (**inteligência mecânica**) e pessoas (**inteligência social**)". Tal como Kihlstrom e Nancy Cantor explicam, Thorndike não foi o único a conceber vários tipos de inteligência, mas a especificação e a avaliação dessas diversas inteligências inquietaram gerações de acadêmicos.

Howard Gardner é amplamente conhecido por ter desenvolvido uma lista inicial de sete inteligências: linguística, lógico-matemática, musical, cinestésico-corporal, espacial, interpessoal e intrapessoal. De acordo com o pesquisador Mark Smith: "Os dois primeiros tipos normalmente foram valorizados nas escolas; os três subsequentes em geral estão associados com as artes; e os dois últimos são o que Howard Gardner chamou de '**inteligência pessoal.**'" Smith observa que Gardner considerou outras formas de inteligência, como a **espiritual**, **naturalista**, **moral** e **existencial**, mas até o momento ele conclui que só existem evidências suficientes para acrescentar a inteligência naturalista — ou a capacidade de categorizar e utilizar o próprio ambiente — à sua lista original de sete tipos.

Do mesmo modo que nos testes de QI, existe certa preocupação com relação à forma como esses outros tipos de inteligência podem ser avaliados ou mesmo com a possibilidade de algumas inteligências, como a musical ou cinestésico-corporal, serem caracterizadas mais adequadamente como "**talento**". Não obstante, o trabalho de Gardner influenciou vários campos, particularmente o da **educação**, a cultivar outras habilidades que não as da lógica ou da compreensão de leitura.

Recentemente, os conceitos de **inteligência emocional** e **social** encontraram adeptos em publicações populares, notadamente nas obras de Daniel Goleman. Goleman e seus colegas Richard Boyatzis e Kenneth Rhee afirmam que a **inteligência emocional** (IE) ou ainda QE (quociente emocional): "É observada quando uma pessoa demonstra as competências autoconsciência, autogerenciamento, consciência social e habilidades sociais em momentos e modos apropriados e com uma frequência suficiente para ter eficácia na situação."

A princípio, Goleman desenvolveu o **inventário de competência emocional** (*emotional competency inventory* — EIC) com base em

25 competências reunidas em cinco grupos principais: **autoconsciência, autocontrole, motivação, empatia** e **habilidades sociais.** Posteriormente, o EIC foi modificado, embora os cinco grupos principais permaneçam os mesmos. A dificuldade, de acordo com Boyatzis, Goleman e Rhee, está em tentar identificar um conjunto de capacidades únicas da inteligência emocional que faça sentido tanto teórica quanto empiricamente. Em outras palavras, eles desejam ter certeza de que estão falando e avaliando um fenômeno real.

Essa mesma dificuldade foi enfrentada por outros pesquisadores da IE (ou QE). Em um artigo de 2004, em coautoria com David Caruso, os acadêmicos John Mayer e Peter Salovey apresentaram um modelo de IE com quatro categorias — "capacidade para 1$^{\underline{o}}$) perceber emoções, 2$^{\underline{o}}$) utilizar a emoção para facilitar o pensamento, 3$^{\underline{o}}$) compreender as emoções e 4$^{\underline{o}}$) controlar emoções" —, um esquema que eles utilizaram para desenvolver o Teste de Inteligência Emocional Mayer-Salovey-Caruso (Mayer-Salovey-Caruso Emotional Intelligence Test — MSCEIT). Os modelos de inteligência emocional anteriores foram considerados deficientes em vários sentidos por outros acadêmicos, mas as versões posteriores do MSCEIT parecem ser confiáveis e válidas para testar capacidades reais.

Stéphane Côté e colegas, por exemplo, conduziram inúmeros estudos utilizando o MSCEIT e constataram que tanto a liderança quanto o desempenho profissional estão positivamente relacionados com a inteligência emocional. De modo semelhante, Joshua Freedman e Marvi Smith, utilizando a Avaliação da Inteligência Emocional em Seis Segundos, assim concluíram: **"Parece que os atletas que desenvolvem maior inteligência emocional são mais propensos a ter sucesso na vida."**

Embora essa teoria possa parecer um tanto insípida, as implicações para a influência são consideráveis.

A inteligência social (IS) – que também podemos indicar como quociente de inteligência social (QS) – enfrentou alguns dos mesmos problemas conceituais e de testabilidade que a IE. Embora a inteligência social tenha sido definida basicamente como "a capacidade de se relacionar bem com os outros", a tentativa de avaliar a IS foi bem mais difícil. Em sua revisão, Kihlstrom e Cantor remontam décadas de trabalho com o objetivo de formular um bom teste de IS, trabalho que com frequência resultou em **frustração** para os pesquisadores envolvidos.

Contudo, tal como o psicólogo Nicholas Humphrey ressalta, faz sentido, do ponto de vista evolutivo, que os seres humanos possam ter desenvolvido algum tipo de capacidade para se relacionar bem com os outros. Nós, seres humanos, somos criaturas extraordinariamente **sociais**. Os ambientes aos quais nos adaptamos são o familiar, de grupo de trabalho e de clã. As relações interpessoais humanas têm uma profundidade, uma complexidade e uma importância biológica que ultrapassam em muito as de qualquer outro animal. Aliás, sem a capacidade de compreender, prever e manipular o comportamento de outros membros de nossa própria espécie, dificilmente conseguiríamos sobreviver de um dia para outro. Mesmo que ainda não tenhamos descoberto uma forma de testar rigorosamente a IS, faz sentido — tal como Humphrey propõe — que tenhamos desenvolvido **algum** tipo de capacidade para compreender e conviver bem com os outros.

O consultor Karl Albrecht, por exemplo, criou uma classificação da IS que contempla cinco categorias: **radar situacional** (consciência), **presença** (apoio), **autenticidade** (honestidade para com o *self* e os outros), **clareza** (na expressão verbal e na capacidade de persuadir) e **empatia** (conexão). Os comportamentos em cada uma dessas categorias podem ser considerados eficazes ou ineficazes e oferecer indícios sobre o nível de IS da pessoa.

Albrecht também faz a distinção entre comportamentos **tóxicos** e **salutares** (propícios). Os comportamentos tóxicos contribuem para "a alienação, o conflito e a animosidade" e podem "fazer com que os outros se sintam desvalorizados, inadequados, revoltados, frustrados ou culpados". Os comportamentos salutares, por sua vez, "fazem com que os outros se sintam valorizados, capazes, amados, respeitados e estimados". Obviamente, as pessoas com um alto nível de IS tendem a ter comportamentos salutares, ao passo que aquelas que se encontram no outro extremo tendem a ter comportamento tóxicos. Isso faz sentido intuitivamente, mas existe alguma evidência para respaldar esse conceito?

Já mencionei o trabalho de Côté e colegas, mas outros pesquisadores também investigaram a IS. Por exemplo, em um relatório de 2004, O Conselho Científico Nacional sobre Desenvolvimento da Criança defendeu o seguinte: "Quando uma pessoa entra na vida adulta, essas mesmas habilidades sociais (de competência social) são essenciais para formar amizades duradouras e relacionamentos íntimos, cuidar bem dos filhos, manter um emprego e trabalhar bem com os outros e tornar-se um membro que contribui para a comunidade." Mais do que isso: "O bem-estar emocional e a competência social oferecem uma estrutura sólida para o desenvolvimento de habilidades cognitivas e, juntas, elas constituem os tijolos e a argamassa que formam o alicerce do desenvolvimento humano."

Independentemente da dificuldade enfrentada pelos pesquisadores para determinar com perfeição a IE e a IS, parece claro que essas inteligências **de fato importam** para o sucesso pessoal e profissional. Isso é evidente para qualquer pessoa de mente aberta: podemos ser inteligentes não apenas de uma forma, mas de outras; nossa capacidade para compreendermos a nós mesmos e os outros ao nosso redor provavelmente depende não apenas da inteligência cognitiva, mas também da IE e IS; e, para nos tornarmos líderes influentes, devemos cultivar e aproveitar **todas** essas habilidades.

Não existe nenhuma forma infalível para aumentar a IS ou IE, do mesmo modo que não existe nenhuma forma infalível para aprimorar as habilidades cognitivas. Existe uma ciência para avaliar a inteligência, mas essa ciência é incompleta. Meu livro *Executive Presence* (*Presença Executiva*) delineia um programa de sete dias voltado para o desenvolvimento da IE e discute detalhadamente essa questão.

A INFLUÊNCIA DE 360 GRAUS COMEÇA EM VOCÊ

E mais ainda pode ser feito. Na verdade, já existem muitos bons trabalhos sobre como começar a compreender nossa IS e IE. Existem várias maneiras de você ampliar sua consciência sobre a IE e IS e começar a desenvolver essas habilidades de uma maneira que possa enxergar com maior clareza tanto você quanto os outros.

Para você obter uma melhoria perceptível é essencial conhecer sua base de referência. O *site* Psychometric Success (http://www. psychometric-success.com) observa que geralmente existem três formas de testar a IE: utilizar o **autorrelato** (o mais fraco, visto que ele depende da capacidade que você está tentando testar); **entrevistar pessoas que estão ao seu redor utilizando uma avaliação abrangente de 360 graus**; e **submeter-se a testes como o EIC** de Goleman, o Inventário de Competência Emocional e Social (Emotional and Social Competency Inventory — ESCI), desenvolvido mais recentemente, ou o MSCEIT. Esse último, por exemplo, faz mais de 100 perguntas com base nas quatro categorias identificadas por Mayer, Salovey e Caruso.

Assim que você determinar quais áreas precisam de maior desenvolvimento, você pode recorrer à ajuda de um *coach* ou mentor qualificado para aumentar sua competência. Embora a simples identificação de comportamentos defasados possa permitir que você os mude por conta própria, para dar um salto significativo esteja preparado para procurar um especialista que possa ajudá-lo a aprimorar todos os aspectos de sua inteligência.

Além disso, ainda que você não precise passar vários anos em uma sala de aula nem pagar as mensalidades cobradas por instituições imponentes como as da Ivy League[1] ("Liga de Hera") para aumentar sua competência emocional e social, o refinamento dessas várias inteligências, do mesmo modo que a aprendizagem de novas tecnologias, é um processo que dura a vida toda.

---

1 – N. de T.: As universidades que compõem o Ivy League são: Brown, Columbia, Cornell, Dartmouth College, Harvard, Pensilvânia, Princeton e Yale.

O autocontrole pode incrementar seu poder de influência

Segundo Aristóteles, quando um homem — hoje, presumivelmente, ele incluiria as mulheres — consegue utilizar a própria razão para **controlar seus apetites**, essa capacidade o distingue como **moralmente virtuoso**. É uma pena que ele não tenha tido oportunidade de ver nossos modernos ícones culturais de autopermissividade, como a turma heterogênea e milionária do *reality show Jersey Shore*, que utiliza o *slogan* pungente "academia, bronzeamento e roupa limpa" (*gym, tan, and laundry* — GTL) em sua propaganda de estilo de vida. Saltando rapidamente da virtuosidade da Grécia antiga de 2.300 anos atrás, hoje é como se todo o conhecimento sobre autodomínio tivesse sido perdido. Além de nossos desajustados na televisão, podemos também fazer um passeio virtual pelo YouTube e observar todas as formas que utilizamos para deixar nossos desejos correrem desenfreados em detrimento de nossa razão. **Para onde o mundo está indo?**

Não vamos procurar uma dose extra de Paxil por enquanto. Um dos motivos que nos faz assistir aos programas e vídeos que assistimos é precisamente o fato de a maioria de nós **não** adotar esses comportamentos (pelo menos não depois que entramos totalmente na vida adulta). Gostamos de ficar chocados com o que reconhecemos como uma terrível falta de controle nesses astros e estrelas dos *reality shows*. O quanto seria divertido ver pessoas extremamente autodisciplinadas fazendo o que elas fazem?

Contudo, se você pensar a esse respeito, verá que muitas pessoas **de fato** encontram prazer em observar indivíduos autodisciplinados. Quantas pessoas assistem a eventos esportivos e aos Jogos Olímpicos? A esquiadora Lindsay Vonn ou o golfista Jack Nicklaus chegaram ao auge fazendo corpo mole? Roger Federer é um tenista de um talento fenomenal, mas sua superioridade não provém unicamente de sua destreza física; ela encontra apoio na força de vontade e na disciplina.

Mesmo nas (raras) vezes em que Federer perde, vemos que ele nunca entrega os pontos.

Essas demonstrações de resistência mental nos levam a querer saber que reação teríamos se estivéssemos em uma situação de intensa pressão como essa. Temos o necessário para darmos uma guinada e assumirmos o controle? Será que no mínimo **sabemos** nos disciplinar, fazer o que é necessário para chegarmos ao topo e não nos desintegramos no momento em que estivermos lá?

O professor de psicologia Timothy Pychyl afirma que não existe nenhuma mágica no autocontrole. Ele divide esse processo em duas partes: primeiro, o estabelecimento de um padrão e, segundo, o monitoramento de um comportamento com base nesse padrão. Um sistema de autocontrole completamente automático, como um termostato, possibilita que você defina uma temperatura; quando essa temperatura se desvia muito daquela que foi configurada, a caldeira ou o ar-condicionado continua funcionando para restaurá-la. Esse processo, conhecido como **homeostase**, é mais difícil em seres não mecânicos como nós: estabelecemos padrões exagerados; não monitoramos bem nosso comportamento; ou utilizamos a supercompensação para nos reajustarmos.

Pense no *best-seller* que você sempre quis escrever. Finalmente você consegue criar um plano para si mesmo, prometendo escrever 20 páginas por dia. Você reúne todos os livros e assina as publicações que deseja utilizar em sua pesquisa. Adquire um computador novinho em folha e mais rápido, com um monitor extra, para que assim possa ver várias telas de pesquisa ao mesmo tempo; o Google e o LexisNexis estão prontos para fazer a pesquisa para você. E você até se dá ao luxo de adquirir uma nova cadeira ergonômica para não entrar para a estatística de lesão por esforço repetitivo. No primeiro dia, você consegue produzir rapidamente 15 páginas, mas fica frustrado porque a maravilhosa ideia ou história que você tinha em mente agora parece tão evanescente quanto o vapor. Você joga fora tudo o que produziu, enviando para a lixeira virtual o arquivo inteiro. Amanhã, você pode começar do zero, você pensa. Porém, há aquele programa que você deseja ver assim que chegar do trabalho, e sempre existe o fim de semana. No primeiro fim de semana, você realmente se sai bem em relação ao seu plano — **muito bem**. Você dedica 16 h diretas para compensar o tempo perdido, e com isso se atrapalha totalmente na segunda-feira de manhã. Você estão tão exausto, que deixa passar alguns pontos fundamentais que seu chefe apresenta em uma reunião extremamente importante com o cliente, às 8h3 min.

Essa situação aplica-se a tudo, no desenvolvimento profissional, nos exercícios físicos, nas dietas, no que você imaginar. Quase todos nós já enfrentamos de alguma maneira essa situação, frustrando-nos com nossa aparente incapacidade para cumprir o plano ou com nossa supercompensação para fazê-lo funcionar, e com isso o processo se torna tóxico para nossa saúde mental e física.

Será que o problema foi o fato de o plano ser extremamente ambicioso? Muito flexível? Ou será que não nos prontificamos a monitorar nosso tempo disponível e nosso esforço? Na verdade, o problema pode estar tanto no plano quanto no monitoramento. Pychyl cita uma pesquisa na qual se constatou que o principal motivo da falta de autocontrole é **não prestar atenção** à atividade em que se busca cumprir uma meta, e um dos motivos de não prestarmos atenção é que a meta é irrealista ou não está suficientemente relacionada com nossos interesses para desejarmos concretizá-la. Talvez a meta de se tornar um autor *best-seller* esteja em um lugar de sua lista de valores e prioridades bem mais abaixo do que você a princípio imaginou.

É por isso que o autocontrole é importante: se você deseja avançar em direção a uma meta, deve prestar atenção à meta e ao seu progresso nessa direção. Se você estabelecer uma meta insensata (muito difícil, caso em que perderá a motivação, ou muito mais fácil, caso em que fará corpo mole) ou não mantiver um comportamento de acordo com essa meta, **nada ocorrerá**.

Na verdade, "nada" é apenas um dos possíveis resultados. No dia a dia, sempre corremos o risco de perder credibilidade por falta de foco, incapacidade de cumprir prazos, irresponsabilidade fiscal ou qualquer outro motivo intimamente relacionado com a incapacidade de ter autocontrole. Portanto, várias pessoas se veem matando tempo naquela mesma e antiga baia para a qual foram designadas quando começaram a trabalhar em uma empresa. Ou pior.

Se estiver motivado o bastante para identificar as nuanças essenciais para influenciar outras pessoas, você precisa se autodisciplinar em relação às metas que estabelece e monitorar seu progresso em direção a elas.

Dicas para desenvolver autocontrole e incrementar seu poder de influência

○ **Identifique exatamente o que você deseja aprimorar** – Seja específico. Talvez você tenha identificado uma oportunidade de melhoria ou seu chefe lhe tenha dado uma leve cutucada. Em ambos os casos, você terá de definir a questão com uma linguagem clara. "Preciso melhorar minhas apresentações de negócio" é uma frase vaga e insípida. "Preciso estruturar melhor o conteúdo da minha apresentação para que minha fala e meu objetivo fiquem mais claros para os ouvintes" é uma boa frase. "Preciso encontrar evidências mais relevantes para respaldar meus principais argumentos" está no caminho certo. Para ser visto como um **influenciador**, é essencial ter pensamento claro e linguagem clara.

○ **Procure se abastecer com outros recursos** – Independentemente de você estar tentando entrar em forma ou se tornar um apresentador convincente, é difícil e desnecessário fazê-lo sozinho. Para iniciar bem um programa de condicionamento físico, é aconselhável conversar com um profissional — um *personal trainer* — a respeito do tipo de exercício que você deve fazer. Desse modo, você não ficará girando sem sair do lugar em uma área em que tem pouco conhecimento. Comece com as melhores informações que puder obter. Como apresentador de negócios, você deve primeiro conhecer quais tipos de estrutura de fluxograma organizacional existem para organizar os tópicos de uma maneira que seu público os absorva ao máximo. Converse com um *coach* ou observe outras pessoas competentes nessa área. Verifique se as estruturas que eles utilizam são adequadas para você. A TED[2] é uma organização que possibilita que vários líderes corporativos e culturais apresentem suas ideias em conferências. Portanto, os membros do público podem conhecer uma variedade de estilos. Os influenciadores mantêm sempre a mente e os olhos abertos para qualquer ferramenta e informação que possam ajudá-los a atingir seus objetivos.

○ **Procure *feedback* em todos os cantos** – Aprimore sua IE à medida que obtiver informações a seu respeito por meio do *feedback* de outras pessoas e de seus próprios sentimentos. Quanto mais *feedback* obtiver e quanto melhores forem suas percepções, mais você conseguirá ajustar ou se manter no caminho. Ignore o que não funciona e preserve o que funciona.

○ **Comece pequeno** – Tentar renovar completamente seu estilo e sua rotina de uma só vez pode pôr por terra suas melhores iniciativas e sua motivação. Mudanças duradouras raramente ocorrem da noite para o dia. Comece pequeno. Incorpore as novas ideias que você aprender. Anote os resultados. Em seguida, acrescente algumas outras. Agora as pessoas estão mais envolvidas com sua apresentação? Elas estão fazendo mais perguntas? São esses resultados tangíveis que você pode registrar e utilizar como base. Do mesmo modo, se sua meta for entrar em forma, quais sinais você procurará para verificar se está progredindo?

○ **Trate sua vida como se ela fosse um laboratório** – Se você estiver experimentando uma nova abordagem, então não há nada de mal em fracassar. É uma experimentação. O insucesso significa apenas que o método não está funcionando e que você

---

2 – N. de T.: TED (Technology, Entertainment and Design) é uma fundação norte-americana de conferências que se dedica à difusão de ideias inovadoras.

deve procurar outro. Mas sempre olhe para a frente. Thomas A. Edison certa vez disse: "Não existe nenhuma regra aqui. Estamos tentando realizar algo." De forma semelhante, nem toda tentativa de influenciar dá certo e algumas levam muito tempo, dependendo do que você está tentando conquistar. Os influenciadores inteligentes não desistem; eles procuram outros ângulos.

○ **Permita-se ter um foco** – Observe que eu disse **"permita-se"**. Muitas vezes, tentamos nos forçar a ter foco em uma determinada coisa e somos distraídos por outra. Quando você se dá permissão para ter foco, você está se dando permissão também para ignorar detratores e distrações. Quando você se investe de autonomia, obtém o benefício complementar de sentir-se verdadeiramente livre para agir, e isso faz parte da essência de um influenciador astuto.

○ **Identifique qualquer prioridade conflitante** – Você talvez esteja no caminho certo. Quando você sente que está se arrastando em alguma coisa ou percebe que não está fazendo progressos, verifique suas prioridades com base em seus valores. Talvez eles estejam em conflito. Um valor que provavelmente você deseja conquistar é ser respeitado por seus colegas e chefes como um palestrante ou apresentador envolvente, mas é também provável que você deteste ser o centro das atenções e normalmente tente evitar isso a todo custo (o que o distancia do primeiro valor). O conflito pode impedir qualquer progresso real. Identificar essas forças conflitantes é o primeiro passo para controlá-las, tendo para isso ideias claras e uma sólida capacidade para tomar decisões. Examinar seus valores e, se necessário, reorganizá-los em ordem de prioridade fortalecerá seu poder de influência porque evidenciará os objetivos que você deve estabelecer quando pretende influenciar.

○ **Verifique suas tendenciosidades** – Crenças e tendenciosidades arraigadas podem distorcer nossa maneira de ver as coisas e deixar nossa realidade completamente fora de sincronia com a realidade de nossos colegas igualmente tendenciosos. É melhor recuar, tentar ver as coisas de acordo com a perspectiva dos outros e reajustar sua postura para embarcar no mesmo barco. Embora seja difícil reconhecer nossas próprias tendenciosidades, visto que muitas delas fazem parte do nosso comportamento intuitivo, os influenciadores que desejam ter êxito só podem fazer isso se virem qualquer opção, ideia ou proposta do ponto de vista de seu público.

○ **Fique atento ao seu diálogo interno** – Pesquisas recentes confirmam que a maneira como dialogamos com nós mesmos pode influenciar nosso comportamento. Um estudo com implicações de amplo alcance em áreas como a psicologia cognitiva e do desenvolvimento, bem como nas salas de aula e nos ambientes de trabalho, constatou que, quando perguntamos a nós mesmos se conseguiremos concluir uma determinada atividade, isso intensifica mais nossa motivação inerente do que simplesmente nos dizer que concluiremos um projeto. Portanto, no caso de um apresentador, o segredo para melhorar o autocontrole talvez seja fazer a pergunta: "Conseguirei criar uma abertura mais convincente para a palestra programada para segunda-feira?". Para os influenciadores, a pergunta hipotética: "Conseguirei fazer com que o cliente aceite essa nova proposta?", talvez seja mais eficaz do que a afirmação: "Vou fazer com que o cliente aceite essa nova proposta." A ciência confirma isso.

Dez habilidades para se tornar mais influente

Algumas pessoas nascem com a habilidade de realização. Elas são talentosas fisicamente, intelectualmente ou artisticamente, e parece que elas atingem o auge sem nenhum esforço.

Não se iluda com isso. Por mais talentosa que uma pessoa possa ser, para alcançar uma posição elevada nos altos escalões do tênis ou da hierarquia corporativa, ela teve de se esforçar. Pode ser que essa pessoa tenha começado com alguns talentos, mas, certamente, desenvolveu os talentos certos para atingir seus objetivos.

Essa é uma boa notícia para todos. Além de todos nós termos habilidades e talentos exclusivos, também podemos nos esforçar para desenvolvê-los e nos impulsionarmos para posições de influência.

Veja **dez qualidades** que todas as pessoas podem desenvolver:

1. **Desenvolva suas habilidades para tomar decisões fundamentais** – Saber tomar decisões é uma das principais competências de liderança por um motivo justo. Da simples decisão sobre onde realizar uma reunião com os funcionários a escolhas estratégicas sobre onde investir a verba de *marketing*, o dia de um líder é preenchido por uma série inesgotável de decisões. O resultado dessas decisões pode afetar pessoas desde uma baia ao lado a uma subsidiária no outro canto do mundo ou países inteiros.

   A **determinação** não é um traço **nato**; é uma habilidade que pode ser aprendida. Se você compreender de que forma determinadas decisões fundamentais são tomadas, conseguirá identificar elos fracos em seu raciocínio e reconhecer possíveis tendenciosidades que podem afetar uma escolha a favor ou contra algo ou alguém. Embora não seja possível controlar os resultados, cabe aos influenciadores proativos ter uma boa compreensão de todos os detalhes do processo que conduz aos resultados e marcar as cartas a seu favor.

2. **Aprenda a apresentar argumentos convincentes e a assumir uma posição** – Talvez você nunca tenha feito um discurso diante do Conselho de Segurança das Nações Unidas nem prestado testemunho diante do Congresso. Porém, se essa oportunidade surgir, é bom elaborar um argumento coerente. Obviamente, a **capacidade de defender** um ponto de vista é útil em conversas, palestras e sessões de pergunta e resposta de alta complexidade com decisores e qualquer outra pessoa que represente um determinado ponto de vista ou lhe peça para explicar os seus.

Defender significa apresentar motivos; significa revelar suas escolhas em relação a outras opções e defender e promover essas escolhas contra os argumentos de influenciadores igualmente competentes. Pegue o que você aprendeu na escola e aprimore com conhecimentos particulares e a leitura de livros sobre o assunto. Você constatará que sua capacidade para pensar e analisar criticamente os argumentos alheios melhorará de forma sensível sua influência sobre as escolhas dos outros.

3. **Aprenda a contar histórias** – A **narração de histórias** tem sido uma das principais ferramentas para influenciar pessoas em diversas culturas e áreas. Os influenciadores narram histórias por motivos estratégicos. Seja para estimular as pessoas a agir, para ensinar, para diminuir a resistência e mudar mentalidades, a força de uma história pode afetá-las profundamente. Uma história bem contada, apresentada pessoalmente, pode influenciar bem mais do que a mera descrição de fatos financeiros ou técnicos de grande complexidade. Os números e os gráficos são importantes. Contudo, para mostrar sua relação com qualquer questão, grande ou pequena, uma narrativa estratégica em torno dos números passará melhor o recado do que qualquer outra coisa. Os influenciadores eficazes sabem que as informações que eles transmitem também devem ser **lembradas**, e é por isso que eles aprendem a contar histórias que consigam produzir um efeito duradouro.

4. **Aprimore sua redação** – Para os influenciadores astutos, a capacidade de apresentar um raciocínio coerente e utilizar uma linguagem convincente no papel ou na tela é essencial para influenciar a mente e o comportamento das pessoas. Seja em *e-mails* enviados a clientes e colegas de trabalho ou em artigos de opinião em um jornal local, a habilidade para assumir uma posição, divulgar uma ideia importante ou ponderar sobre uma questão na primeira pessoa será utilizada diariamente. Para que sua **redação** tenha **vigor** e **eficácia**, você

precisa ler muito. Busque os grandes ensaístas — Christopher Hitchens, William F. Buckley, Hemingway, Arthur Miller, Barbara Kingsolver — e tudo o mais que possa ajudá-lo a aguçar sua narrativa e exercitar seu pensamento crítico e analítico. Você não deve deixar de ler por falta de tempo; para melhorar o impacto de sua redação, utilize os estilos de outras obras literárias como inspiração e permita que eles a influenciem. Para redigir boas propostas, relatórios de negócio ou mesmo mensagens do dia a dia, você precisará de perseverança ao longo do caminho. Isso é normal e faz parte do processo. (Ainda não conheci nenhum escritor que não se frustre.) Mas pense no impacto que você pode causar em seu ambiente e nas ideias de seu público. **Escrever bem é influenciar!**

5. **Melhore sua inteligência emocional (IE) e social (IS)** – Já analisamos essa questão neste capítulo e vale a pena repetir: a capacidade de se conhecer e controlar suas emoções, pensamentos e comportamentos é essencial e, tal como as pesquisas confirmam, um bom sinal de sucesso na vida adulta para crianças que a desenvolvem cedo. É também uma habilidade de liderança indispensável. Do mesmo modo que a capacidade de sentir empatia e desenvolver relacionamentos pessoais no trajeto que o levará ao sucesso. Embora os especialistas concordem que a inteligência cognitiva é mais ou menos fixa, existe o consenso de que a IE e IS podem ser desenvolvidas e aprimoradas. Ainda que os influenciadores 360 graus considerem a IE e a IS extremamente úteis para as relações de trabalho, é do mesmo modo pessoalmente recompensador quando nossos relacionamentos começam a se desenvolver de uma maneira mais autêntica e profunda.

6. **Aprimore suas habilidades de comunicação oral** – Trata-se do famoso "**óbvio ululante**" — a necessidade de influenciar pessoas por meio da **comunicação oral**. Quando muitas pessoas pensam em pessoas influentes, elas logo se lembram dos grandes oradores que já ouviram. Quando peço aos meus clientes nos EUA para

citar quem eles admiram como orador, invariavelmente mencionam John F. Kennedy, Ronald Reagan, Bill Clinton, Colin Powell e outros que já deixaram sua marca no mundo. Embora muitos influenciadores trabalhem nos bastidores, é a capacidade de falar e persuadir que confere aos **influenciadores 360 graus** um imenso poder.

Não estou falando apenas dos políticos proeminentes que têm grande habilidade com as palavras, proferidas de uma forma que rompe a resistência de quem ouvem. Nas organizações, nas empresas e nas escolas, todos os dias inúmeros apresentadores ou palestrantes anônimos tentam mobilizar a imaginação de funcionários, executivos e alunos para fazer um plano ou projeto seguir adiante.

Embora muitos temam a oportunidade de falar em público, em vez de aproveitá-la, ceder a esse pânico é o mesmo que fechar uma grande porta para a influência. Entretanto, saber expressar seus pensamentos e ideias para um público, com confiança e convincentemente, é uma via expressa para o poder de influência e o êxito.

7. **Obtenha conhecimentos básicos sobre economia** – A verdade é que você terá dificuldade travar um diálogo inteligente com colegas e clientes se ficar embaraçado diante de temas econômicos comuns, como impostos, déficit orçamentário, taxas de juros, mercados, desemprego, possibilidade de a inflação da China ameaçar o comércio global, e o significado de todas essas coisas para o cidadão comum. Você não precisa ser especialista em nenhum desses assuntos, mas ter conhecimentos básicos sobre a dinâmica de tudo isso pode ajudá-lo a conquistar seu espaço em qualquer discussão com seus colegas. Não se pode esquecer que os números governam a vida das pessoas!!!

Influência consiste também em ter uma opinião que possa moldar as escolhas e os comportamentos do outros. Lacunas embaraçosas em conhecimentos específicos ou comuns que geralmente

A INFLUÊNCIA DE 360 GRAUS COMEÇA EM VOCÊ

tentamos sanar no MBA *(Master of Business Administration)* ou na pós-graduação, ou nas dissertações, se estivermos muito motivados, enfraquecem significativamente nossos esforços de influência de 360 graus. Com essa defasagem de conhecimento, somos forçados a desviar cuidadosamente a discussão em torno desse turbilhão para águas mais amigáveis.

8. **Pense como um líder** – A influência é mais óbvia quando exercida perante um grupo. Embora a influência de 360 graus tenha um método para modelar e influenciar escolhas e comportamentos em qualquer posição que você ocupe, é em uma **posição de liderança** reconhecida que você consegue exercer o impacto de mais amplo alcance. A maioria das empresas que estão progredindo desenvolve internamente seus líderes de grande potencial. Se você tem sorte de estar trabalhando em uma incubadora de liderança como a General Electric, seu sucesso está garantido, porque todas as outras vão querer que você se junte a elas e ponha em prática o que aprendeu. Felizmente, a eficácia na liderança é um tema quente, e o desenvolvimento das habilidades necessárias é ensinado e praticado em algumas das melhores empresas para as quais já prestei consultoria. Se você não trabalha para nenhuma das excelentes empresas que leva o **desenvolvimento de liderança a sério**, se sua empresa simplesmente não têm recursos para isso ou se você tiver acabado de se formar, apresente-se como voluntário para liderar alguma coisa — um projeto comunitário, uma iniciativa de arrecadação de fundos ou qualquer coisa que lhe permita testar sua determinação para tomar decisões difíceis, definir estratégias e motivar as pessoas a concretizar uma meta, sem tirar os olhos dos recursos que possam surgir. Oferecer-se como voluntário é um bom ponto de partida e isso influenciará outras pessoas a indicá-lo temporariamente para um trabalho mais importante quando a oportunidade surgir.

9. **Desenvolva conhecimentos tecnológicos** – Estamos no século XXI e até mesmo as crianças de cinco anos de idade já ouviram

falar em Twitter, Facebook e nas plataformas de multimídia mais recentes. Existem princípios que você precisa conhecer para ter impacto, ainda que apenas em suas conversas com outras pessoas. As **mídias sociais** firmaram uma posição extremamente segura no cenário das mídias e chegaram para **ficar** — e **crescer**. A comunicação com clientes e consumidores ao redor do mundo hoje é facilitada pelas plataformas de mídia social que há apenas alguns anos já eram utilizadas entre os calouros das universidades norte-americanas. Contudo, elas saíram do *campus* e entraram no mundo do grande comércio. Se você não mantém um diálogo contínuo com seus clientes ou precisa de uma pessoa de 19 anos de idade para lhe mostrar os passos toda vez que se conecta a um fórum, isso significa que está atrasado. Os negócios estão *on-line*. Clientes e recrutadores estão esperando que você se apresente. Entre no Google imediatamente. Se sua pesquisa apresentar 25 outras pessoas com o seu nome — mas que não são você —, é hora de entrar de cabeça. Para a maioria das pessoas com as quais você entrará em contato, sua reputação e influência começam com o que elas conseguem encontrar sobre você na Internet.

10. **(Preencha este espaço)** – Esse item é todo seu. Influência não tem a ver apenas com estratégia; influenciar consiste também em ser **autêntico** e **original** e **mobilizar** as pessoas com sua personalidade. Portanto, a última qualidade que você desenvolverá cabe a você. **O que você de fato deseja aprimorar para se tornar uma pessoa mais influente?**

Uma rápida passada de olhos nas manchetes dos jornais, em qualquer dia, pode lhe mostrar o quanto o que está ocorrendo no mundo está além de seu controle. Entretanto, em vez de se preocupar com o que você não consegue controlar, batalhe para melhorar o que você pode. Comece com você.

No capítulo subsequente, analisaremos o que você pode fazer quando está enfrentando **resistência**. Você descobrirá algumas das principais barreiras para influenciar os outros e quais ferramentas podem ajudá-lo a atingir as pessoas mais a fundo. Além disso, abordaremos algumas teorias e descobertas interessantes sobre o motivo pelo qual as pessoas se apegam a crenças inflexíveis e teimam em manter pontos de vistas arraigados.

CAPÍTULO 3

Rompendo a resistência: as principais barreiras para influenciar outras pessoas

O 28º presidente dos EUA certamente não foi o primeiro líder a afirmar: "Se você quiser fazer inimigos, tente mudar alguma coisa." Não há dúvida de que Woodrow Wilson chegou a essa conclusão por ter tido uma experiência ampla e direta com **gestão de pessoas**, e também por ter ocupado um cargo de liderança na Universidade de Princeton como presidente e ter sido governador de Nova Jersey antes de ascender à Casa Branca. Wilson sabia que os diretores e gerentes de qualquer organização — fosse em uma *start-up* recém-criada, uma organização sem fins lucrativos ou um conglomerado multinacional — com o tempo aprendem, algumas vezes a duras penas; normalmente, as pessoas preferem o *status quo* e **rejeitam a ideia de mudança**.

Na verdade, nossa tendência a manter as coisas como estão é tão forte, que o finado economista canadense-americano John Kenneth Galbraith certa vez sentiu-se motivado a afirmar, espirituosamente: "Diante da escolha entre mudar a mente de uma pessoa e provar que não há necessidade de fazê-lo, quase todos se ocupam em provar."

Se você trabalha diariamente com outras pessoas, seja em baias ou em uma fazenda (fábrica) real, você não precisa de uma lista de exemplos para respaldar a afirmação de Galbraith; você tem uma lista própria. Não obstante, ainda neste capítulo, você conhecerá não apenas algumas das expressões mais comuns de resistência que as pessoas costumam utilizar (demonstrar), mas também sugestões sobre como reagir àquelas que "se ocupam em provar". Porque, para reagir, você precisa fazer as coisas irem para a frente, a menos que você e seus chefes considerem o *status quo* aceitável.

Por que as pessoas se apegam a crenças inflexíveis

"Eu não teria visto se não tivesse acreditado." Embora certamente essa citação esgote meu limite de citações intuitivas neste capítulo, essas palavras de Marshall McLuhan — renomado retórico e teórico da comunicação — são tão apropriadas que é impossível omitir.

Muito do que as pessoas percebem depende do que elas já acreditam, e isso torna o exercício de influência enormemente mais desafiador e o eleva ao que as Forças Armadas chamam de operações psicológicas. É fundamental compreender por que as pessoas rejeitam, resistem ou (talvez mais prejudicial) concordam com relutância em fazer alguma coisa, apenas para continuar negando seus melhores esforços à tarefa em questão. É melhor ouvir o eixo ranger e poder consertá-lo antes que a roda se solte a 130 km/h em uma estrada de alta velocidade.

Portanto, eis então uma cartilha que mostra por que os **sistemas de crenças antagônicos** são as barreiras mentais reforçadas que a **razão**, a **lógica** e a **evidência** ou os **apelos emocionais** não conseguem romper facilmente.

As crenças têm uma função de sobrevivência biológica

O notável e cético autor Michael Shermer discutiu esse assunto em um artigo na revista *Scientific American*:

> "Defendo que nosso cérebro é uma máquina de crenças: uma máquina evoluída de reconhecimento de padrões que conecta os pontos e extrai significados desses padrões que imaginamos ver na natureza. Algumas vezes A está de fato associado a B; outras vezes não. Quando está, aprendemos alguma coisa valiosa sobre o ambiente com base na qual podemos fazer previsões que auxiliam na sobrevivência e reprodução. Somos descendentes daqueles que mais tiveram sucesso em identificar padrões. Esse processo é chamado de **aprendizagem por associação**, e ela é fundamental para o comportamento de todos os animais, do humilde *Caenorhabditis elegans* (verme) ao *Homo sapiens*."

Imagine-se passando pelo jardim de um vizinho e vendo, com o canto do olho, algo que parece uma cobra serpenteada entre a grama. Instintivamente, você dá um passo para trás — até que, ao olhar mais de perto, percebe que a suposta **"cobra"** na verdade é uma **mangueira**. Ao longo da história, as pessoas que não reagiram suficientemente rápido ao se defrontar com uma cobra real ou imaginaram equivocadamente que ela fosse um graveto inofensivo tornaram-se inaptas para reprodução e por isso não foram selecionadas pela evolução. Em contraposição, estamos aqui porque nossos ancestrais — vencedores da evolução que eles foram — pecavam por excesso de cautela quando o vento roçava as gramíneas ou viam um graveto parecido com uma cobra e fugiam apressadamente da **"zona de perigo"**. Isso porque em outra oportunidade o ruído do vento poderia ser o ruído de um leão faminto e o galho de uma árvore um réptil peçonhento. Em última análise, na tentativa de vencer a resistência das pessoas, podemos muito bem estar nos preparando para lutar com sua biologia.

Shermer, nesse mesmo artigo da *Scientific American*, afirma que: "Na medida em que não desenvolvemos uma '**rede de detecção de disparates**' no cérebro para distinguir entre padrões verdadeiros e falsos, não temos nenhum regulador em detecção de erros para ajustar o mecanismo de reconhecimento de padrões." Nesse ponto, ele apregoa a utilidade dos "mecanismos autocorretivos da reprodução e revisão por pares" inerentes nos métodos científicos. Ele também postula que a "cognição errônea não é propensa a nos remover do *pool* (combinação) de genes e, por isso, não teria sido excluída pela evolução". De certo modo, Shermer está dizendo que não podemos ter duas coisas incompatíveis no que diz respeito às nossas crenças — de um lado, apoiar a continuidade de nossa sobrevivência e da prole e, de outro, saber precisamente quando uma crença falsa (ou sem valor) nos beneficia. Já estamos programados para aceitar as crenças existentes como verdadeiras, válidas, e somos capazes de gerar uma resistência tremenda quando alguém nos pede para mudar nossa maneira de ser. É por isso que nossa capacidade de acreditar torna nossa a vida mais fácil. Acreditar em nossos **modelos mentais exclusivos** sobre como o mundo funciona nos oferece uma sensação de controle sem a qual nos sentiríamos perdidos.

Tal como Shermer, o professor de psicologia James Alcock, da Universidade York do Canadá, investiga todas as formas que indicam que nós, seres humanos, não somos estritamente racionais. Ele chama nosso cérebro e sistema nervoso de "máquina geradora de crenças", um mecanismo que "seleciona informações no ambiente, molda essas informações, associando-as com informações na memória, e produz crenças que geralmente são compatíveis com crenças já nutridas". Ele repete Shermer ao afirmar que, para nossa infelicidade, essa máquina não vem necessariamente equipada com uma bússola da verdade; tudo o que importa é que as crenças produzidas "demonstrem-se funcionais para o indivíduo que as nutre".

Em outras palavras, tudo o que importa é que essa máquina produza crenças, e não que elas sejam verdadeiras, fundamentadas em fatos ou mesmo plausíveis. Desde que as crenças façam sentido para a pessoa e a ajude a compreender o mundo, para ela a máquina geradora de crenças está fazendo sua parte.

Para ajudar a distinguir os diversos motivos e crenças, Alcock divide essa máquina em sete unidades (metafóricas):

1. Unidade de aprendizagem.
2. Unidade de pensamento crítico.
3. Unidade de anseios.
4. Unidade de *input* (entrada).
5. Unidade de resposta emocional.
6. Unidade de memória.
7. Unidade de *feedback*.

A primeira, a **unidade de aprendizagem**, é "primordial para compreendermos a máquina de crenças". Os processos de aprendizagem na verdade estão amarrados na estrutura física do próprio cérebro, e esses processos são, poderíamos dizer, **promíscuos** (desordenados, heterogêneos e indiscriminados). Confirmando a teoria de Shermer, Alcock afirma que uma pessoa aprende a associar A com B repetidas vezes, independentemente de A ter nada mais que uma possível relação com B. Você usa uma gravata listrada de azul para uma entrevista e consegue um emprego. Então, quando for entrevistado para uma promoção, você desenterra essa mesma gravata do fundo de seu guarda-roupa e a usa novamente. Você provavelmente "**sabe**" que a gravata não tem nada a ver com a avaliação de seu desempenho, mas por que não tentar a sorte? Você se sente mais confiante com ela.

Utilizando um exemplo mais sério, pense na situação de uma amiga sua que decide não usar o cinto de segurança para percorrer apenas 1 km ou algo parecido até uma loja. Ela sofre uma batida lateral e acaba batendo a cabeça na janela. Por esse motivo, você resolve nunca mais dirigir para qualquer lugar que seja sem usar o cinto de segurança. Nesse caso, existe uma relação entre o ferimento e a falta de equipamentos de segurança. Desse modo, ainda que a probabilidade de sofrer um acidente seja pequena, faz sentido agir como se ele **pudesse** acontecer e precaver-se para amenizar as consequências.

A **unidade de pensamento crítico**, por sua vez, é uma forma de averiguar o "pensamento mágico" produzido pela unidade de aprendizagem. Ela é desenvolvida por meio da experiência e do conhecimento direto. Diferentemente da unidade de aprendizagem, ela pode ser desativada ou interrompida. De acordo com Alcock: "Aprendemos a utilizar testes de raciocínio simples para avaliar os acontecimentos ao nosso redor; porém, também aprendemos que determinados tipos de acontecimento não devem ser objetos da razão, mas ser aceitos com fé." Em outras palavras, podemos passar do estado de pensamento crítico para um estado "experimental e intuitivo", dependendo de a resposta mais apropriada ser a simpatia ou o ceticismo. (Obviamente, os vigaristas tentam nos manter **fora** da unidade de pensamento crítico.)

A **unidade de anseios** pode nos salvar — não literalmente, mas no sentido de nos dar esperança, diminuindo a ansiedade ou então acalmando nossos nervos à flor da pele. Muitas vezes, quando nem a razão nem a lógica podem nos oferecer as respostas que precisamos tão desesperadamente, atingimos nosso ponto mais vulnerável.

A **unidade de _input_** (entrada) é uma espécie de aspirador dois em um e classificador de informações. Ela nos ajuda a receber e processar _bits_ de dados de uma maneira que nos faça sentido. Entretanto, tal como na unidade de aprendizagem, a unidade de _input_ distingue entre verdadeiro e falso. Ela produz padrões que estão de acordo com padrões anteriores. Contudo, se presumirmos em vez de questionarmos esses padrões, tendenciosidades cognitivas (analisadas no Capítulo 5) podem aflorar.

A **unidade de resposta emocional** com frequência funciona com a unidade de aprendizagem para reforçar relações. Lembre-se do acidente hipotético com uma amiga. Tendo em vista o funcionamento do cérebro, não seria nenhuma surpresa se você imaginasse alguma relação entre o fato de ela não usar o cinto de segurança e o acidente em si; ou seja, foi a **decisão** de não usar o cinto — uma tentação do destino — que provocou o acidente. Porém, você sabe que isso não é verdade. Porém, como Alcock nos diz, a **emoção do acontecimento** — o ferimento grave de sua amiga — frequentemente reforça a relação entre o que ocorreu antes e o que ocorreu depois.

A **unidade de memória** é unicamente isso — um processador de memórias. E essa unidade é um processador, não um repositório: nossas memórias antigas são retrabalhadas como novas experiências e as percepções então vêm à tona, de uma forma tal que a memória em si não é tanto uma fotografia permanente de um acontecimento mas mais uma história em constante mudança sobre esse acontecimento.

A **unidade de *feedback* ambiental**, junto com a unidade de pensamento crítico, pode funcionar como uma forma de confirmação ou averiguação da realidade em relação a crenças iniciais ou intuitivas. **Pode** porque, no caso dos teóricos da conspiração, qualquer informação complementar ou *feedback* pode servir apenas para reforçar a crença na conspiração. Além disso, em vista de nossa tendência a procurar indivíduos com mentalidade semelhante ou persuadir os outros a compartilhar de nossas interpretações, é completamente possível que nossas crenças sejam reforçadas em vez de contestadas pelos outros.

O fato de nosso cérebro estar programado para acreditar ajuda-nos a compreender por que algumas pessoas insistem em manter **convicções irracionais** que as conduzem à insensatez de tentar influenciar os outros com a lógica, com a razão e com fatos. A lógica e os fatos têm muita importância, mas não são tudo o que importa. De acordo com Alcock e Shermer, eles não são necessariamente os principais determinantes da crença.

As crenças nos ajudam a tomar decisões em meio à incerteza

Amos Tversky e Daniel Kahneman — **economistas comportamentais** — identificaram inúmeras "heurísticas" que muitas vezes empregamos para tomar decisões em meio à incerteza. Analisaremos detalhadamente essas heurísticas no Capítulo 5, mas gostaria de ressaltar aqui que essas regras de decisão de senso comum, ou regras práticas, podem nos desviar do caminho devido, em parte, a distorções perceptivas persistentes. Tversky e Kahneman relacionaram a persistência das heurísticas não tanto à estrutura do cérebro, mas ao desejo de criar certeza com base em probabilidades, mas o trabalho deles reforça a ideia de que um fato nem sempre é suficiente para superar uma ficção.

De fato (não é minha intenção fazer um trocadilho), muitas vezes desprezamos os fatos que contradizem nossas crenças. Em um artigo na *Scientific American*, a jornalista Christie Nicholson chama a atenção para um estudo recente sobre a cognição cultural de risco, em que os pesquisadores Dan Kahan, Hank Jenkins-Smith e Donald Braman afirmaram aos participantes do estudo que um especialista científico havia reconhecido que as mudanças climáticas são um fenômeno real. Os participantes que acreditavam que o comércio pode ser prejudicial ao meio ambiente estavam predispostos a reconhecer que o cientista era um especialista. Entretanto, aqueles que entraram no estudo acreditando que a atividade econômica não poderia prejudicar o ambiente estavam **70% menos propensos** a reconhecer que esse cientista era de fato um especialista.

Resultados semelhantes foram identificados em uma discussão sobre descarte de lixo nuclear ou sobre nossa segurança com relação ao porte de armas ocultas em público. A questão não era o repúdio à ciência propriamente dita, mas "que as pessoas tendem a manter uma postura tendenciosa em relação ao que os especialistas acreditam, considerando um cientista como '**especialista**' somente quando esse cientista concorda com o ponto de vista que elas acham culturalmente adequado". Portanto, além de nossa neurologia e psicologia, nossas crenças sociais, culturais, econômicas e políticas podem servir para influenciar nossas tendenciosidades e obstruir qualquer evidência contrária.

O *site* de pesquisa em ciência política The Monkey Cage (http://themonkeycage.org), por exemplo, divulgou recentemente diversos comentários sobre pesquisas que demonstram que a controvérsia acerca da existência e das causas do aquecimento global **aumentou** porque o nível educacional dos entrevistados aumentou — um desacordo que não se mostrou evidente no caso de outros assuntos menos controversos do ponto de vista político. O professor John Sides ressaltou: "Uma explicação para isso é familiar a qualquer leitor do livro *The Nature and Origins of Mass Opinion* (A *Natureza e Origem da Opinião Pública*), de John Zaller: quando as elites políticas assumem pontos de vista antagônicos a respeito dos problemas, esses pontos de vista se refletem em seus seguidores no âmbito público". Em outras palavras, preferimos o grupo à evidência ou *expertise*.

Outra pesquisa menciona diferentes filtros de informação. A Escola de Direito da Universidade Yale (EUA) desenvolveu o projeto Cognição Cultural, no qual os pesquisadores examinaram em que medida o que pensamos afeta o **que sabemos** e **como sabemos**. Uma das principais constatações desse estudo é que: "Os indivíduos com mentalidade cultural diversa — hierárquica e igualitária, individualista e comunitária — nutrem crenças acentuadamente antagônicas com relação a uma série de riscos sociais, como crenças relacionadas à mudança climática, posse de arma, saúde pública e segurança nacional." Entretanto, diferentemente dos cientistas políticos, esses acadêmicos concluíram que as "diferenças presentes nesses valores básicos exercem uma influência significativamente maior sobre as percepções de risco do que qualquer outra característica individual, como sexo, raça, *status* socioeconômico, nível educacional e ideologia política e afiliação partidária".

Esteja a causa dessas crenças diferentes relacionadas a laços políticos, a influências culturais ou à mentalidade psicológica (ou alguma combinação disso), não há dúvida de que elas nos levam a extrair diferentes significados de uma mesma informação. E quanto maior a **importância** de nossas crenças para nós mesmos, mais propensos somos a desconsiderar qualquer evidência que possa derrubá-la.

Por mais que nós, seres humanos, possamos pensar que desejamos **"a verdade, toda a verdade e nada mais que a verdade"**, muitas vezes preferimos a crença à verdade, e isso transforma a influência de 360 graus em um desafio que merece toda a atenção e todos os recursos que um influenciador conseguir reunir.

Os fundamentos para influenciar e mudar mentalidades

O estresse provoca úlcera — todos já sabiam disso. Pessoas que precisam cumprir prazos, pessoas que devem fazer malabarismos para cumprir vários compromissos diferentes, pessoas que ocupam cargos de alta pressão, todas elas eram propensas a desenvolver úlcera péptica. Acalmar, ter cautela na ingestão de comidas condimentadas, tomar alguma coisa para aliviar o estômago — era isso o que fazíamos para cuidar de uma úlcera. Todo mundo sabia disso.

O que todos sabiam estava errado!

Barry Marshall e seu colega de pesquisa, Robin Warren, pretendiam provar que todos estavam errados; na verdade, a princípio eles nem mesmo estavam interessados em úlcera. Eles estavam interessados em bactérias, particularmente naquelas que viviam em ambientes inóspitos. (Embora hoje já seja de conhecimento geral que as bactérias proliferam de ambientes hostis de todos os tipos, isso ainda não era amplamente conhecido quando Marshall e Warren iniciaram suas investigações na década de 1980.) Eles estavam examinando a *Helicobacter pylori* e tentando provar que essa bactéria específica vivia no estômago.

Tal como Marshall assinalou: "Isso nos levou à úlcera por uma via lateral, digamos assim, porque estávamos tentando descobrir quem tinha essas bactérias — e, pasmem, percebemos que todas as pessoas com úlcera as tinham." Os pesquisadores perceberam, em um espaço de tempo relativamente curto, que eles haviam descoberto a causa das úlceras pépticas, e não apenas porque 90% dos pacientes que eles trataram com antibióticos foram curados. Marshall deu um passo além e ingeriu a *Helicobacter pylori* para provocar uma úlcera em **si mesmo**.

Por quê? "Foi um momento decisivo. Eu precisava descobrir se a bactéria de fato afetava uma pessoa saudável e provocava gastrite", disse Barry Marshall. Ele havia tentado trabalhar com leitões, mas seus esforços foram em vão. "E os céticos estavam tão determinadamente céticos, que eu pensei: nunca vou conseguir provar para esses caras que as bactérias são prejudiciais. Naquela época todo mundo sabia que 40% da população tinha essas bactérias e não tinha úlcera, e era isso que estava dificultando tanto a minha vida. Diante disso, extraí algumas bactérias de um paciente e as preparei para ingerir", complementou Marshall.

Se ele não tivesse adquirido uma úlcera, "isso de fato teria minado inesperadamente toda a teoria. Pensei, 'Se não funcionar, vou sossegar em relação a tudo isso; talvez simplesmente desapareça e siga outra carreira por algum tempo porque estou errado.' Mas obviamente isso funcionou."

Marshall e Warren prepararam os resultados para publicação sem evidenciar que Marshall havia feito a experiência em si mesmo. Embora o autoexperimento tenha sido justamente o que definiu a verdade de sua teoria para seus colegas — Marshall ganhou credibilidade com essa demonstração simples (e talvez penosa). Portanto, de que forma Marshall e Warren provaram que todos os outros estavam errados?

A crença de que o estresse provocava úlceras era imperiosa, embora não tivesse havido nenhum estudo verdadeiramente bom que demonstrasse **causalidade**; tratava-se de um daqueles pensamentos que haviam sido passados adiante de uma geração de médicos para outra. Acrescente-se a isso o tremendo lucro auferido pelas empresas farmacêuticas que estavam vendendo tratamentos apenas levemente eficazes; essas empresas fizeram dinheiro principalmente porque os antiácidos só tratavam os sintomas da úlcera — o que significava, é claro, que o remédio precisava ser tomado repetidamente. Tal como Marshall mencionou: "Se essa questão fosse examinada do ponto de vista comercial, constatar que na verdade seria possível curar as pessoas com antibióticos só poderia prejudicar o mercado e diminuir o preço das ações (das empresas farmacêuticas)."

Por fim, havia os próprios pacientes, que, do mesmo modo que todas as demais pessoas, "sabiam" que o estresse provocava úlcera. Ainda hoje existem pessoas (bem como médicos) que insistem que as úlceras são um problema de estilo de vida. Marshall tenta dar sentido a esse ponto de vista sem sentido: "Isso é como religião ou algo parecido. É como se houvesse uma determinada parte da vida em que aprendemos coisas e que depois simplesmente paramos de aprender", comentou.

Essa dinâmica afeta quase todos nós, tanto cientistas quanto leigos. E o problema torna-se ainda pior porque às vezes o "antigo" conhecimento está correto ("lave as mãos antes de comer") ou parcialmente correto ("o estresse pode nos fazer sentir mal, mesmo que não provoque nenhum problema específico").

Portanto, de que forma podemos lidar com essas crendices ou pareceres falsos ou, pior do que isso, esse (contra) senso comum? Observe o que Marshall e Warren fizeram:

○ Primeiro, a curiosidade os motivou a aprender, uma curiosidade que só poderia ser saciada com evidências. Essas evidências os conduziram à úlcera.

○ Segundo, eles reuniram essas evidências de uma maneira apropriada à sua área de investigação. Geralmente, a ciência exige testes rigorosos que demonstrem não apenas correlação, mas prova de causalidade. Visto que a *H. pylori* vive no estômago de muito mais pessoas do que no daquelas que desenvolvem úlceras, como eles poderiam provar que essa bactéria provocava essas úlceras e

ROMPENDO A RESISTÊNCIA: AS PRINCIPAIS BARREIRAS PARA INFLUENCIAR OUTRAS PESSOAS

que a maioria das evidências mostrava que as pessoas que tomaram antibióticos foram curadas? O autoexperimento de Marshall de fato esclareceu a questão e convenceu.

o Terceiro, eles tinham aliados. Marshall cita o gastrenterologista e "líder inovador" David Graham, da Universidade Baylor (EUA), que, embora cético, estava disposto a considerar as evidências que Marshall e Warren reuniram e com o tempo foi persuadido por elas. E então Tachi Yamada (atualmente chefe do programa de Saúde Global da Fundação Gates) anunciou em um congresso científico que havia sido provado que as úlceras eram provocadas por bactérias e que os pacientes deveriam ser tratados com antibióticos. "Depois disso, foi exatamente como o sol e a lua", disse Marshall. "A coisa toda fugiu ao controle."

Marshall e Warren tiveram um final feliz: a aceitação de sua teoria e, em 2005, o prêmio Nobel em Medicina.

E nós, como ficamos nisso? De que forma convencemos as pessoas ao nosso redor que acreditam que já sabem tudo o que precisam saber? Ken Broda-Bahm, em um artigo sobre a influência de um testemunho científico sobre um corpo de jurados, ressaltou que a mera apresentação dos fatos não é suficiente para convencer os jurados céticos. "Os cientistas gostam de apresentar os novos conhecimentos utilizando um esquema revolucionário ('isso muda tudo'), mas os seres humanos tendem a ser mais evolucionários", disse Ken Broda-Bahm. Essas descobertas muitas vezes provocam rupturas e podem agir contra você. Portanto, "em vez de oferecer evidências científicas para contestar crenças vigentes, ofereça-as como complemento".

Esse conselho pode ser facilmente traduzido para o ambiente de trabalho. Quantas pessoas você conhece que defendem de uma forma extremista seu próprio território e relutam até mesmo em considerar a ideia de que outra pessoa possa saber mais do que elas? **Provavelmente muitas!** Veja como influenciar delicadamente as crenças dessas pessoas. Primeiro, em vez de demolir logo de cara as convicções que elas nutrem, utilize-as como ponto de partida; é mais fácil persuadir as pessoas a atravessar uma ponte do que as convencer a saltar em um abismo.

Segundo, fale com elas a respeito da questão antes de tentar persuadi-las. Isso pode funcionar como uma forma de pré-ativação ou condicionamento (*priming*): ao relembrar seus ouvintes de um conhecimento que eles já têm e tratá-los como pessoas capazes de aprender mais, você correlaciona esse conhecimento anterior com seus "novos" fatos. Prepare o terreno, depois monte sua história em cima disso. No caso de um advogado de litígio, você teria de prepará-lo para aceitar sua versão dos acontecimentos.

Por fim, Broda-Bahm afirma: "A explicação mais complexa sai vitoriosa." Embora os jurados (e colegas de trabalho) nem sempre fiquem impressionados com uma montanha de dados, não ter esses dados com certeza pode prejudicar sua credibilidade. Se você deseja persuadir os outros a seguir seu exemplo, tem de demonstrar que possui conhecimento para liderar, uma demonstração que requer que você derrube o máximo possível de objeções.

Dez segredos para superar a resistência e começar a influenciar

Lembre-se das sete unidades de Alcock, referentes à nossa máquina geradora de crenças. Apenas uma dessas unidades fundamenta-se explicitamente na lógica e na razão; as demais classificam as informações com base em experiências e preferências. Isso significa que: $1^{\underline{0}}$) você não pode supor que todos compreenderão ou interpretação uma situação da mesma maneira que você e $2^{\underline{0}}$) você não pode utilizar verdades cruas e frias para superar a resistência dos outros ao que está dizendo.

Você tem de reconhecer antecipadamente que nem seu encanto nem suas evidências — mesmo que necessários — serão suficientes para convencer outras pessoas da sagacidade de suas propostas. Em vez disso, você deve estar preparado, não apenas para a resistência, mas para diferentes formas de resistência, e deve ser capaz de neutralizar essas preocupações pela raiz, logo no início de suas tentativas de influência. Algumas formas de resistência estarão relacionadas com a organização, outras com as mudanças em si e algumas outras com você — o que não é nenhuma surpresa, visto que seus colegas terão posturas diferentes a respeito da empresa, sobre o trabalho deles e quanto a você.

Tendo em vista esses diferentes tipos de preocupação, é fundamental reconhecer a origem de cada um. As pessoas que não confiam em você não serão conquistadas por suas credenciais nem pelo seu cargo, mas podem ser conquistadas por sua disposição em ouvir e responder de uma maneira concreta e prática às preocupações que elas têm. Contudo, isso não quer dizer que essa tática funcionará com alguém que tema não ter capacidade para implementar as mudanças que você está propondo; essa pessoa precisará de treinamento e *feedback* para passar para o seu lado.

As pessoas podem fazer corpo mole ou então impedir suas propostas de várias maneiras. Para ajudá-lo a ganhar maior poder de **influência**, na Tabela 3.1 apresentam-se dez tipos comuns de resistência, suas prováveis causas e como você pode superá-las.

Algumas vezes, as pessoas resistem à mudança apenas porque têm poder para isso, mas para a maioria delas essa resistência se deve apenas à ansiedade por saber como elas se encaixarão em um determinado programa. Responda a essas preocupações e ofereça às pessoas as ferramentas que elas precisam para realizar essas mudanças; elas **constatarão** que você sabe o que está dizendo. **Isso** é influência.

No capítulo seguinte, analisaremos o que motiva as pessoas; como você pode aprender a habilidade de **precisão empática** (leitura realista da mente); e como você pode se tornar um observador astuto do comportamento humano e da comunicação humana, o que abrange a arte fundamental de ouvir com todos os sentidos.

TABELA 3.1

TIPO DE RESISTÊNCIA	CAUSA(S)	COMO REAGIR
1. **Isso não tem nada ver com nada.**	As pessoas que resistem não compreendem o motivo ou não veem a importância de suas propostas.	Associe a mudança que você está propondo às metas gerais da organização ou do projeto, ressaltando de que forma ela corrigirá os problemas existentes ou melhorará a situação atual.
2. **Já vimos isso antes/já fizemos isso antes.**	Elas acham que sua proposta não tem nada de novo e não acreditam em suas iniciativas.	Peça para que elas expliquem as iniciativas de inovação e por que elas fracassaram. Em seguida, apresente gradativamente sua proposta e mostre em que sentido elas diferem. Respeite a experiência anterior dessas pessoas e disponha-se a responder perguntas sobre a sua proposta a fim de persuadi-las a vê-la através de seus olhos.
3. **Outro ano, outra moda passageira.**	Elas veem a proposta como um modismo que não tem conteúdo real.	Seja o máximo possível específico em suas sugestões e vincule as mudanças a determinados comportamentos ou aos resultados propostos para demonstrar os efeitos reais da mudança.
4. **Você não sabe sobre o que está falando.**	Elas não confiam em você, não o respeitam ou ambos.	Tente superar essa possível objeção passando um tempo com as pessoas que implementarão a mudança e solicitando suas sugestões com relação ao que funciona e não funciona. Incorpore as percepções dessas pessoas em sua proposta a fim de associar as experiências delas com as sua iniciativa de inovação.
5. **O que você vai ganhar com isso?**	Elas não confiam em você.	Se a mudança for melhorar uma questão sua, não negue isso; a honestidade pode aumentar a confiança. Em seguida, dê a volta por cima e diga que compreende que todos tenham suas próprias preocupações. Mostre como sua proposta também melhorará a situação delas. Diante da probabilidade de que essa melhoria demore algum tempo para ser vista, ofereça uma medida por meio da qual elas possam avaliar o andamento das coisas.
6. **Você está tentando acabar com a gente?**	Elas temem sobrecarga de trabalho.	Treinamento, treinamento e mais treinamento: você tem de oferecer recursos para que elas realizem a mudança e ser receptivo às preocupações das pessoas a respeito da capacidade delas para lidar com a carga de trabalho. Esclareça todas as mudanças, ofereça todo *feedback* necessário, incentive as perguntas e apresente uma programação sensata com relação ao momento em que você espera que elas estejam preparadas para decolar. Assim, elas saberão que padrão devem atingir e em que momento devem atingi-lo. Ao decompor o processo, você elimina o medo decorrente da incerteza.

7. **Não é suficiente, já é tarde demais.**	O problema está tão entranhado que ninguém acredita que algum dia possa mudar.	Trata-se de um problema de atitude e talvez exija mudanças organizacionais ou no ambiente para romper antigos padrões de comportamento. Tente atrair as pessoas que são menos céticas e fique controlando aquelas que acreditam que não está ocorrendo nada. Mostre os resultados da mudança. Se algumas pessoas se mostrarem particularmente resistentes, talvez você precise recorrer a medidas disciplinares individuais para pôr as pessoas na linha ou deixar de lado aquelas que são particularmente inoportunas ou desagregadas.
8. **Isso nunca funcionará.**	Elas não compreendem como funcionará o que está sendo proposto.	Novamente, o segredo é treinar. Se possível, realize simulações ou sessões de acompanhamento para que elas possam ver exatamente o que precisam mudar. Ao aumentar a competência e a confiança das pessoas, você aumenta a disposição delas para mudar.
9. **Eu não entendo.**	Elas não entendem, ponto final.	Isso requer um trabalho antes e durante a mudança. Você precisa não apenas explicar os mecanismos da mudança durante um novo treinamento, mas também prepará-las com antecedência mostrando o motivo pelo qual a mudança é necessária. Fale sobre suas metas e sobre como a mudança ajudará a concretizá-las. Em outras palavras, para influenciar esse grupo, você deve vincular as atividades específicas que elas exercem ao objetivo geral da organização.
10. **Isso não está correto para nós.**	Elas acham que essa proposta de mudança desvia-se de valores ou objetivos essenciais.	Reveja esses valores e objetivos e relacione-os com sua iniciativa de inovação de uma maneira que faça sentido. Se sua organização estiver passando por uma ampliação que vá além de sua missão original, relacione essa expansão com as intenções dos fundadores da organização. Em outras palavras, respeite os valores essenciais e as pessoas que os levam a sério reforçando que na verdade, com essa mudança, você terá mais condições de fazê-los valer.

CAPÍTULO 4

Saiba o que de fato motiva as pessoas e com o que as pessoas de fato se importam

magine por um momento que está sentado sozinho em um confortável e iluminado escritório para um encontro extremamente difícil. Sua missão será convencer **você mesmo a fazer as coisas de maneira diferente** — algo a princípio provavelmente desconfortável, mas que no final beneficiará você e seu "outro você" a longo prazo.

A vantagem que você tem nessa situação é que sabe exatamente quais botões deve pressionar para levar seu outro você a considerar os benefícios mais importantes em sua proposta. Além disso, você sabe precisamente quais tipos de resistência seu outro você apresentará e por quê. Você sabe quais valores e crenças seu outro você defende e quais têm prioridade. Você saberá quais deles você mais necessita abordar e respeitar para motivar seu outro você. Você saberá também quais tendenciosidades deve contornar e quais emoções deve considerar para que seu outro você comece a ver as coisas mais objetivamente.

Quem dera!

Agora, voltemos à realidade. Imagine ter de fazer isso com pessoas que não são seu outro você e sair-se bem nisso — pessoas que têm níveis e matizes variados de valores e crenças, memórias e emoções correspondentes, sem mencionar as inúmeras tendenciosidades que podem arruinar suas melhores iniciativas para influenciar. As racionalizações e emoções iludiriam facilmente a análise de um receptor de imagem por ressonância magnética da mais alta precisão ligado ao cérebro dessas pessoas, e esse é um dos motivos pelos quais centenas de livros sobre liderança e gestão como este são impressos todos os anos. Os líderes emergentes e que já estão na trincheira precisam ajudar as outras pessoas a fazer coisas que elas necessariamente não fariam por conta própria. Do contrário, quem necessitaria de gestores e líderes? Enquanto *precogs* (aquelas pessoas no filme com Tom Cruise que preveem o comportamento humano) como os de *Minority Report – A Nova Lei* não conseguirem nos ajudar a conhecer as intenções das outras pessoas melhor do que conhecemos as nossas próprias intenções, precisaremos recorrer a uma estratégia sem dúvida pouco avançada do ponto de vista tecnológico: **"prestar atenção"**. Essa ideia parece muito simples — prestar atenção nos outros —, mas como os seres humanos são criaturas complexas que se expressam por meio de centenas de sinais por minuto, nós, influenciadores, temos de prestar atenção a todas essas nuanças e variáveis para compreendermos um pouco melhor nossos semelhantes, sejam eles homens ou mulheres.

Com relação ao ato de prestar atenção, aprendemos que, quanto mais percebermos e conhecermos o outro, mais bem equipados estaremos para persuadi-lo a aceitar nossa maneira de pensar. Contudo, para que isso ocorra, precisamos saber com o que as pessoas de fato se importam em termos individuais.

Leitura da mente: aprimorando a habilidade da precisão empática

Se tivéssemos de resumir o desafio da influência em uma única palavra, ela seria **empatia**. Originada da palavra grega *pathos* e da palavra alemã *Einfühlung*, a empatia é definida como "**a capacidade de se identificar com o sentimento ou as dificuldades de outra pessoa**".

A própria definição de empatia é semelhante à de leitura da mente. Existe um mito social comum que diz que as mulheres são mais aptas a isso do que os homens, mas essa teoria ainda não foi suficientemente comprovada pelas pesquisas. Nesse aspecto, o campo é nivelado, pelo menos em uma área. Embora os homens se saiam igualmente bem com a empatia em questões de economia e comércio, pesquisas demonstram que as mulheres continuam dominando o pedaço no que diz respeito à empatia nos relacionamentos, nos quais é ainda mais essencial ter habilidades aguçadas para tentar exercer influência.

O **domínio da arte da empatia** depende da capacidade de interpretar bem os indícios verbais e não verbais que estão associados aos pensamentos e sentimentos das outras pessoas em um determinado momento ou espaço de tempo. Linguagem corporal, expressão facial, conteúdo, entonação e volume de voz e como as pessoas interagem com as outras com relação ao que elas pensam sobre uma questão oferecem uma visão precisa para os influenciadores astutos que já desenvolveram a capacidade de atribuir significados instantaneamente ao que eles veem, ouvem e percebem.

Um experimento da Universidade de Columbia (EUA) tentou avaliar a "precisão empática", isto é, a capacidade para perceber corretamente o que os outros estão vivenciando. O pesquisador Jamil Zaki e colegas perceberam que os **observadores perceptivos** eram mais precisos quando podiam **ver** e **ouvir** seu alvo e **menos precisos** quando podiam **apenas vê-lo**. Sem dúvida, as dicas vocais são extremamente importantes para nossa capacidade de deduzir o que a outra pessoa está sentindo.

Não havia nada de novo nisso, talvez, mas foi surpreendente constatar que as pessoas que estavam falando sobre experiências negativas tendiam a ser mais expressivas do que aquelas que estavam falando sobre experiências positivas. Segundo os pesquisadores, pelo fato de a expressão de emoções negativas ser menos aceitável socialmente, os observadores perceptivos são bem mais propensos a captar essas dicas e, portanto, a analisar essas emoções com maior precisão. O que se conclui foi que a energia negativa e a empatia decorrente são mais facilmente percebidas do que a energia positiva. Embora pareça óbvio, aguça a estratégia do influenciador em ambos os extremos do espectro. Conclusão: **é mais fácil perceber quando você está desmoronando do que quando você está tendo sucesso**!

Uma habilidade que os influenciadores astutos utilizam é a **percepção imparcial do momento**. Basicamente, isso significa escolher entre aspectos positivos e negativos da percepção, uma análise que nos conduz a uma reação empática. Para isso, o influenciador deve ter autoconsciência e estar presente para garantir que sua percepção seja precisa e evitar a tendência inerente do ser humano de ouvir e ver o que deseja ouvir e ver.

Uma das sutilezas está relacionada à **opção** por ser empático, a intenção de perceber indícios verbais e não verbais para compreender verdadeiramente como as outras pessoas se sentem, em vez de utilizar esses indícios e sentimentos contra elas. As intenções que visam a um **interesse próprio** podem distorcer a percepção, enquanto a opção por "estar presente" ou "inteiro" em relação a uma pessoa oferece uma leitura mais precisa, o que é vital exercermos uma influência eficaz.

Em essência, os influenciadores devem utilizar a habilidade da precisão empática — em que a palavra-chave é **precisão** — primeiro em si mesmos. Para todas as partes, a verdadeira pepita dos sentimentos crus sempre está envolta em um contexto e disfarce social, e são esses filtros que procuramos compreender e eliminar quando tentamos perceber e sentir empatia de uma forma precisa. O resultado pode ser o reconhecimento — e um convite para compartilharmos — um ponto em comum, e é justamente esse o ponto central da influência.

Prestando atenção com todos os sentidos

Quanto existem tanto indícios **verbais** quanto **não verbais**, pode ser difícil discernir quais deles são mais esclarecedores e precisos. De acordo com Allene Grognet e Carol Van Duzer, do Centro de Linguística Aplicada, **prestar atenção** (ou **escutar**) é o domínio por meio do qual o comunicador de fato consegue expor seu interesse e seus sentimentos. Os indícios visuais têm maior latitude e significado variável; fatores como postura incorreta ou costas doloridas podem ter muitas interpretações. Entretanto, a entonação e o volume da voz e o conteúdo linguístico muitas vezes são os indícios mais transparentes de emoção e intenção, e o influenciador astuto presta atenção nisso com ouvidos bem abertos e treinados para discernir o que está ocorrendo por trás da mensagem verbal em si.

De acordo com os pesquisadores, no ambiente de trabalho, a habilidade de prestar atenção ou escutar é três vezes mais essencial à carreira profissional do que a habilidade de comunicação oral e de quatro a cinco vezes mais eficaz para gerar consequências positivas do que as habilidades de leitura e escrita. O motivo é que informações mais essenciais são trocadas no momento em que se está prestando atenção ou escutando, em comparação ao que os olhos podem perceber ou ao que o orador apresenta conscientemente. Isso é válido em todos os níveis organizacionais, embora continue sendo uma das habilidades de comunicação mais ignoradas e subtreinadas.

O processo de prestar atenção, para ser **eficaz**, requer quatro elementos fundamentais: **locutor** (orador), **conteúdo da mensagem**, **visualização da mensagem** e **ouvinte**. Se o ouvinte já estiver familiarizado com o conteúdo, a compreensão aumenta porque o conteúdo existente é utilizado instintivamente. E os ouvintes que se envolvem ativamente em uma troca, em vez de apenas ouvir, tendem a demonstrar maior compreensão e aprendizagem.

O orador torna-se uma variável fundamental porque sua capacidade de transmitir nuanças, significados implícitos e clareza dispersa-se em várias direções, deixando ao ouvinte a tarefa de ordenar todas essas variáveis. Pense no diálogo entre um especialista em determinada área do conhecimento e uma pessoa leiga, por exemplo: os especialistas nem sempre utilizam uma linguagem compreensível a todos; com frequência, eles empregam jargões; e quando os ouvintes têm de preencher as lacunas, pode haver distorção na mensagem captada. Acrescente-se a isso o fato de os coloquialismos estarem quase sempre sujeitos a interpretações, caso em que o ouvinte utiliza sua própria estrutura ou referência conceitual para atribuir significados. Outros sinais paralinguísticos como ritmo, inflexão e volume também são fatores que requerem atenção, visto que eles podem afetar o nível de concentração do indivíduo. Todos esses pontos tornam-se um conjunto de subvariáveis na questão fundamental de estilo e competência do orador ou apresentador e, portanto, são essenciais para superar o desafio de prestar atenção.

Embora o conteúdo ainda seja considerado soberano na maioria das organizações, esse soberano depende dos recursos circundantes e do poder contextual — sem mencionar o ocasional bobo da corte — para fazer as coisas acontecerem. O mesmo acontece com o ouvir com atenção, porque o conteúdo só será significativo se a interpretação for precisa. Algumas vezes um conteúdo familiar vem com a bagagem de um contexto familiar e, desse modo, a experiência de prestar atenção torna-se previsível (e às vezes perigosa). É na situação em que o conteúdo é novo e significativo que as estratégias para prestar atenção entram em cena, particularmente no caso de um influenciador astuto. É por meio de suportes visuais, como vídeos, apresentações no *PowerPoint*, gráficos, gestos, expressões faciais e linguagem corporal, que a estratégia de prestar atenção amplia-se e ganha complexidade, exigindo foco nas mensagens principais e nos resultados pretendidos.

De relance, o ato de prestar atenção parece até certo ponto passiva. Você se senta, assimila tudo e processa. Contudo, as pesquisas reafirmam que saber ouvir — habilidade que o influenciador astuto precisa dominar e passar para os outros — é tudo. Prestar atenção estrategicamente na verdade é um esforço **ativo**, visto que o ouvinte imediatamente interpreta, prioriza, atribui significados e avalia o contexto das mensagens que recebe, e nisso se incluem os indícios ou sinais não verbais.

Além de precisar se afinar com todas as variáveis do orador, os ouvintes têm também uma lista própria de variáveis que podem afetar sua **forma** de ouvir. Eles precisam identificar um motivo para ouvir, e isso pode assumir um cunho de obrigação (o chefe está falando), de oportunidade (O que vou ganhar com isso?) e até de autointeresse (Preciso prestar atenção nisso). Entretanto, à medida que as mensagens são recebidas, o ouvinte edita e prioriza, preenchendo as lacunas e atribuindo peso e relevância. As informações básicas e o contexto entram em jogo nesse processo, dando coloração à mensagem do orador ou apresentador de acordo com a forma pela qual as informações foram recebidas e processadas.

Essa não é uma tarefa nem um pouco fácil e passível de ser considerada corriqueira pelo simples fato de que, mesmo não a realizando estrategicamente, a **realizamos** toda vez que uma mensagem nos impressiona. Para começar a prestar atenção estrategicamente e ouvirmos de maneira mais eficaz e participativa, o Centro de Liderança Criativa oferece seis dicas.

Seis passos para ouvir participativamente

Primeiro, preste atenção. Isso significa escolher, priorizar a mensagem recebida em detrimento de todos os outros estímulos em um dado momento, e alguns deles podem estar bastante ativos por trás de seu semblante, ainda que não se mostrem. Quando esses estímulos entram em conflito, eles podem se evidenciar por meio de sua linguagem corporal e expressão e revelar suas verdadeiras intenções ao apresentador. Se você, influenciador, vir sinais de que o ouvinte não está totalmente presente, essa é a sua dica para aumentar a chama.

Segundo, o ouvinte ativo e eficaz precisa **parar de julgar**. Ter a mente aberta é a marca de quem sabe ouvir, mesmo quando o contexto em segundo plano — por exemplo, crenças antagônicas — já estiver meneando a cabeça por trás do semblante. Embora o julgamento ou juízo de valor acabe fazendo parte do processo, uma postura mais eficaz é primeiro procurar compreender totalmente, e isso exige que o julgamento tome assento no banco de trás.

Terceiro, a **reflexão** é uma habilidade que as pessoas que sabem ouvir adotam para evitar que suas engrenagens internas produzam atrito e para oferecer ao apresentador uma via desobstruída para o que ele quer dizer. Isso requer que você balance a cabeça afirmativamente ("Entendi, vá em frente"), reproduza com suas próprias palavras o que você ouviu ("Entendi que você quis dizer que...") e faça tudo isso sem revelar suas intenções em sua reação. Você está **concordando** com o apresentador, e tudo, desde sua linguagem corporal a um olhar fixo, diz que você está entendo cada palavra.

Quarto, o **esclarecimento** é o meio rumo à compreensão. Os bons ouvintes não permitem que uma apresentação confusa, distrações próprias ou a falta de compreensão crie um lapso momentâneo. Em vez disso, eles pedem para que a pessoa repita o que acabaram de ouvir ("Você poderia repetir essa última frase para mim?") a fim de esclarecer. Isso se assemelha à reflexão, exceto que nesse caso você está erguendo uma bandeira amarela que permite que o apresentador reformule sua frase ou volte atrás se necessário.

Quinto, sintetizar os temas principais é uma estratégia para você, ouvinte, confirmar se está sintonizado no mesmo canal do apresentador. Isso não envolve endosso nem crítica, mas o obtenção de um nível satisfatório de clareza. Significa reproduzir com suas palavras a principal mensagem do apresentador, indicando o que você compreendeu. Frases como: "Parece claro que sua opinião sobre isso é que..." permitem que o apresentador recue e defenda sua ideia de uma maneira ainda mais convincente e esclarecedora.

Por fim temos o **compartilhamento** do que você compreendeu. Antes, porém, você refletiu, **esclareceu** e **sintetizou**, tudo isso sem dar indícios da resposta que está se fermentando em consequência disso. Quando você oferece um *feedback* imediato, você abre a porta para uma compreensão mais clara por meio da resposta do apresentador às suas respostas. Se a exposição do tema tiver sido ainda que ligeiramente nebulosa, sua resposta possibilitará que o apresentador dissipe essas nuvens e seja mais objetivo.

A compreensão dessas dicas fortalece o influenciador 360 graus porque ouvir objetivamente e empaticamente é o ponto de partida para o entendimento. Seja qual for o grupo de interesse ou alvo de suas intenções, momentos antes da apresentação em si você precisa prestar atenção e se preparar utilizando o que conseguiu extrair desse processo ativo para que **sua** mensagem e/ou resposta toque todas as notas certas.

Lendo nas entrelinhas: o que as pessoas de fato desejam

Embora muitos estudos tenham enfatizado as variáveis da comunicação eficaz, tanto no sentido de influenciar quanto de escutar, talvez nenhum outro pesquisador tenha sondado a fundo esse nicho da psicologia social melhor do que Alex Pentland, professor no Instituto de Tecnologia de Massachusetts (Massachusetts Institute of Technology — MIT) nos EUA. Sua área de especialidade é ciência social computacional, engenharia organizacional e sistemas de informação móveis, o que significa que ele está bem preparado para utilizar a tecnologia para colher e analisar dados relacionados à **interação humana.**

Tudo o que analisamos até aqui aponta para uma esfera da interação entre apresentador e ouvinte que tem lugar nos bastidores de nossa consciência, quando não existe intenção. Essa esfera abrange indícios não verbais, significados implícitos e história de fundo; Pentland postula que na verdade isso provém de éons[1] de evolução sociológica humana e que continua influenciando o que compreendemos depois que vemos e ouvimos uma mensagem. O produto dessa evolução social é o que ele chama de **"sinais honestos"**, que são indícios e gestos que os influenciadores astutos podem observar e aproveitar para otimizar sua linha de abordagem. Trata-se dos mesmos sinais demonstrados por nossos ancestrais mais antigos, e eles são identificados também nos primatas superiores e até em outras espécies, que os utilizam para enviar e receber mensagens. A linguagem em si, afirma Pentland, é um nível de expressão que está enraizado nesses sinais mais profundos, mais primitivos e mais honestos que simplesmente tornam o processo mais claro e mais acessível. (Se você já ficou "vermelho" em um momento de constrangimento, isso significa que convocou seu antigo DNA de comunicação para expressar um sinal honesto.)

Pentland distingue quatro categorias de sinais honestos:

1. **Mimetismo** – Reprodução automática ou espontânea da maneira de falar de outra pessoa, como entonação de voz, linguagem corporal e expressão facial, e até mesmo adoção de padrões orais e emprego de determinados coloquialismos e gírias (trocar sorrisos é um exemplo de mimetismo).
2. **Presteza** – Uma indicação de concentração e interesse por meio de entusiasmo e envolvimento (por exemplo, abaixar o volume da televisão quando alguém começa a falar).
3. **Influência** – É o maior poder que a pessoa que está sendo imitada ou espelhada detém.

---

1 – N. de T.: Período de tempo muito longo ou indefinido.

4. **Consistência** – Apresentação oral tranquila e fluente que instila uma sensação de competência e confiança, que é sempre uma variável fundamental da equação da influência.

Por meio do que ele chama de **mineração da realidade**, Pentland utiliza tecnologia na análise de dados sociais, que, quando aplicada de uma maneira estratégica a padrões humanos básicos, pode gerar resultados sensivelmente diferentes. Trata-se do esteroide anabólico da influência, que dota aqueles que dominam essas habilidades da capacidade para assumir o controle de uma troca e, ao mesmo tempo, continuar ouvindo de uma maneira empática e esforçando-se para obter resultados de ganho mútuo.

Nesses estudos sobre mineração da realidade (nos quais se acompanham comportamentos humanos, com frequência por um período prolongado, na vida real, e não em ambientes experimentais), Pentland e colegas concluíram que 40% dos resultados das decisões podem ser atribuídos a sinais honestos. Eles observaram também que essa comunicação por sinais é essencial para a coesão e produtividade de um grupo: se um membro do grupo está feliz, os outros são propensos a ser "contagiados" por esse bom humor. Esse "contágio de humor", defende Pentland, "serve para diminuir as percepções de risco dentro dos grupos e para intensificar o vínculo".

Isso é fundamental quando estamos trabalhando em um grupo já estabelecido; os diversos sinais ajudam a firmar um senso "comum", que, por sua vez, pode ajudar a impelir todos os membros para um objetivo em comum. Os indivíduos do grupo que desejam movê-lo para uma determinada direção podem apresentar suas preferências em um "mercado de ideias", enquanto outros podem responder com seus próprios sinais e preferências. O grupo é mais propenso a escolher a opção associada com os sinais mais positivos — quase todos eles não verbais.

Mas e se você não for um membro do grupo ou quiser induzir as pessoas a aprender novos comportamento? A comunicação por sinais dentro do grupo tende para resultados extremamente conservadores — o que não é de surpreender, visto que o grupo procura se preservar. Pentland propõe que o inovador considerado um **conector carismático** é mais propenso a conseguir persuadir os outros a aceitar suas ideias.

É difícil definir **carisma**, admite Pentland, mas determinados sinais associados com o indivíduo carismático podem ser aprendidos. A pessoa muito empolgada e dinâmica é bem mais propensa a obter atenção, mesmo das pessoas que conhecem pouco a respeito do tema sobre o qual ela vai falar. Associando essa energia com conectividade social — aquelas pessoas que, em uma multidão, circulam amplamente, ouvem atentamente, falam fluentemente e tendem a iniciar uma conversa com uma pergunta —, os conectores carismáticos conseguem influenciar os outros como ninguém.

Comunicamo-nos por sinais o tempo todo. Sintonize e conseguirá "ouvir" os sinais claramente.

Pegadas digitais: as mídias sociais revelam hábitos, preferências e comportamentos

É provável que não seja surpresa para ninguém que viva muito próximo da civilização moderna que deixamos "pegadas digitais" constantemente até mesmo na maioria das atividades que realizamos a pé, tanto em nossa vida social quanto profissional. Com que frequência você verificou seu *e-mail* hoje? Seu empregador pode saber a resposta. Quantas vezes você enviou uma mensagem de texto para um amigo ou retransmitiu uma notícia no Twitter que você tenha achado interessante? Esses dados são registrados por sua operadora de telecomunicações. Você atualizou seu *status* no Facebook ou tentou entrar furtivamente em uma postagem de *blog* antes do almoço? Óbvio que sim. Para reforçar ainda mais essa ideia do quanto é inevitável deixar seu DNA digital para trás em todas as ocasiões, tente se lembrar do lugar em que comprou seu último livro — no Amazon ou em uma livraria local. Se tiver sido em uma livraria local, Deus o abençoe por apoiar as livrarias físicas (sim, até as gigantes já viraram dinossauro). O vendedor talvez tenha solicitado seu cartão de cliente, que rastreia suas compras e o recompensa com descontos. Até mesmo os táxis — pelo menos na cidade de Nova York — agora são obrigados a receber por meio de cartão de crédito, porque isso informa alguma coisa a alguém em algum lugar sobre seus hábitos de compra. A Experia e seus concorrentes terão prazer em reservar sua viagem *on-line* e o lembrarão de qualquer oferta para voos futuros se você se inscrever nesse serviço. Para pegar o cartão de embarque no aeroporto não é necessário mais ter contato com um ser humano, visto que você pode recebê-lo e imprimi-lo facilmente em um quiosque quando estiver a caminho do aeroporto. Vou poupá-lo de outros exemplos que você poderá descobrir por si mesmo enquanto estiver lidando com seus afazeres diários.

Portanto, a "digitalidade" da maioria das atividades não deixa nenhuma dúvida sobre o lugar em que você esteve, o que fez, quanto tempo ficou, quanto custou e assim por diante. E quando esses dados são analisados, tal como Pentland o fez com os sinais honestos, determinados padrões são revelados.

Se você atua nessa área, já sabe o que os dados "atraentes" (*sticky*) significam para suas iniciativas de influência. Considere, por exemplo, sua conta no LinkedIn — se você não tiver, abra uma imediatamente. Quanto mais contatos você tiver, mais pessoas saberão o que você tem a oferecer e mais pessoas o procuram para oportunidades de negócio ou profissionais. Eu mesmo me beneficiei tremendamente dos contatos que me encontram no LinkedIn. Um ótimo recurso é que você pode ver quem visitou seu perfil — a menos que a pessoa tenha optado por se manter anônima, o que até certo ponto anula o objetivo de estabelecer uma rede de contatos, na minha opinião — e onde o seu nome apareceu como resultado disso. Uma maneira que me possibilitou influenciar usuários do LinkedIn foi postando itens de discussão que eu sabia que eram relevantes para vários grupos, desde profissionais de recursos humanos a altos executivos da área de treinamento e desenvolvimento. As contribuições para esses itens de discussão com frequência davam margem a diálogos que acabavam me mostrando questões e problemas para os quais eu estava apto a oferecer possíveis soluções.

O Facebook também oferece aos influenciadores uma visão rápida sobre os valores, os problemas e as preferências pessoais de seus clientes, de seu público-alvo e de seu grupo de interesse, embora uma linha tênue separe o uso inteligente e os trágicos contratempos do *marketing* pessoal nesse fórum. Tal como em outras mídias sociais, dos *blogs* ao Twitter e aos fóruns de discussão, cabe ao influenciador detectar os desejos e valores reais de seu público-alvo. As informações estão lá; você só precisa encontrá-las.

Googling (pesquisar no Google) tornou-se um verbo de ação em nosso léxico coletivo e a maioria das pessoas pesquisa no Google quando está procurando dicas para tomar decisões a favor ou contra alguma coisa ou alguém. Eu mesmo utilizo o Google para pesquisar sobre qualquer pessoa que eu conheça e que tenha alguma importância — muitas vezes imediatamente, no meu BlackBerry. Não diante delas, é claro; isso não seria socialmente inteligente. Os resultados dessa busca me dizem mais do que a maioria das pessoas está disposta a divulgar sobre requeijão e bolachas em um evento para criar redes de contatos ou em uma primeira reunião com um cliente. Essa pessoa estudou na Divinity School da Universidade de Harvard (EUA) e dirigiu uma instituição beneficente nacional para mães sem-teto que estão tentando recuperar sua condição econômica. É bom saber disso. Essa pessoa foi acusada de desvio de recursos do governo em um processo judicial. Isso é o que diz um documento judicial digital intitulado *State of New York vs. Cheatum* (Estado de Nova York *versus* Cheatum), de uma década atrás, no Google. Muito bom saber também, sem dúvida! Contudo, outra pessoa tem um *site* pessoal totalmente relacionado com o ramo da moda que se dedica a instruir e a estimular as pessoas a se informar sobre violência e agressões contra animais e o que é possível fazer para evitar isso.

Os desafios da transparência

Para perceber quanto e até que ponto os dados pessoais, ou quaisquer dados, sobre qualquer pessoa, de fato podem ajudá-lo a se tornar um influenciador mais competente, pense no seguinte: não é possível influenciar eficazmente uma pessoa e fazer escolhas acertadas quando não temos muita coisa em que nos basear. Para atingir as pessoas, motivá-las e atraí-las de uma maneira intensa e pessoal, você precisa saber o que pode fazê-las mudar de uma situação de inércia ou resistência para uma determinada atitude. Você deve se informar o máximo possível a respeito delas.

Isso inclui coisas boas e ruins. Na área de vendas e aluguel, conhecer a pontuação de crédito de uma pessoa pode lhe oferecer as informações necessárias para influenciar seu comportamento de compra, bem como ajudá-lo a tomar decisões melhores que minimizem o risco. Em vez de induzir uma pessoa a fazer algo que não está dentro de suas possibilidades (pense na crise dos títulos lastreados em hipoteca nos EUA que estourou os bancos mundiais em 2008), você pode persuadi-la a tomar uma decisão mais racional. Existem milhares de exemplos que demonstram que as pegadas digitais podem oferecer informações para nossas iniciativas de influência. Todos eles têm uma coisa em comum. Todos eles nos oferecem informações e constatações valiosas sobre a vida de uma pessoa e nos possibilitam influenciá-la mais adequadamente a fazer determinadas opções em detrimento de outras.

É claro que toda essa transparência não será mantida sem que haja resistência e contestações. Os problemas de privacidade estão em primeiro plano na ampliação da coleta de dados sociais e estão se dirigindo precisamente para o centro dos direitos humanos e sociais. Um corpo completo de leis está se formando em torno desse novo paradigma, e novas normas e limites éticos estão surgindo com as juntas de revisão e os *benchmarks* (as comparações). Se George Orwell ainda estivesse vivo, provavelmente ele diria com entusiasmo: "Eu não disse", embora o lado sombrio de sua visão profética sobre a colisão entre a evolução social e econômica não tenha chegado tanto ao nível de seu ceticismo letrado.

Portanto, o desafio para o influenciador em desenvolvimento está definido. Precisamos ser proativos e autoconscientes para que nossas estratégias e táticas de influência nunca se desviem dos princípios que as fazem funcionar: um contexto de ganho mútuo empático que nasce da disposição para ouvir e é utilizado do ponto de vista de quem está sendo influenciado. Tudo isso não mudará com a tecnologia, mesmo que essa tecnologia ofereça uma profundidade de dados sem precedentes que nos permita compreender mais a fundo quem somos e o que funciona dentro da dinâmica da troca entre os seres humanos.

No capítulo subsequente, analisaremos de que forma as decisões que tomamos e as escolhas que fazemos definem nossa capacidade para influenciar e falaremos a respeito de algumas das armadilhas mais comuns no processo de decisão e sobre como evitá-las.

CAPÍTULO 5

Como nossas decisões definem nossa capacidade de influenciar

As decisões que tomamos — particularmente no mundo da política e dos negócios — dificilmente afetam apenas nós. Os benefícios de uma decisão inteligente e as consequências adversas das decisões ruins provavelmente têm um impacto de amplo alcance sobre a vida de nossos colegas, pares, familiares e comunidades —, e os efeitos finais disso com frequência indicam nossa influência pessoal sobre o que vem depois.

Para ver de que forma isso ocorre na vida real, poderíamos conjecturar — é difícil saber com certeza — a respeito do poder de influência atual e futuro de dois ex-diretores executivos, Mark Hurd e Carly Fiorina, da gigante da tecnologia da informação (TI) Hewlett-Packard (HP). Para contextualizar melhor nossa discussão, é bom explicar que eles são ex-diretores executivos em parte porque grupos de interesse e o Conselho de Administração da HP os consideravam ruins no processo de tomada de decisões; tal como se divulgou, isso trouxe para eles uma perda de confiança coletiva e, consequentemente, perda de influência. Vejamos cada caso mais de perto.

Após uma série de decisões famosas, relacionadas com uma bem-sucedida reviravolta na empresa, o ex-diretor executivo Mark Hurd sentiu a pressão para se afastar do cargo em meio a alegações de assédio sexual, bem como de confissões de que habilmente havia feito suas despesas pessoais se passarem por despesas operacionais.

Sua predecessora no cargo da HP, Carly Fiorina, certa vez foi considerada uma das mulheres mais poderosas no mundo dos negócios. O Conselho de Administração da empresa a demitiu de uma maneira bastante notória ao público, em parte em virtude de sua decisão — contra o parecer dos membros do Conselho — de adquirir sua rival Compaq, uma fusão que foi ridicularizada e considerada um **tremendo fracasso**. Embora a HP com o tempo tenha se recuperado, o estoque de reputação de Fiorina sofreu danos irreparáveis. Em 2009, a proeminente revista de negócios *Portfolio* a incluiu entre **"Os 20 Piores Diretores Executivos Norte-Americanos de Todos os Tempos"** (sete anos após sua decisão de realizar a fusão entre Compaq e HP), ressaltando que, dentre outras coisas, que ela valeu-se de uma exagerada autopromoção e assídua presença no circuito de palestras, enquanto seu navio corporativo inclinava-se perigosamente. Como evidência mais tangível de sua **liderança imperfeita** a revista mencionou a queda significativa no valor das ações — que caíram pela metade — enquanto Carly Fiorina estava segurando o leme da HP. Por acaso, os preços das ações tiveram um aumento de quase 7% quando sua demissão foi anunciada em 2005, de acordo com um relatório do CNN Money divulgado na época.

Portanto, enquanto as decisões de Fiorina foram consideradas estrategicamente falhas, as de seu sucessor pareciam estar circunscritas ao âmbito ético. Em ambos os casos, suas decisões culminaram no amplo reconhecimento público de **perda de confiança** e, por fim, de **influência**.

Você não precisa ser diretor executivo para querer tomar boas decisões. Com certeza, várias pessoas que trabalham em organizações de grande porte podem facilmente se sentir tentadas a evitar decisões e protelar habilidosamente problemas e bifurcações no caminho em direção a outra divisão dentro da empresa. Se seu objetivo for apenas se proteger de críticas e consequências de qualquer espécie — sacrificar inevitavelmente o que é bom e evitar o que é ruim —, essa não é uma estratégia insensata.

Contudo, se você estiver procurando uma possível promoção, não poderá hesitar e deixar outras pessoas definirem a pauta, nem poderá arcar com a reputação de alguém que não bloqueará uma decisão. Poucas coisas conseguem enfurecer mais seus colegas do que alguém que não consegue ou não toma uma decisão e poucas coisas culminam mais rapidamente na perda de respeito e influência do que a fuga de decisões importantes.

Tomar decisões significa assumir responsabilidade, não apenas pela decisão em si, mas também pelas **consequências** dessa decisão. Isso quer dizer que você deve pensar além da decisão; levar em conta sua implementação e o impacto de sua escolha; e reconhecer que, embora nunca existam informações perfeitas, você tem de escolher. **Em suma, decidir é arriscar!**

Se isso lhe soa um tanto drástico, talvez deva se perguntar por que tantas pessoas recusam-se a decidir. Pergunte a você mesmo por que algumas vezes você evita ou não gosta de tomar decisões. Embora a inevitável falta de informações "perfeitas" ou mesmo suficientes que acabamos de mencionar possa ser a causa, a verdade é que algumas vezes as pessoas não querem a responsabilidade acarretada por uma decisão — ou, mais especificamente, elas não querem lidar com a os resultados talvez desagradáveis de uma decisão contestada ou polêmica.

Entretanto, nós, **influenciadores 360 graus**, não podemos nos permitir tal imunidade. Basta olhar para as pessoas que você admira ou tenta imitar. Elas hesitam ou usam subterfúgios? Elas imputam a responsabilidade a alguma outra pessoa?

O fato é que a liderança e influência são dois fatores intrínsecos ao difícil processo de tomada de decisões, e quanto mais conhecemos o processo, mais bem equipados estamos para reforçar nossa influência em todas as direções com a tomada de decisões sensatas e capazes de produzir os resultados corretos.

Nosso grau de influência depende do quanto nossas escolhas são inteligentes

Tal como mencionado anteriormente, hesitar nada acrescenta à sua reputação, mas estar terminantemente **errado** — pelo menos aos olhos de seu público — também não lhe acrescenta muita coisa. Lembra-se de Carly Fiorina?

Esse terreno é ardiloso. O que torna uma decisão errada? Uma decisão errada é sempre ruim? Toda boa decisão é a "correta"?

Para responder essas perguntas, primeiro precisamos reconhecer que a tomada de decisão envolve dois fatores fundamentais: $1^\underline{o}$) o processo por meio do qual decidimos e $2^\underline{o}$) a decisão final propriamente dita.

O processo de tomada de decisões

A maioria das pessoas já constatou ao longo de vários dilemas que os bons processos de de decisão podem culminar em consequências ruins, ao passo que os processos falhos podem culminar em bons resultados. Porém, se quisermos melhorar a probabilidade de tomarmos boas decisões, teremos de enfatizar o "processo" tanto quanto enfatizamos a "decisão".

O ex-secretário do Tesouro e investidor de Wall Street Robert Rubin ressaltou que "as decisões não devem ser julgadas com base nos resultados, mas na qualidade da tomada de decisão", embora, ele tenha reconhecido, "os resultados com certeza são uma informação útil nessa avaliação". É fundamental perceber que "qualquer decisão individual pode ser mal pensada e ainda assim ser bem-sucedida ou ser excessivamente bem analisada e ser malsucedida". Entretanto, com o passar do tempo, "uma decisão bem pensada produzirá melhores resultados de forma geral, e a decisão bem pensada pode ser incentivada avaliando as decisões com relação ao cuidado com que elas foram tomadas, e não com base no resultado".

O consultor de gestão Graham Jeffery, referindo-se a alguns dos acontecimentos mais comoventes do nosso tenro século, defende que o ex-primeiro-ministro britânico Tony Blair deveria ser avaliado com base na qualidade de suas decisões, não nos resultados dessas decisões, particularmente com respeito à sua decisão de se unir aos EUA na invasão ao Iraque: "A qualidade da decisão de ir à guerra deveria depender fundamentalmente da probabilidade que foi atribuída à incerteza 'Saddam tem armas de destruição em massa?', **no momento em que a decisão foi tomada**". A preponderância da evidência, afirma Jeffery, indicava que Saddam Hussein tinha armas de destruição em massa (ADMs); o fato de que ele não tinha foi uma sorte e não deveria ser usado contra o governo de Blair.

Outros, contudo, mencionariam a decisão de ir à guerra como um exemplo de falha na tomada de decisão, que foi impulsionada pela **certeza** de que Saddam Hussein tinha ADMs, uma certeza que distorceu a coleta de informações de inteligência e o processo de análise.

Seymour Hersh entrevistou autoridades de inteligência e política externa que haviam perdido totalmente a esperança no *stovepiping*,[1] enviar informações para autoridades superiores antes de uma cuidadosa avaliação sobre sua confiabilidade. Um agente de inteligência disse a Hersh que havia deixado a CIA (*Central Intelligence Agency*) quando percebeu que as informações estavam sendo mal utilizadas por autoridades da administração Bush: "Eles não gostavam da inteligência que estavam obtendo, e por isso levaram para dentro pessoas que redigiam o material. Eles estavam tão enlouquecidos, tão

---

1 – N. de T. A gíria *"stovepiping"*, empregada entre os militares, refere-se à prática de transferir uma informação de inteligência diretamente para a autoridade mais alta, quando na verdade ela deveria passar pela cadeia de comando e ser conferida por todos os níveis.

estranhos e tão resistentes a serem convencidos pela lógica, que chegavam a ser esquisitos. Dogmáticos, como se estivessem em uma missão incumbida por Deus", disse Hersh. Essa obstinação significava que, "se as informações não se encaixassem na teoria deles, eles não se sentiam dispostos a aceitá-las".

Eu trouxe à tona esse exemplo não para reviver o combate no Iraque, mas para enfatizar que o processo de tomada de decisões pode ser subjugado pela urgência e que o desejo de obter um resultado pode ser excessivamente grande e com isso deformar a estrutura e integridade desse processo. A certeza logo no início do processo falseia a tomada de decisão em si, subordinando-a a um resultado predeterminado e transformando a análise em satisfação de desejos. Rubin adverte contra essa certeza, afirmando que vivemos em um mundo de probabilidades, e não de absolutos comprovados. "A rejeição à ideia de certezas e a necessidade de fazer os melhores julgamentos possíveis sobre as probabilidades devem motivá-lo a analisar e questionar incansavelmente e rigorosamente tudo quanto estiver à sua frente — e a tratar as afirmações como um ponto de partida para a análise, e não como **verdades aceitas** — na busca por uma melhor compreensão", destacou Robert Rubin.

Para essa sensibilidade, é fundamental reconhecer que **não existe nenhuma informação perfeita**. David Weinberger, em um artigo na *Harvard Business Review*, observou que a frase **"lixo entra/lixo sai"** pode fazer sentido quando aplicada a computadores. Porém, em um mundo real complexo e contraditório, os gerenciadores humanos devem ter capacidade para examinar e tomar decisões com base, digamos, no lixo (em disparates). A questão, portanto, não consiste tanto no lixo que entra, mas em perguntar: "Quais *inputs* evitarão que você divulgue o que é lixo?".

Uma outra maneira mais autêntica de dizer isso é que o problema muitas vezes não é tanto a **falta** de informação, mas o **excesso** de informações. Segundo Weinberger: "A verdade é que tomar uma decisão fundamentada significa não apenas dizer sim ou não, mas avaliar suas

A decisão em si

Com muita frequência, examinamos apenas o momento decisivo, o que significa que podemos julgar incorretamente as capacidades de quem tomou a decisão com base somente em nossa avaliação da decisão em si. O professor de economia Dan Ariely observa: "Nosso foco sobre os resultados é incompreensível. Quando uma empresa perde dinheiro, as pessoas exigem que se cortem cabeças. [...] Além disso, é relativamente fácil avaliar resultados; os sistemas de recompensa baseados na tomada de decisões serão cada vez mais complexos".

Em um levantamento informal que Ariely realizou com inúmeros membros de conselhos corporativos, ele constatou que a maioria deles não acredita que um bom diretor executivo seja necessariamente bem melhor do que um diretor mediano desde que isso esteja relacionado a um aumento no valor das ações — meros 10%, em média, de acordo com os entrevistados. Ariely interpreta isso como um consenso entre os membros dos Conselhos de Administração de que os resultados finais nem sempre podem ser controlados pelo líder.

Os professores de negócio David Garvin e Michael Roberto concordam que as decisões devem ser encaradas como componentes de um processo: "Nossas pesquisas demonstram que a diferença entre os líderes que tomam boas decisões e aqueles que tomam decisões ruins é notável. Os primeiros reconhecem que todas as decisões são um processo e as estruturam e gerenciam explicitamente como tal. Os últimos persistem na ilusão de que as decisões são eventos que eles controlam sozinhos."

Infelizmente, nossa tentadora vontade de acreditar que temos controle (particularmente quanto mais acima estamos na hierarquia corporativa) significa que não nos questionamos nem questionamos nossas pressuposições, e isso aumenta nossa ilusão de infalibilidade.

Em contraposição, em uma posição hierárquica mais baixa, podemos questionar nossa capacidade para decidir, especialmente se nossas decisões não estiverem em sintonia com a maioria das decisões tomadas por nossos superiores.

Nesse caso, o erro fundamental é que confundimos o prestígio ou a posição do tomador de decisões com a qualidade do processo de decisão. Se tivermos evidências — com base em nosso cargo ou no tamanho de nosso portfólio de investimentos — de que somos competentes e inteligentes, e se as escolhas que fizemos no passado tiverem se revelado adequadas para nós, corremos o risco de não considerar a forma como chegamos a essas decisões e pressupor que somos particularmente visionários ou sábios. Imaginamos que uma escolha é boa porque **nós** a fizemos, não em virtude do rigor da análise anterior à escolha.

Você até pode ser inteligente — muito inteligente. Mas não se iluda em acreditar em um tipo de alquimia decisória, que toda escolha que você faz só pode estar certa porque partiu de você. Tal como analisaremos em seguida, e de acordo com o que constatamos diariamente nas manchetes, as **pessoas inteligentes** tomam **decisões tolas** com uma **frequência bem maior do que gostaríamos de acreditar**!

Por que pessoas inteligentes tomam decisões tolas com frequência?

Assim que me encontrei com um cliente para um almoço no Lipstick, um prédio nova-iorquino famoso no mundo inteiro, não consegui pensar em outra coisa senão no ex-inquilino mais infame desse endereço. Bernie Madoff passou um golpe em muitas pessoas inteligentes; utilizando o esquema Ponzi, Madoff arrancou bilhões de dólares dessas pessoas, prometendo altos rendimentos regulares. E ainda que algumas outras pessoas **extremamente inteligentes** — inclusive aquelas que ocupavam cargos de superintendência — tenham questionado a confiabilidade dos números que ele apresentava, a maioria dos que estavam envolvidos com ele acreditou piamente nos rendimentos prometidos. Repetindo uma pergunta que já fiz anteriormente neste livro, **como essas pessoas tão inteligentes podem ter sido tão tolas?**

O colunista de negócios do *The New York Times* Joe Nocera também pensou nisso: "Muitas pessoas ricas e inteligentes que deveriam saber das coisas colocaram sua fortuna nas mãos de alguém que acabou se revelando um escroque." Nocera é inequívoco em sua condenação aos crimes de Madoff ("Ele foi — é — o pior dos piores"), mas esses crimes não poderiam ter ocorrido sem um determinado tipo de **"pensamento mágico"** da parte de suas vítimas. Os economistas comportamentais referem-se ao pensamento mágico como uma das armadilhas cognitivas que podem levar pessoas normalmente inteligentes a tomar decisões tolas. Pensamento mágico é o pensamento que empregamos quando acreditamos que podemos influenciar os acontecimentos com nossa mente — ou com determinados rituais que realizamos —, sozinhos.

Meu pai mesmo acredita que ele consegue controlar as luzes do semáforo com a mente quando precisa. **O que o levou a essa ideia?** Toda vez que ele tinha pressa de chegar a algum lugar, para um compromisso, costumava tentar fazer com que a luz ficasse verde um pouco antes de se aproximar do farol para não precisar diminuir a velocidade ou parar. E como isso algumas vezes funcionou para ele, exatamente dessa forma, ele obteve um reforço dessa "evidência" de que tem poder para manipular os controles de tráfego com o pensamento. Não importam as milhares de vezes que ele teve de parar no farol quando foi preciso, porque essa evidência não se conforma com sua crença em seus poderes mágicos. Contudo, em sua defesa, quem não conhece alguém que usa um par extra de meia da "sorte" em um jogo de golfe por acreditar firmemente que isso pode lhe oferecer uma vantagem na vitória?

Existem milhares de exemplos que mostram que tomamos decisões questionáveis com base em crenças errôneas, e mesmo os investidores que costumam ser prudentes podem cair vítimas de alguém como Madoff. Isso não quer dizer que as vítimas devem ser responsabilizadas;

Madoff burlou a lei e tirou dinheiro das pessoas. Porém, é surpreendente notar a pouca reflexão que se teve na decisão de passar centenas de milhares — até mesmo de milhões — para as mãos de um homem notoriamente misterioso com respeito às suas operações.

Elie Wiesel, cuja fundação perdeu mais de US$ 15 milhões, falou em um painel organizado pela revista *Portfolio* sobre seu envolvimento com Madoff: "Lembro-me de que ele criou um mito em torno de si mesmo. De que tudo era tão especial, tão excepcional, que ele tinha de guardar segredo. [...] Era como uma mitologia de mistério que ninguém conseguia compreender. Do mesmo modo que o **mito da exclusividade**, ele passava a impressão de que possivelmente centenas de pessoas pertenciam ao seu clube. Agora sabemos que milhares de pessoas foram enganadas por ele."

Inúmeros comentaristas sobre o esquema de Madoff evidenciaram que a "exclusividade" foi vista como um sinal de confiabilidade; porém, tal como Nocera ressaltou: "Quase todos aqueles que de fato se davam ao trabalho de sondar a operação de Madoff tendiam a seguir a direção contrária." Em vez de realizar uma investigação prévia, esses investidores (e, em alguns casos, seus consultores financeiros) acreditaram que esse homem fosse uma pessoa confiável para tomar conta do dinheiro deles.

Jim Chanos, outro participante do painel da *Portfolio*, citou o ditado: "Quanto maior a mania, maior o intelecto que sucumbe a ela." Em certo sentido, é precisamente pelo fato de as pessoas serem inteligentes que elas são levadas a entrar em esquemas duvidosos. Chanos fez ainda a seguinte observação: "Quando o combustível financeiro começa a fluir, como certamente fluiu alguns anos atrás, começamos a suspender nossa capacidade de julgar, em uma situação em que normalmente compararíamos risco com lucro e desconfiaríamos de qualquer coisa que parecesse muito boa para ser verdade. Quando todo mundo está ganhando dinheiro, é muito fácil desprezar isso."

Muito bom para ser verdade — essa frase deveria ser suficiente para despertar qualquer pessoa. Contudo, tal como Chanos ressalta, as pessoas com muita frequência querem aproveitar enquanto é bom — **em vez de sair enquanto é tempo** —, tanto que qualquer pessoa que **não** se envolve é considerada tola.

Nocera empregou o termo **sedução** para descrever a abordagem de Madoff com suas vítimas; Chanos nos lembra de que não raro ficamos muito propensos à sedução, a nos esquecermos de **que o que sobe desce**. Warren Buffett concorda, observando que "as pessoas não aprendem a ficar mais espertas em coisas tão básicas quanto a ganância".

Esse é o problema, obviamente. Imaginamos que podemos ser mais espertos do que todo mundo e acabamos enganando a nós mesmos.

As armadilhas mais comuns na tomada de decisões e como evitá-las

Líderes vicejam e morrem — e carreiras prosperam ou estancam — dependendo das decisões tomadas ao longo de sua escalada para os grandes e luxuosos escritórios executivos. Poderíamos escrever um livro inteiro sobre as armadilhas cognitivas que sabotam os processos de decisão; porém, em nome da praticidade, enfatizaremos as mais relevantes para as decisões de negócio. Qualquer uma delas pode torpedear e pôr a pique sua capacidade de influenciar, mais rápido do que você possa gritar: **"Inimigo se aproximando!"**. No entanto, tal como se diz, uma pessoa prevenida vale por duas, o que transforma o que vem a seguir em uma lista a ser lembrada e utilizada quando decisões importantes estiverem na ordem do dia.

Cinco armadilhas importantes na tomada de decisões

John Hammond, Ralph Keeney e Howard Raiffa, autores de *Smart Choices: A Practical Guide to Making Better Decisions* (*Decisões Inteligentes: Um Manual Prático Para Tomar Melhores Decisões*), distinguiram as seguintes armadilhas:

1. Ancoragem.
2. *Status quo.*
3. Custos empatados.
4. Confirmação das evidências.
5. Enquadramento (formulação).

Ancoragem – Essa é uma armadilha comum e com frequência está presente nas negociações. Tal como Hammond e colegas a definem: "Ao refletir sobre uma decisão, a mente dá um peso desproporcional à primeira informação que ela recebe. As impressões, avaliações ou dados iniciais **ancoram pensamentos e julgamentos subsequentes**." As âncoras servem de referência para reflexões presentes e futuras. Embora isso nem sempre seja insensato, visto que experiências passadas podem oferecer informações, uma confiança impensada em uma âncora pode resultar em previsões distorcidas ou, como quando alguém começa com um lance alto, em um pagamento excedente, mesmo que o preço final seja inferior ao lance alto.

A principal forma de evitar a tendência à ancoragem é reconhecer que ela pode afetar o pensamento crítico e, especialmente, a perspectiva adotada nas negociações. Reflita sobre uma questão e tente obter a maior quantidade possível de informações utilizando o máximo possível de perspectivas; fique atento às suas próprias ideias preconcebidas, bem como às de seus conselheiros ou consultores, que também podem ter suas próprias âncoras. Entretanto, você pode igualmente utilizar âncoras nas negociações, como na situação em que começa com um lance alto.

Status quo – Podemos ser iludidos por nossa preferência pelo *status quo*, mesmo que não tenhamos muito a ver com sua criação. Nós nos acostumamos muito rapidamente com o que temos e, com a mesma rapidez, tornamo-nos relutantes em nos desfazer do que temos. Uma maneira de você reagir a essa tendência é tratar o *status quo* como apenas mais uma alternativa e perguntar a si mesmo se escolheria estar na situação atual se já não estivesse nela. Reconheça ainda que o *status quo* tem suas próprias desvantagens e que, embora um dia possa ter sido ótimo, talvez tenha chegado o momento para um ajuste.

Custos empatados – No custo empatado, tentamos recuperar o que, na verdade, é irrecuperável e, portanto, centralizar nossas decisões na **recuperação**, e não em ir para a frente. Pode ser difícil admitir que algo ou alguém é de fato uma causa perdida (particularmente se tivermos sido os defensores de um projeto ou pessoa), mas a disposição para reconsiderar nossa decisão inicial e igualmente nossa relutância em avançar pode nos ajudar a evitar "gastar dinheiro bom com coisa ruim". Essa tendência pode se evidenciar em uma situação tão inócua quanto aguardar ao telefone um representante de atendimento ao cliente. Mesmo quando a ajuda da qual precisamos não é necessariamente indispensável naquele momento, o fato de talvez já termos "investido" ou "empatado" 20 min ou mais do nosso tempo disponível com frequência é suficiente para nos fazer continuar esperando por uma compensação, em vez de desligarmos e reconhecermos que isso foi uma clara e irrecuperável perda de tempo.

Confirmação das evidências – Um exemplo que se evidenciará nas aulas de história e economia no mundo inteiro é a necessidade já mencionada das autoridades da administração Bush de encontrar evidências de ADMs no Iraque no início da guerra do Golfo, uma representação da **armadilha da confirmação de evidências** em sua forma extrema — isto é, a disposição das autoridades a se valer de qualquer informação que respaldasse seu argumento e a desprezar qualquer coisa que o refutasse. A possibilidade de você ter uma forte inclinação por um determinado resultado ou interpretação não é tão ruim em si, mas a disposição para se autoquestionar ou, melhor ainda, ter alguém que você respeite para representar o papel de oponente ou dissidente pode forçá-lo a abandonar sua tendenciosidade.

Enquadramento (formulação) – Tal como analisaremos no Capítulo 11, o enquadramento é um **poderoso instrumento de influência** e pode ajudá-lo a apresentar seu argumento da maneira mais favorável possível. Sendo assim, reconheça que qualquer pessoa pode utilizar quadros ou formulações para distorcer, mudar o sentido e, sob outros aspectos, apresentar as informações de tal maneira que elas influenciem suas decisões para tirar o máximo proveito possível. Neutralize o efeito do enquadramento questionando o que foi omitido e deixado de lado e como sua interpretação de uma determinada questão poderia ser mudada se fosse enquadrada de forma diferente.

Hammond e colegas também examinaram as armadilhas da estimativa e previsão, que compreendem o excesso de confiança, a prudência ("ajustes apenas para ter segurança") e a lembrança (quando acontecimentos importantes e raros ofuscam acontecimentos menos importantes e comuns). Eles ressaltaram que nessas armadilhas, bem como em todas as outras, a percepção de que essas tendências existem é o primeiro passo para contra-atacá-las.

Outras tendências e ilusões

Os psicólogos Stephen Garcia, Hyunjin Song e Abraham Tesser identificaram a **tendência à comparação social**. Pioneiros no campo de estudo das tendências cognitivas (ou vieses cognitivos), Amos Tversky e Daniel Kahneman consideram dois outros tipos de tendência: **representatividade** e **disponibilidade**. A professora de psicologia Suzanne Thompson contempla a ilusão de controle, enquanto o professor de administração Dan Lovallo, em um trabalho com Kahneman, observa os efeitos distorcivos do otimismo gerencial.

Tendência à comparação social – Essa tendência é traiçoeira e pode ser desencadeada durante avaliações sobre contratação e promoção: alguém que é visto como uma ameaça para aqueles que estão tomando a decisão pode perder para outro candidato que consente que pessoas superiores mantenham seu *status*. Garcia e colegas ressaltam que não existe nenhum paliativo para essa tendência senão reconhecer que ela pode estar atuando sobre e impedindo o aperfeiçoamento de seu grupo.

Representatividade e disponibilidade – Essas duas tendências distintas podem nos levar a correlacionar (ou a não correlacionar) conjuntos de informações e a recorrer a informações que conseguimos lembrar facilmente ou que nos são familiares. Em alguns casos, essas correlações são apenas heurísticas ou orientações úteis para tornar a incerteza compreensível. Porém, quando nos esquecemos de que elas são apenas orientações grosseiras, podemos perder outras informações que podem afetar nosso julgamento.

Ilusão de controle e otimismo – Todas as tendências anteriores podem contribuir para as ilusões de controle e o otimismo gerencial. Envolvimento pessoal, familiaridade, desejo de obter um resultado específico e sucessos anteriores podem nos levar, tal como Thompson evidencia, a acreditar ilusoriamente que temos controle sobre a situação. Essa "heurística de controle" contém dois elementos: $1^{\underline{o}}$) intenção de alcançar um determinado fim e $2^{\underline{o}}$) percepção de um elo entre nossas ações e o resultado. Thompson observa que, enquanto heurística, essa tendência pode nos levar a avaliações precisas, mas "pode também nos levar a superestimar nosso controle porque pode haver intenção e correlação em situações em que uma pessoa tem pouco ou nenhum controle".

Pense em nosso exemplo anterior sobre o pensamento mágico ou no exemplo de um jogador de beisebol que, em uma sequência de rebatidas, usa um mesmo par de meias diferentes em todos os jogos, ou mesmo na rima infantil: *"Step on a crack, break you mother's back"*.[2] Podemos nos agarrar a superstições inocentes, mas precisamos estar atentos às desvantagens dessas e de outras ilusões de controle semelhantes.

Paradoxalmente, pesquisas recentes indicam que as pessoas ligeiramente deprimidas têm uma compreensão mais precisa dos limites de controle, talvez porque elas se fixem no insucesso, e não no sucesso. Isso não quer dizer que — na intenção de controlar essa ilusão — é melhor nos sentirmos frágeis, mas na verdade que deveríamos refletir sobre o fato universal de que nem sempre obtivemos o que desejávamos.

Lovallo e Kahneman explicam que essas duas tendências e as pressões organizacionais também podem culminar em estimativas extremamente otimistas sobre os resultados. Eles ressaltam que as ilusões de controle entram em jogo particularmente quando os resultados são favoráveis, o que, por sua vez, pode levar a um otimismo inadequado na previsão dos resultados. "Os executivos e empreendedores", escrevem eles, "parecem muito suscetíveis a essas tendências."

De que forma combatemos essa tendência enraizada ao otimismo? Kahneman e colaboradores argumentam a favor de uma **visão externa** ou uma **previsão por classe de referência**. A previsão por classe de referência foi concebida para eliminar diversas tendências comuns no processo decisório por meio do refinamento de uma "visão externa". Esse processo requer a coleta de informações externas ao seu ponto de vista ou projeto — particularmente a identificação de

---

2 – N. de T.: Essa frase, cuja tradução literal é: "Não pise na fresta senão sua mãe quebra a espinha", é utilizada em referência a azar. Ou seja, não pise na fresta, porque isso dá azar. Em português, parece não haver nada correspondente, mas poderíamos traduzi-la como: "Não pise na fresta senão sua mãe quebra a testa."

casos semelhantes ao seu projeto —, a coleta do máximo possível de informações sobre as variáveis e os resultados desses casos e a comparação dessas informações com a sua situação para tentar determinar as probabilidades de sucesso do seu projeto.

Lovello e Kahneman propõem cinco passos para ajudá-lo a ter essa visão externa:

1. Escolher uma classe de referência.
2. Avaliar uma distribuição de resultados.
3. Fazer uma previsão sobre o seu lugar nessa distribuição.
4. Avaliar a confiabilidade de sua previsão.
5. Corrigir sua previsão inicial.

Cada passo exige uma quantidade razoável de reflexão (como determinar a classe de referência apropriada, por exemplo), mas a ideia é lhe oferecer uma perspectiva de seu projeto em termos de informação externa.

Quando devemos e quando não devemos ouvir a intuição

Todos nós às vezes oscilamos entre diferentes opções, incertos acerca de como decidir. Não é incomum alguém nos dizer **"siga a sua intuição"** ou **"testes seus instintos"** — isto é, utilize dicas subconscientes para conseguir discernir.

Livros conhecidos como *Blink* (*Blink: A Decisão num Piscar de Olhos*), de Malcolm Gladwell, chamam nossa atenção para os poderes do subconsciente, que misteriosamente trilha seu caminho de uma maneira mais honesta ou precisa do que a mente consciente. E, para ser sincero, é provável que todos nós já tenhamos passado por momentos em que algo "parecia desfavorável" e evitamos uma situação ruim ou em que simplesmente nos entendemos com alguém que posteriormente se tornou um valioso colega de trabalho, um excelente amigo ou um companheiro de vida.

Contudo, do mesmo modo que nossa racionalidade tem vieses, nossa "sub-racionalidade" tem suas próprias peculiaridades. A intuição pode nos desencaminhar tão indubitavelmente quanto uma análise consciente, mas podemos acabar nos desculpando ou desconsiderando os erros decorrentes da **intuição** precisamente por que ela **não é racional**. Além do mais, embora a maioria das pessoas possa admitir (ainda que com pesar) que analisou uma situação de forma incorreta, quantas estão dispostas a admitir que sua intuição é falha, particularmente quando acredita que a decisão tomada "num piscar de olhos" é tão eficaz?

O psicólogo Barry Dunn investigou a ideia de que devemos ouvir nosso corpo ao tomar decisões em meio a incertezas, ressaltando que a consciência do estado fisiológico pode levar algumas pessoas a dominar uma determinada habilidade mais rapidamente. Entretanto, em outras pessoas, essas consciência as desvia e na verdade impede seu processo de aprendizagem. Tal como Dunn disse à Keri Chiodo: "O que ocorre em nosso corpo de fato parece influenciar o que passa por nossa mente. Entretanto, devemos ter cuidado em seguir esses sentimentos instintivos, visto que às vezes eles nos ajudam e às vezes bloqueiam nossas decisões."

O cientista Andrew McAfee também tem dúvidas a respeito da versão metafórica do teste de instintos. Ele observa que a intuição é uma habilidade que deve ser cultivada a longo prazo, que ela só funciona em situações extremamente específicas e que tendências cognitivas como a **ancoragem** — apoiarmo-nos em grande medida em uma característica particular ou em algumas informações quando tomamos decisões — são propensas a distorcer a intuição tanto quanto distorcem a análise consciente.

Entretanto, se a intuição leva tanto tempo para ser desenvolvida, ela é de fato intuição? Em outras palavras, o que chamamos de "intuição" pode na verdade ser um conhecimento obtido por meio da experiência. "Simplesmente conhecemos" alguma coisa, não porque nossos instintos estão nos dizendo, mas porque observamos um fenômeno semelhante vezes suficientes para identificar o problema ou a solução em um lampejo (o que então podemos chamar de "lampejo de percepção" ou "momento de *insight*").

Jeff Stibel, *chairman* e diretor executivo da Dun & Bradstreet Credibility Corp. e blogueiro da *Harvard Business Review*, diferencia a **intuição** como um **reconhecimento de padrão instantâneo** e a **premeditação**, que exige uma atenção exagerada para o detalhe e análise contínua. A premeditação, tal como Stibel a define, exige uma preparação consciente, ao passo que a intuição simplesmente invoca experiências não intermediadas. No entanto, essa definição parece muito "ou isso ou aquilo", especialmente porque a intuição também pode surgir (nesse lampejo de percepção) de reflexões sobre experiências ou de um tipo de conhecimento "maquinal" acumulado por meio de repetição e habituação; para trazer a intuição à tona só precisamos de determinadas dicas em nosso ambiente.

Essa interpretação sobre a intuição é bem diferente da definição de teste de instintos real e físico; contudo, do mesmo modo que nossos instintos podem nos iludir, nossa intuição também pode, por todos os motivos mencionados por McAfee. O professor de psicologia William Grove e colegas avaliaram os resultados de avaliações mecânicas (utilização de tabelas atuariais, modelos estatísticos e algoritmos computacionais) *versus* clínicas (a própria pessoa compila os dados relevantes) e concluíram que, em quase todos os casos, a fundamentação em processos mecânicos gerou diagnósticos mais precisos. Essa conclusão concorda com a de um estudo mais antigo realizado pelo professor Lewis Goldberg, no qual os modelos computacionais produziram resultados melhores do que as avaliações individuais.

Intuição treinada

Então devemos examinar todas as nossas decisões por meio de um computador antes de agir? Isso não apenas é impossível — as tabelas atuariais e os modelos estatísticos não estão disponíveis para todas as eventualidades —, mas talvez não seja necessário. Gary Klein, defensor da **tomada de decisão naturalista** (*naturalistic decision making* — NDM), e Daniel Kahneman, que adota uma abordagem mais cética, de **heurísticas** e **vieses** (HV), sobre os processos decisórios, redigiram colaborativamente um artigo e constataram, para surpresa de ambos, o quanto eles concordavam um com o outro.

Esse consenso girou em torno da interpretação que ambos tinham sobre **intuição treinada**, como algo que pode ser aprendido (em contraposição a algum tipo de força misteriosa). As pessoas que conseguem exercitar a intuição atuam em um ambiente que oferece indícios que elas, por sua vez, são treinadas ou têm experiência suficiente para reconhecer. Kahneman estava disposto a reconhecer que, em algumas situações, a NDM pode resultar em julgamentos eficazes, ao passo que Klein admitia que nem todos os ambientes (especialmente aqueles em que existe alto nível de incerteza) podem possibilitar a aplicação da intuição treinada. Eles afirmaram que os acadêmicos que seguem a tradição de HV são ainda mais propensos a focalizar os erros dos julgamentos intuitivos e aqueles que seguem a linha da NDM podem ser contrários às considerações sobre viés, mas qualquer pessoa envolvida na tomada de decisões deve avaliar **plenamente** a intuição.

Então quando devemos confiar em nossa intuição? Klein e Kahneman ressaltam que ela funciona bem quando temos longa experiência ou treinamento em um campo específico e quando trabalhamos em um ambiente em que existe "**alta validade**" — isto é, um ambiente em que "existem relações estáveis entre indícios objetivamente identificáveis e acontecimentos subsequentes ou entre os indícios e os resultados das possíveis ações". A medicina e a área de combate a incêndios, por exemplo, lidam com ambientes de alta validade, ao passo que áreas imprevisíveis, como a previsão individual do mercado acionário ou fenômenos políticos de longo prazo, são desfavoráveis à intuição. Tão importante quanto é a oportunidade de desenvolver sua habilidade durante um determinado período no ambiente em que você atua, uma habilidade que ofereça tanto

COMO NOSSAS DECISÕES DEFINEM NOSSA CAPACIDADE DE INFLUENCIAR

indícios quanto um bom *feedback*. As **oportunidades**, tal como Louis Pauter mencionou, **favorecem a mente preparada**.

Infelizmente, as pessoas que trabalham em ambientes em que há pouca validade e alta incerteza (como o financeiro) podem atribuir incorretamente os bons resultados obtidos ao acaso às suas habilidades intuitivas. E aquelas com experiência em uma determinada área podem ser demasiadamente confiantes ao utilizar suas habilidades em outra área ou mesmo em uma área dentro daquela em que atuam. Um contador forense qualificado, por exemplo, talvez não seja a pessoa adequada para resolver problemas fiscais complexos, visto que sua especialidade não pode ser transferida ou utilizada facilmente. Do mesmo modo, na área de liderança, o talento de um respeitado engenheiro de propulsão — um **gênio legítimo** — pode não ser suficiente para liderar e motivar uma equipe não obstante sua atitude confiante e independentemente da excelência já demonstrada no lançamento de foguetes em órbita.

Existem duas situações em que o **processo mecânico** é nitidamente **superior** à **intuição humana**, em particular para processar uma montanha de dados de maneira rápida e consistente. Quando o computador Watson competiu — e venceu — dois ex-campeões do *Jeopardy*, inúmeros comentaristas se perguntaram se isso significava o início do fim para os seres humanos. A capacidade exclusivamente humana de "saltar" entre montanhas de dados agora estava sendo compartilhada por computadores que conseguiam tanto processar quanto saltar?

Gosto da observação de um leitor do erudito Andrew Sullivan. Essa pessoa considerou o computador Watson não como um competidor ou adversário em relação aos seres humanos, mas um complemento altamente eficaz para os analistas humanos, como o computador da série *Star Trek*. O computador, ressaltou esse leitor, conseguia sondar recursos fora do alcance do funcionário da Starfleet, o que então o liberava para tentar se concentrar em fazer as perguntas corretas: "Desde que uma pessoa seja treinada para **saber** fazer perguntas, o computador pode extrair respostas de todas as fontes disponíveis e propor vários itens relevantes que antes nunca poderiam ter sido considerados." Tal como esse leitor observou: "O potencial é extraordinário, não é?".

Os motivos da indecisão

Você está procurando um novo emprego e foi entrevistado para dois cargos. Uma *start-up* (empresa iniciante) lhe oferece um cargo que envolve o mesmo trabalho que atualmente você faz, mas por um salário consideravelmente mais alto. Outra empresa lhe oferece a oportunidade de seguir uma nova direção, uma sobre a qual você vem pensando já faz algum tempo, porém por um salário ligeiramente inferior ao que você está ganhando no momento, mas com a perspectiva de aumentos salariais regulares. Daí, aparentemente do nada, seu chefe lhe diz que a empresa está considerando um novo empreendimento e deixa implícito que você seria a pessoa perfeita para dirigir esse projeto; você ganharia maior autoridade, maior responsabilidade e mais dinheiro — se esse novo projeto fosse aprovado. **O que você faz?**

Se você pensar de forma simplista, preto no branco, é provável que chegue a uma decisão muito rapidamente. Você identificará o que é mais importante para você e não se preocupará com a possibilidade de tomar a decisão errada. Se você já tiver resolvido sair, é improvável que a proposta de seu chefe o persuada a ficar, e se souber que o que de fato importa para você não é o dinheiro, mas a possibilidade de trilhar um novo caminho, sua decisão será fácil.

Se, entretanto, você for mais ambivalente, todas essas variáveis — **dinheiro, continuidade, oportunidade** e **incerteza** — podem colocá-lo em uma baita indecisão. Você gosta do seu emprego atual, mas estava se sentindo apático. Portanto, essa nova oportunidade poderia ser justamente o que você deseja; contudo, nada foi prometido, e pode ser que seja melhor sair de uma vez e tentar algo novo. Quanto ao trabalho na *start-up*, o dinheiro certamente seria bom e fazer o trabalho que você já faz facilitaria a transição; entretanto, **é** uma *start-up*, e se a empresa fracassar dentro de um ano? E aí? E aquele outro emprego? Não seria bacana tentar algo novo, algo que você sempre quis? Mas e se a ideia de uma nova direção for melhor do que na verdade é? Além disso, mesmo que o corte de salário não seja o mais importante, o dinheiro de fato importa...

Isso lembra alguém que você conhece?

Shirley Wang, do *The Wall Street Journal*, entrevistou inúmeros psicólogos a respeito de **ambivalência**, e eles ressaltaram que ela nem sempre é ruim. As pessoas podem ser mais cautelosas com relação a decisões e mais propensas a considerar vários pontos de vista para tomá--las, o que pode ser uma vantagem em situações colaborativas.

Então o que você faz quando fica em uma tremenda dúvida sobre as opções? Wang cita a sugestão do professor Richard Boyatzis para diminuirmos a quantidade de detalhes e tentarmos nos concentrar em algumas variáveis fundamentais. As pessoas que pensam de forma simplista, por exemplo, **não** ponderam igualmente sobre todas as variáveis; em vez disso, elas dão clara prioridade às variáveis que mais importam para elas.

O psicólogo social Frenk van Harreveld sugere outra tática. Se, depois de cuidadosa reflexão, ele ainda assim não conseguir enxergar a melhor opção, ele tira cara ou coroa. Se sua reação imediata quando a moeda cair cara for negativa, ele sabe o que deve fazer.

Ambas as táticas têm em comum uma premissa básica: a necessidade de clareza na ordenação de suas preferências, e isso quer dizer clareza de autocompreensão. Você se arrepende dos caminhos que não seguiu ou teme perder o que tem? Pense em daqui a um ou dois anos: onde você deseja estar? E se o emprego que você escolher não tiver sucesso? O que o fará se sentir mais feliz: o dinheiro ou a possibilidade de crescer? O que você deseja?

O que você deseja? Concentre-se na pergunta principal. Se sua única resposta for: "Não sei", você precisa analisar de que forma você reagiu a decisões difíceis que já tomou e o que o deixou mais ou menos feliz. Se você tiver de tomar uma decisão ao longo de sua carreira, isso significa que ainda precisa determinar qual é a questão ou habilidade central que necessita ser abordada e procurar fazer com que isso oriente sua decisão.

Concluindo, se você for uma pessoa que teme as consequências imprevistas de qualquer decisão, talvez seja aconselhável reconhecer que **sempre** existem consequências imprevistas. Portanto, é insensato esperar que você conheça tudo. Concentre-se no que você consegue controlar e diminua o tempo durante o qual você se preocupa com o que não consegue.

Como tomar melhores decisões de forma consistente com menos arrependimentos

É difícil não temer as consequências de nossas decisões, particularmente quando muita coisa depende delas. A última seção analisou a fundo a importância de identificar todas as peças desse quebra-cabeça específico que você está tentando solucionar e classificar aquelas que são mais ou são menos importantes. Se com isso você conseguir enxergar um conjunto claro de preferências, ótimo, mas e se sua lista contiver variáveis de importância equivalente e aparentemente muito difícil de mensurar?

John Hammond, Ralph Keeney e Howard Raiffa criaram um processo que eles chamam de **trocas equilibradas**, que podem ajudá-lo a pesar os prós e os contras entre diferentes tipos de valor: "Basicamente, o método das trocas equilibradas é uma forma de permuta; ele o força a pensar sobre a importância de um objetivo em contraposição a outro." Voltemos ao nosso exemplo hipotético de oferta de emprego. Hammond e colegas propõem que você crie uma **"tabela de consequências"** na qual se relacionam os objetivos que estão sendo buscados na primeira coluna do lado esquerdo e as diferentes oportunidades de trabalho na linha superior; em seguida, você a preenche tal como mostrado na Tabela 5.1.

Essa disposição, explicam Hammond e colegas, possibilita que você veja com exatidão o que está em jogo em cada cargo: "Essa disposição lhe oferece uma estrutura clara para pesar os prós e os contras. Além disso, ela exige uma disciplina fundamental, que o força a definir todas as alternativas, todos os objetivos e todas as consequências relevantes logo no início do processo de decisão."

TABELA 5.1

	OPORTUNIDADES		
OBJETIVOS	EMPREGO ATUAL	OFERTA DE EMPREGO 1	OFERTA DE EMPREGO 2
Remuneração	US$ 80.000/ano	US$ 95.000/ano	US$ 75.000/ano
Nível de responsabilidade	Gerente de nível médio.	Gerente	Gerente
Confiabilidade	A empresa é grande e sólida.	*Start-up*	A empresa é pequena e sólida.
Habilidades profissionais	Utilização das habilidades atuais.	Utilização das habilidades atuais.	Desenvolvimento de novas habilidades.
Satisfação	Aceitável, um pouco entediado.	Provavelmente ficarei entediado.	Há muito tempo desejo isso.
Oportunidades de promoção	Possibilidade de ser transferido para uma nova área.	Possibilidade de assumir responsabilidades gerenciais adicionais.	Possibilidade de participar da liderança quando a empresa se ampliar.

O passo seguinte é classificar cada empresa em cada categoria — a primeira oferta de emprego está em primeiro lugar em termos de salário, por exemplo, enquanto a segunda oferta de trabalho fica em primeiro lugar em termos de satisfação. Se um emprego ficar nitidamente abaixo dos outros em todas as categorias, ele é "dominado" e pode ser eliminado. (A criação de uma tabela secundária de domínio pode ser particularmente útil quando temos um grande número de opções e/ou uma longa lista de variáveis.)

E se nenhuma opção for nitidamente dominada, isto é, as classificações não produzirem nenhum ganhador ou perdedor evidente? É aí que as trocas equilibradas entram em cena. De acordo com os autores, "O método das trocas equilibradas oferece uma forma de ajustar os valores (a importância) das consequências de diferentes alternativas para torná-las equivalentes e, portanto, irrelevantes." Em outras palavras, **o objetivo é eliminar objetivos**.

Isso é relativamente fácil quando estamos lidando com valores numéricos — se todos os empregos oferecem o mesmo salário, o salário poderia ser eliminado da avaliação —, mas você pode utilizar isso também em fatores como cargos ou, nesse caso, nível de **responsabilidade**. Você pode presumir que ser um gerente de nível médio em uma empresa de grande porte é equivalente a ser um gerente em uma pequena empresa e, desse modo, eliminar esse fator como objetivo.

Ou você poderia ampliar temporariamente ou criar uma tabela de consequências secundárias em que atribui uma classificação numérica à importância dos itens **satisfação, habilidades profissionais** e — sabendo que você tem medo de se lamentar de qualquer decisão que toma — possível **arrependimento**, caso em que você identifica os arrependimentos com os quais consegue e com os quais não consegue conviver. Em seguida, você insere essas classificações em sua tabela original e as utiliza, se elas forem equivalentes, para eliminar objetivos; se elas não forem equivalentes, tente entender o que importa mais e o que importa menos. O segredo, observam Hammond e colegas, é que "independentemente do quanto uma troca for subjetiva, nunca pense em ser guiado por um capricho — você deve pensar com cuidado sobre a importância de cada consequência para você".

Dez ferramentas que você pode utilizar imediatamente para tomar decisões

Já deve estar claro nesse momento que nós, seres humanos, nem sempre pensamos tão nitidamente quando deveríamos para tomar uma decisão. **Portanto, o que podemos fazer para tomarmos boas decisões?**

1. **Focalize o processo, e não (principalmente) o resultado** – Você poderia obter bons resultados apenas saltando para uma conclusão. Porém, se consideramos que os resultados estão em grande medida além de seu controle, faz muito sentido utilizar um sólido processo de decisão cuja probabilidade de oferecer bons resultados seja melhor.

2. **Duvide** – O pensamento crítico é subvalorizado. Portanto, se você testar a validade de suas suposições e evidências, isso significa que estará mais capacitado para defender suas decisões do que as pessoas que simplesmente acreditam ou aceitam a opinião de pseudoespecialistas.

3. **Relacione as variáveis relevantes** – Tom Davenport, presidente da Divisão de Tecnologia da Informação e Gestão na Babson College, adverte: "Sem alguma forma de balanço (ou prioridade), todas as decisões serão tratadas de maneira equivalente — o que provavelmente significa que elas não serão abordadas de modo algum."

4. **Separe as informações relevantes** – Depois de fazer sua lista (e de conferi-la duas vezes), prepare a tabela de consequências e examine seus objetivos; faça qualquer coisa que o force a separar as variáveis significativas do ruído de fundo.

5. **Elimine as informações irrelevantes** – Uma parte do processo de elaboração da tabela de consequências é lidar com as trocas equilibradas, isto é, determinar o que é suficientemente semelhante em suas várias opções e que, portanto, pode ser excluído da avaliação. Em algumas situações, talvez seja aconselhável simplesmente examinar sua lista e eliminar os itens menos importantes para você.

6. **Questione as informações relevantes** – Parte desse passo serve para confirmar se você de fato tem todas as informações necessárias, mas deve também verificar se elas são confiáveis.

7. **Questione o processo** – Criar um processo é importante, mas lembre-se de que as regras que você estabelece para o processo

de decisão são um meio para um fim, e não um fim em si mesmas. Tal como o consultor de gestão John Baldoni propõe, para evitar o pensamento de grupo (*groupthink*), pergunte: "O que perdemos? E se fizermos o oposto? O que ocorrerá se estivermos errados?".

8. **Teste seus instintos** – Como complemento, essa é uma boa medida. Você já sabe que seus instintos podem desencaminhá-lo. Além disso, embora você não queira fundamentar suas decisões apenas em suas emoções, concordo com Frenk van Harreveld, que disse que algumas vezes sua reação imediata a uma possível consequência pode lhe dar um indício de seus sentimentos reais sobre a decisão.

9. **Cultive a visão externa** – Utilize as ferramentas da previsão por classe de referência; procure e colete informações sobre projetos semelhantes aos seus e examine se eles foram bem-sucedidos ou malsucedidos. Utilize os dados que você encontrar para ter uma ideia mais real dos possíveis resultados para o seu projeto antes de deixar a tendência ao excesso de confiança tirar seus pés (racionais) do chão e fundamente completamente seu processo de decisão.

10. **Diga não** – Tomar uma decisão nem sempre é dizer: "**Prossiga.**" Ninguém gosta de parar depois de já ter empatado um capital considerável em um projeto, mas algumas vezes a melhor decisão é **parar**, independentemente do que já foi investido. Diminuir os prejuízos pode ser um passo eficaz no processo de decisão.

Todas essas estratégias podem ajudá-lo a se desviar das tendências que obscurecem seu pensamento e lhe oferecer soluções para tomar decisões difíceis com clareza e sem — ou com bem menos — arrependimentos.

No capítulo subsequente, para melhorar sua probabilidade de se tornar um influenciador 360 graus, analisaremos de que forma você pode influenciar estrategicamente as escolhas e as decisões de outras pessoas, identificar as percepções que está criando e compreender melhor como os valores e as crenças das pessoas afetam suas decisões.

CAPÍTULO 6

Preparando o terreno: como influenciar estrategicamente as decisões das pessoas

Como agora você já entendeu tudo o que está envolvido em **seu** processo de decisão, o que você deve fazer para influenciar as decisões de outras pessoas? Seria ótimo se a melhor forma de fazer isso fosse a fundamentação de nossos argumentos em evidências sólidas que atendessem a todas as exigências centrais da questão ou do problema em pauta. Sim, seria ótimo dizer a você que a **razão** e a **evidência** importam mais do que qualquer outra coisa, mas provavelmente você já percebeu que isso seria falso.

A razão e a evidência de fato importam muito e tê-las ao seu lado, por meio de pesquisas cuidadosas e de uma preparação diligente, pode facilitar o processo de influência. Contudo, se você não levar em conta todas as outras variáveis que estão em jogo no processo de decisão, é provável que seja jogado para escanteio em favor de outra pessoa que levou isso em conta — e tentou vender o argumento dela de uma maneira que convencesse as pessoas que têm poder para bater o martelo.

A percepção molda nossos pensamentos e comportamentos

Já foi preterido em uma promoção e ficou se perguntando por quê? Você já passou pela experiência de estar na fase final de uma série de entrevistas para um emprego e acabou perdendo para outro candidato que, na sua opinião, deveria ter ficado em segundo lugar? Você já foi rejeitado por alguém que você admirava muito ou não foi escolhido para uma equipe da qual gostaria de fazer parte?

Se você respondeu sim a qualquer uma dessas perguntas, você não é o **único**. Esse é o destino da maioria das pessoas na maior parte dos empreendimentos e das circunstâncias da vida, visto que sempre existem necessariamente mais candidatos do que vagas. Mas mesmo assim isso é aborrecedor. Particularmente quando isso se torna uma espécie de padrão recorrente.

Infelizmente, quando perguntamos por que não fomos escolhidos, muitas vezes ouvimos evasivas diplomáticas de pessoas que não querem dizer a verdade. Algo parecido com: "O problema não é você; sou eu." Os profissionais de recrutamento e seleção raramente lhe dirão o verdadeiro motivo de terem mudado de opinião no último minuto. Será que você passou a impressão de excesso de autoconfiança ou falta de confiança em sua última entrevista? Será que eles sentiram que você não tinha a audácia necessária para liderar uma equipe de funcionários muito experientes? Ou será que você hesitou diante de uma pergunta sobre um cenário hipotético envolvendo um dos clientes em perspectiva? Talvez você se expresse de uma maneira muito afável; seu chefe anterior gostava de sua conduta calma e serena, mas a pessoa que o entrevistou, que seria seu supervisor imediato, sentiu que lhe faltava entusiasmo e energia.

Sabe-se lá. Eles só se restringiram a dizer: "Decidimos seguir outro rumo." Daí eles lhe desejam boa sorte no futuro.

A verdade é que **poucas pessoas** nos **dizem a verdade** sobre como de fato elas nos percebem, como nossa adequação é percebida e avaliada em relação a todos os níveis. Os recrutadores se refreiam por razões de cunho legal e porque não têm nenhum motivo para ferir os sentimentos de alguém que daqui a pouco voltará a ser um estranho. Seus amigos e colegas de trabalho desejam manter um bom relacionamento com você e por isso se prendem ao que é construtivo porque temem baixar seu moral e tendem para aqueles que têm mais a ver com eles, excluindo-o da rodinha de pessoas — notória e extremamente real — que está por dentro das coisas no trabalho e em outro lugar qualquer.

Então esse é o momento de fazer alguma análise. Reflita sobre como as pessoas costumam se aproximar de você. Elas o procuram quando existe um problema que elas precisam resolver? Quando elas necessitam de uma informação específica sobre alguém ou alguma coisa? Apenas para bater papo, fofocar, recostar e relaxar? Elas confiam em você para reclamar de um chefe ou de um colega? Você é solicitado com frequência para colaborar em um projeto ou as pessoas recusam educadamente suas ofertas de ajuda?

Dependendo das interações que você tem e com que proporção e finalidade as pessoas procuram sua companhia, conhecimento, ajuda ou contribuição, você estará em algum ponto de um espectro de adjetivos como **agradável**, **colaborativo**, **valioso**, **influente**.

Ter uma visão imparcial sobre como os outros o percebem é absolutamente indispensável em qualquer busca por liderança. Não conseguiremos liderar, orientar, ensinar e inspirar se não tivermos uma ideia exata do nosso nível de influência sobre as pessoas. Você precisa saber se as pessoas o consideram competente, mas intimidador. Se elas não o levam a sério ou o levam exageradamente a sério. Se elas sentem que podem confiar em você ou se você é alguém que monopoliza todos os créditos. A lista de variáveis é inesgotável, do mesmo modo que a variedade de julgamentos humanos com todas as suas nuanças e peculiaridades.

As pessoas de alto desempenho e os executivos que estão na via rápida do sucesso são submetidos a todos os tipos de teste para ajudá--los a enxergar os pontos cegos em seu estilo de comunicação e liderança. Do *feedback* de 360 graus com vários avaliadores ao indicador de tipos de Myers-Briggs ao DISC [**dominância, influência, estabilidade *(stability)* e cautela**] e nossas cores na escala de dimensões de personalidade, não faltam ferramentas de avaliação para nos dizer quando estamos aquém ou atingimos o alvo em termos de liderança.

Uma colega que leciona em uma faculdade local me confidenciou que as mulheres que ela teve oportunidade de observar enfrentam dificuldades na sala de aula e lutam para serem levadas a sério. "Na verdade, eu nunca tive esse problema", disse ela. "Provavelmente porque nunca me ocorreu não me manifestar", complementou. Ela acrescentou que, embora suas aulas sejam bastante descontraídas, ela deixa bem claro logo no início que não tolera nenhuma atitude de desrespeito, tanto em relação a ela quanto aos colegas de classe. Além disso, pede para os alunos contestarem suas interpretações, tanto porque acha que é importante que os alunos se manifestem e se posicionem quanto porque isso indica que eles não vão confundi--la nem a embaraçar.

Ela sabe que em todo semestre ela precisa se firmar com uma nova classe de alunos, e isso, segundo ela, lhe dá uma vantagem sobre os outros professores: se as coisas não tiverem saído de acordo com o planejado no semestre anterior, ela tem oportunidade de começar novamente. Contudo, pode ser um semestre difícil, se não houver uma sintonia entre o que os alunos pensam e sentem.

Nem todos têm oportunidade de refazer algo ou de se renovar a cada 18 semanas. O professor Jeffrey Pfeffer considera a percepção tão importante, que chegou a propor que, se você passou uma péssima impressão em seu atual ambiente de trabalho: "É uma perda de tempo precioso travar essa árdua batalha. Para que se esforçar heroicamente para sair de um enrosco quando a mesma energia gasta em outro lugar poderia torná-lo um astro ou uma estrela?". Entretanto, eu diria que, da mesma forma que as corporações podem mudar sua imagem pública e a percepção dos consumidores, você também pode. Além do mais, me parece até certo ponto uma atitude derrotista pressupor que temos uma única oportunidade. E se perdê-la, desse momento em diante você passará a integrar a **lista corporativa de pessoas indesejáveis**.

Pode começar a perceber o que seus colegas pensam sobre você observando como eles se relacionam contigo e, quando apropriado, perguntando diretamente o que eles pensam a seu respeito enquanto colega de trabalho (Se você pedir para que eles sejam "sinceramente honestos", deverá estar preparado para lidar com essa honestidade. De nada adianta pedir *feedback* e contestá-lo imediatamente). Se você prestar atenção, se prestar atenção de fato ao que se interpõe em seu caminho e utilizar o que for adequado para mudar comportamentos que de nada valem, é provável que também atraia alguns aliados em sua tentativa para se reposicionar.

Ter aliados é importante. Estou totalmente de acordo com Pfeffer e seus colegas, que propõem que quando outras pessoas nos cantam elogios na verdade é bem mais eficaz do que quando cantamos desafinadamente nossa própria ode para nós mesmos: "As pessoas que são elogiadas por outras são consideradas mais agradáveis, e essa agradabilidade, por sua vez, as inclina ainda mais a favorecer ou a fazer um esforço extra em prol desse indivíduo." De modo semelhante, quando alguém endossa sua competência, ela passa a ser mais percebida.

Cative seus colegas. Ao ajudá-lo a melhorar sua imagem, eles podem se comprometer com você e, por conseguinte, ajudá-lo a ter êxito.

Os valores e as crenças afetam as decisões

Analisamos nos capítulos anteriores como as tendências ou os vieses cognitivos podem minar nossa racionalidade ao tomarmos decisões e neste ponto gostaria de chamar sua atenção para os **valores** e as **crenças** que muitas vezes orientam inconscientemente nossas escolhas. O que é crença para uma pessoa pode ser uma tendência irracional para outra: Michael Shermer, um cético autêntico, considera irracionais todas as crenças no sobrenatural, mas é improvável que você ganhe algum fã ou consiga algum progresso real se disser às pessoas que elas são irracionais, desde que seu objetivo seja influenciá-las.

Em vez disso, pense no conceito de racionalidade "substantiva". Visto que cada um de nós tem um conjunto de crenças, valores, preferências e desejos, faria sentido reconhecer que essas crenças, valores etc. são propensos a afetar como e o que decidimos. Se a racionalidade "instrumental" é simplesmente a capacidade de classificar nossas preferências ordenadamente e então escolher a mais importante (a estrutura básica da tomada de decisão racional), então a racionalidade substantiva leva em consideração como e o que podemos **integrar** nessas estruturas de ordenação de preferências.

A cultura, por exemplo, tem uma enorme influência sobre a tomada de decisão. Embora seja importante reconhecer que as generalizações podem ir longe demais e resultar em um tipo de **estereotipagem restritiva**, é igualmente importante reconhecer que nossas normas e comportamentos são moldados por nosso ambiente.

O professor de *marketing* Lars Perner ressalta que a maioria das atitudes e dos comportamentos culturais existe em um *continuum*, mencionando as **quatro dimensões de diferenças culturais** do pesquisador holandês Gert Hofstede como uma forma de tentar compreender a dinâmica da cultura:

1. **Individualismo *versus* coletivismo.** Onde se encontra o *locus* da responsabilidade, no indivíduo ou no grupo?
2. **Distância do poder.** Em que medida as pessoas com menor poder esperam e aceitam a ideia de que outras pessoas têm maior poder?

3. **Masculinidade *versus* feminilidade.** Existe competição ou harmonia entre os sexos?
4. **Evitação de incerteza.** Em que medida a cultura condiciona seus membros a serem apreensivos ou tranquilos diante da ambiguidade?

Para comparar e contrastar a ideia de impacto cultural, pense nas imensas diferenças culturais em algumas das principais universidades norte-americanas — a ultraliberal Universidade da Califórnia, em Berkeley, *versus* a conservadora Academia Militar dos EUA em West Point. Ou na conservadora Notre Dame, do Centro-Oeste dos Estados Unidos, com seu talento proeminente em futebol norte-americano, *versus* o liberal Instituto de Tecnologia de Massachusetts, na costa leste, com seu departamento de engenharia e tecnologia da informação, que é considerado um dos melhores do mundo. Quatro anos em ambos os ambientes com certeza afetará seus valores e crenças, os quais, por sua vez, afetarão suas decisões e escolhas.

De modo semelhante, pense nas inclinações culturais vastamente divergentes de uma corporação como a General Electric (GE) sob o estilo de liderança vigoroso, implacável e voltado para a excelência de Jack Welch, em contraposição à atmosfera de *campus* universitário da empresa Google — complementada com lambretas, quadras de voleibol de areia e um ambiente de trabalho de "caos estruturado". No caso de Welch, os gerentes que não produziam eram rapidamente demitidos. A empresa valorizava líderes que estavam preparados para um ambiente de negócios em constante mudança e que abraçassem seus variados desafios e promovessem livremente ideias de vanguarda. O lema de Welch "Somos a primeira ou segunda em qualquer negócio" incentivou as decisões e escolhas feitas pela liderança da GE.

A própria cultura administrativa da empresa Google criou um ambiente de trabalho flexível que dá aos engenheiros liberdade para se dedicar às ideias pelas quais eles têm maior entusiasmo. Eles chamam a isso de **"20% do tempo"** e, até o momento, isso tem dado origem a novos produtos, como o Google Suggest e AdSense para conteúdo, dentre vários outros. O objetivo da empresa Google com respeito à gestão de sua força de trabalho "é determinar precisamente a quantidade de gerenciamento necessária — e então utilizar um pouco menos", de acordo com uma citação de Shona

Brown — ex-consultor da McKinsey que se tornou vice-presidente sênior de operações de negócio da empresa Google — feita na revista *Fortune*.

Os valores e crenças adquiridos e reforçados nas duas empresas mais admiradas do mundo sem dúvida influenciaram o comportamento e as escolhas de seus engenheiros e líderes. Isso, por sua vez, afeta a influência exclusiva que eles exercem sobre o que está à sua volta.

A poderosa influência do contexto
sobre as escolhas das pessoas

Na Dinamarca, quando os diretores executivos (homens) têm filhas, o salário das mulheres empregadas na companhia aumenta (relativamente ao salário dos homens). Quando se trata da primeira filha mulher dentre um ou mais filhos, esse efeito é forte e, quando se trata da primogênita, esse efeito é mais forte ainda.

Ver alguém bocejando, ouvir alguém bocejando e mesmo ler sobre o bocejo pode fazê-lo — você já adivinhou — **bocejar**!

Os clientes pré-ativados (condicionados) por imagens de dinheiro antes de uma compra tendem a preferir opções de preço mais baixo, enquanto aqueles pré-ativados por imagens de conforto escolhem as opções mais luxuosas.

Já está captando a ideia? Nosso ambiente e nossas circunstâncias particulares — o contexto de uma situação — podem exercer um impacto tremendo em nossos pensamentos, comportamentos, escolhas e decisões.

Os arquitetos que estão discutindo sobre as estruturas dos prédios governamentais no contexto da ameaça de possíveis atos terroristas estão sujeitos a uma influência diferente em relação à que estariam se essa discussão fosse conduzida no contexto de sustentabilidade — com uma ênfase sobre um desenho ambiental "ecológico".

Contudo, existe aquela visão de que menos é mais com respeito à compra de gêneros alimentícios. O professor Barry Schwartz, autor de *The Paradox of Choice: Why More Is Less* (*O Paradoxo da Escolha: Por Que Mais é Menos*), observa que: "As pessoas temem se arrepender da escolha que fazem. Elas não querem sentir que cometeram um erro." Um dos motivos de a Trader Joe's ter tido sucesso nesse mercado difícil é que essa cadeia limita as escolhas dos clientes, em vez de lhes oferecer inúmeras opções. Desse modo, restringindo a quantidade de, digamos, creme de amendoim, a Trader Joe's na verdade facilita o processo de escolha dos clientes. As lojas que ostentam opções "praticamente ilimitadas" podem atrair possíveis clientes, mas o excesso de opções pode confundi-los, e as pessoas podem sair sem comprar nada.

Malcolm Gladwell construiu sua carreira investigando de que forma fenômenos aparentemente insignificantes podem gerar efeitos tão amplos. Ele observou que o **contágio** (como no caso do bocejo) é "uma característica imprevista em todos os tipos de coisa" e que, associado aos efeitos maciços que podem resultar no acúmulo de mudanças pequenas, ele pode acarretar "epidemias" comportamentais. Alguns poucos indivíduos bem posicionados que usam um sapato ou estilo de cabelo específico podem desencadear uma tendência nacional (ou mesmo global).

Essas observações talvez pareçam obrigatórias para qualquer pessoa com formação em *marketing*; a ideia de que as pessoas podem ser influenciadas pela propaganda, o *product placement* (colocação de produtos) ou o endosso de uma celebridade é lugar-comum nessa área. Entretanto, por mais que queiramos pensar que essa influência está restrita apenas ao consumo, essas influências nos afetam em todos os tipos de situação, embora isso talvez seja menos óbvio.

Para os influenciadores, a reflexão sobre o ambiente e o cenário em que as decisões são tomadas é fundamental para o resultado do processo. Escolher entre várias marcas de creme de amendoim é uma aposta relativamente baixa. Porém, se mudarmos para o contexto de uma reunião de diretoria sobre uma possível fusão, existe uma possibilidade de pensamento de grupo (*groupthink*), o que pode gerar resultados desastrosos para a empresa.

Evitando a influência contextual do pensamento de grupo

O jornalista William Whyte foi quem cunhou o termo *groupthink* na década de 1950, mas esse fenômeno está associado com maior frequência à pesquisa do psicólogo Irving Janis, que o definiu da seguinte maneira: "Um modo de pensar utilizado pelas pessoas quando elas estão profundamente envolvidas com um grupo coeso, quando a busca de unanimidade pelos membros sobrepõe-se à sua motivação para apreciar linhas de ação alternativas." Embora algumas características tenham sido modificadas desde então, a ideia básica de que os membros do grupo podem chegar a um consenso prematuro ainda é válida.

O acadêmico Robert Baron examinou a pesquisa sobre pensamento de grupo e ofereceu um modelo revisado. Em sua versão, a identificação social com o grupo, as normas salientes ou compartilhadas e uma baixa autossuficiência ou falta de confiança na capacidade do grupo para lidar com a questão em pauta podem interagir para gerar o pensamento de grupo. Ao contrário de Janis, Baron acredita que o pensamento de grupo atua não apenas em situações intensas e extremamente complexas (como uma crise nas relações exteriores em âmbito internacional), mas também em situações cotidianas.

Esse é o lado negativo. O lado positivo é que o pensamento de grupo pode ser evitado, particularmente se o influenciador que está no comando desviar explicitamente seus colegas de uma tomada de decisão prematura. Ele pode desempenhar o papel de advogado do diabo ou apresentar evidências contrárias para romper o consenso aparente. E ao assegurar que o grupo tenha tempo, recursos e confiança para abordar a questão, ele diminui a possibilidade de pressão para chegar a um rápido consenso. Em outras palavras, ele muda o contexto e influencia os participantes, desviando-os de um possível resultado negativo para todos.

Os professores David Garvin e Michael Roberto propõem que os influenciadores experimentem introduzir um "conflito cognitivo construtivo" no processo de tomada de decisão com o objetivo de tentar impedir conflitos afetivos ou pessoais e imunizá-los contra o pensamento de grupo. Eles recomendam que se crie um processo de "ponto-contraponto" ou de "guardião intelectual", por meio do qual alguns membros do grupo recebem a responsabilidade de criar propostas alternativas (ponto-contraponto) ou são indicados para criticar qualquer proposta (desempenhar o papel de guardião). O processo se repete à medida que as propostas são revistas para atender às objeções, até que todos os membros atinjam um ponto de consenso.

Embora chegar a um consenso seja bom, influências contextuais indevidas como o pensamento de grupo podem passar uma rasteira no grupo, por mais inteligente que ele seja. Garvin e Roberto oferecem o exemplo de Alfred Sloan, da General Motors (GM), que, ao que se sabe, certa vez teria dito aos executivos da GM em uma reunião: "Senhores, suponho que todos nós estejamos completamente de acordo acerca da decisão aqui." Todos acenaram positivamente com a cabeça. Sloan retorquiu: "Então proponho que adiemos a discussão dessa questão até a próxima reunião para termos tempo de gerar divergências e talvez chegar a algum entendimento sobre o que significa essa nossa decisão."

Seja o temido fenômeno do pensamento de grupo que resulta de um determinado contexto ou qualquer outra escolha que você considere uma ameaça às suas ideias ou aos seus negócios, tente influenciar a situação ou mudar o ambiente para ter oportunidade de influenciar o resultado.

Estruturando escolhas complexas para facilitar a tomada de decisão

Hollywood gosta de arquitetos. De Henry Fonda em *12 Homens e uma Sentença* a Tom Hanks em *Sintonia de Amor*, de Liam Neeson em *Simplesmente Amor* a Steve Martin em *Como Agarrar um Marido* e Adam Sandler em *Click*, quando as tramas precisam de um personagem ao mesmo tempo artístico e lógico, os arquitetos parecem ser a escolha segura. Ou talvez o arquiteto seja o mágico nos bastidores — como nos dois últimos filmes *Matrix* —, aquele que dirige ou então controla os acontecimentos. Até mesmo em *Seinfeld*, o infeliz George Costanza queria ser **arquiteto**!

Se algum dia você teve o mesmo sonho de George Costanza, no que diz respeito a tomar decisões e influenciar, você também pode ser um arquiteto — um **"arquiteto de escolhas"**. De acordo com os professores Richard Thaler, Cass Sunstein e John Balz: "O arquiteto de escolhas tem a responsabilidade de organizar o contexto em que as pessoas tomam decisões." O proprietário da loja que dispõe produtos de compra por impulso, como chocolates e refrescantes bucais, ao lado da fila do caixa; o livreiro que dá destaque a um autor colocando todos os seus livros em um mostruário de extremidade, a gôndola que fica em seu campo de visão na entrada da loja; o guia de museu que leva os visitantes para a loja de suvenires — todos eles são arquitetos de escolhas que tentam moldar as decisões de seus clientes. (Obviamente, os profissionais de *marketing* são arquitetos de escolhas.)

Mas isso não significaria que somos todos arquitetos de escolhas, na medida em que nós todos tentamos influenciar os outros? **Sim e**

PREPARANDO O TERRENO: COMO INFLUENCIAR ESTRATEGICAMENTE AS DECISÕES DAS PESSOAS

não. De fato tentamos dominar os outros, mas a arquitetura de escolhas não está relacionada apenas à tentativa de influenciar; ela tem a ver com a **modelagem específica** dessa tentativa.

Mencionei no Capítulo 3 que as pessoas muitas vezes escolhem uma opção predefinida ou convencional, mesmo quando existem outras opções evidentemente melhores. Entretanto, Thaler e colegas ressaltam que os arquitetos de escolhas podem utilizar essa tendência a seu favor transformando a opção predefinida em uma opção melhor. Quando instalamos um *software* no computador, por exemplo, normalmente somos levados a escolher a opção padrão; para quem não é programador, muitas vezes essa é a opção ideal.

O que se considera como padrão ou convencional é controverso. Por exemplo, nos EUA, existe uma quantidade bem maior de pessoas nas listas de espera dos hospitais para transplante de órgãos do que de órgãos disponíveis. Quando as pessoas tiram a carteira de habilitação, elas podem indicar que, em caso de morte prematura, seus órgãos podem ser doados, mas a opção presumida não é a de doação, mas de não adesão. Alguns defensores da doação de órgãos propõem que essa opção predefinida seja mudada para "consentimento presumido", isto é, pela opção de participar, para que assim as pessoas que não desejam doar tenham de fazer o esforço extra de optar por não participar.

Porém, para algumas pessoas, o consentimento presumido presume além da conta. Thaler, Sunstein e Balz mencionam a "escolha compulsória" de Illinois: para obter ou renovar a carteira de habilitação, as pessoas são obrigadas a dizer se estão dispostas a serem doadoras. O índice de adesão de Illinois é 60%, enquanto a média nacional é 38%.

E quais são as outras formas de influenciar o comportamento? Supor que as pessoas cometerão erros e então incluir correções. Por exemplo, os *checklists* recomendados por Atul Gawande, médico e jornalista do *New Yorker*, têm a intenção de diminuir os erros médicos. Tanto a autoestrada da informação quanto o sistema rodoviário tradicional real oferecem *feedback* — "Você tem certeza de que deseja excluir esse arquivo?" e "Último posto de combustível no raio de 250 km" — a fim de sinalizar as consequências de suas (in)ações.

E com relação a decisões mais complexas? Thaler e colegas propõem um mapeamento: "Um bom sistema de arquitetura de escolhas ajuda as pessoas a aprimorar sua capacidade para mapear e, consequentemente, escolher as opções que as tornarão melhores". Uma das maneiras de fazer isso é tornar as informações sobre várias opções mais compreensíveis, transformando as informações numéricas em unidades que se convertam mais prontamente em uso real.

A linguagem técnica pode ser útil, mas a maioria das pessoas está procurando justamente o resultado final. Por exemplo, escolher um seguro-saúde adequado dentre as diversas opções que a empresa oferece pode levar qualquer pessoa a ter um surto em virtude da apresentação confusa dos benefícios relativos dos diferentes planos. A **utilização de marcadores** (*bullet points*) e de uma linguagem sem jargões, com gráficos que retratam fatores como número de familiares cobertos, pode estreitar as opções e agilizar o processo de eliminação, orientando a pessoa a escolher a melhor opção para si mesma.

Conceitualmente, o mapeamento é semelhante à elaboração das tabelas de consequências e trocas discutidas no Capítulo 5; o objetivo é esboçar as opções de uma maneira que lhe permita ver e comparar variáveis relevantes. Essas estratégias de simplificação ajudam a aliviar as ansiedades do paradoxo da escolha proposto por Schwartz, que, em vez de incapacitar, capacita seu processo de decisão.

Os arquitetos de escolhas também prestam atenção nos incentivos: quem utiliza, escolhe, paga e lucra? Algumas vezes a pessoa que utiliza, escolhe e paga é a mesma (tal como na compra de produtos de consumo), ao passo que aqueles que lucram são a loja e o fabricante. Em outras áreas — mais notadamente na assistência média —, o número de interessados é tão alto que pode transformar o **processo de decisão** em uma **confusão**.

Para evitar esse tipo de confusão, uma saída é introduzir uma espécie de "medidor" de importância: "As pessoas que escolhem estão cientes dos incentivos que elas têm?". Algumas vezes estão, mas outras vezes — como quando subestimam os custos de oportunidade — não estão. Ter maior consciência desses e de outros custos pode fazer as pessoas ficarem mais atentas para os prós e os contras inerentes das escolhas que elas fazem. Por exemplo, a utilização de medidores de energia com indicação do custo pode ser mais favorável para diminuir o uso de energia doméstico do que aumentar as tarifas.

A arquitetura de escolhas pode ser extremamente favorável em qualquer tipo de *design* de sistema, de *softwares* à construção de rodovias e a políticas públicas, mas e quanto a outros tipos de atividade não sistêmicas? Garvin e Roberto não utilizam o termo **arquitetura de escolhas**. Contudo, na apreciação sobre os riscos do pensamento de grupo, eles propõem formas para estruturar o processo de tomada de decisão em si para gerar resultados melhores. Eles ressaltam que os modelos "defensivos" de tomada de decisão, nos quais o líder indica claramente o resultado preferido, tendem a encurtar o processo de uma maneira que provoca a insatisfação dos colegas (que podem concluir que eles participaram de um pretenso processo de decisão) e a piorar os resultados.

Em vez disso, os autores propõem um modelo de "indagação", que "é um processo extremamente aberto, concebido para gerar várias alternativas, promover a troca de ideias e gerar uma solução bem testada". É uma abordagem colaborativa em que o objetivo das discussões é testar e avaliar as pretensões, e não simplesmente validá-las; os membros da equipe são pensadores críticos e não líderes de torcida; as propostas são discutidas e revistas; e pontos de vista alternativos e críticos são cultivados. As estruturas de ponto-contraponto e guardião intelectual, discutidas na seção anterior, são formas de combater o que Garvin e Roberto reconhecem como as estruturas defensivas mais usuais. São também o que lendário líder Alfred Sloan, da GM, praticou regularmente nas reuniões de diretoria, tal como demonstra a citação reproduzida anteriormente neste capítulo.

Alguns racionalistas instrumentais lamentam com desesperança a aparente incapacidade da maior parte da raça humana para tomar decisões de acordo com algoritmos simples e inteligentes e ver que o problema reside nas pessoas que tomam as decisões, e não nessas fórmulas simples e inteligentes. Entretanto, reconhecendo que os seres humanos são humanos — isto é, complexos, ambivalentes e, algumas vezes, confusos —,você pode orientar as pessoas para que elas tomem decisões que funcionem a favor delas *e* a seu favor.

Controle do ambiente: sete contextos que você pode influenciar

A essa altura você já sabe que, quando eu digo "controle do ambiente", estou falando de influência sobre o contexto — a organização do contexto para influenciar mais eficazmente as pessoas a fazer melhores escolhas e tomar melhores decisões. E caso neste momento alguém levante a ideia dos motivos maquiavélicos, vou lhe poupar tempo. Os desafios que estou apresentando nesta seção são situações e ambientes que todos os profissionais, gestores e executivos enfrentam em seu esforço diário para cumprir suas metas com e por meio de outras pessoas. As soluções que se seguem são respostas simples e éticas às tendências humanas que às vezes podem dificultar o progresso real. Começarei com uma tendência familiar que já abordamos de leve.

1. Pensamento de grupo.

Desafio – A tomada de decisão torna-se mais fácil quando sabemos como outras pessoas em uma mesma situação agiriam. É por isso que o pensamento de grupo não precisa nem mesmo ser constatado pessoalmente — apenas a sensação de que existe consenso entre nossos colegas naturalmente nos impelirá para a direção da maioria. Mesmo pessoalmente, basta um pequeno grupo de três a cinco pessoas para dar o puxão do pensamento de grupo. Isso pode representar um problema quando estamos introduzindo novas ideias ou apresentando um motivo para mudança para o qual ainda não temos nenhum apoio real dos colegas e todos se apegam à sua tendência igualmente forte de favorecer o *status quo*. Observe particularmente os membros da equipe que exibem uma intensa necessidade de estrutura — eles são mais propensos a se conformar do que aqueles que se sentem mais tranquilos com a incerteza, o caos criativo e a ambiguidade.

Como influenciar o contexto – Cultive dissidentes. Encontre uma pessoa com a qual você possa contar e que faça parte do grupo para atuar como advogado do diabo. É melhor ter mais de uma pessoa, mas um único dissidente — a credibilidade dessa pessoa é indispensável — pode diminuir o pensamento de grupo em 61%, de acordo com as pesquisas. Na próxima vez em que você se deparar com uma situação em que todos concordam com algo que diverge da melhor decisão que você acredita que poderia tomar, recorra aos dissidentes para respaldar seu argumento e criticar a decisão do grupo. Em seguida, você terá oportunidade de defender seu argumento e influenciar os membros do grupo a tomar seu partido fazendo com que a maioria enxergue o mérito de sua ideia.

2. Escalada irracional do compromisso.

Desafio – Nos negócios e na política, algumas vezes constatamos que escolhemos o caminho errado, que investimos dinheiro, tempo e esforço em uma decisão que provavelmente se revelará ruim. Algumas vezes sentimos isso intuitivamente e outras vezes esse pressentimento é confirmado por uma clara evidência. Contudo, contrariamente a todas as evidências em contrário, as pessoas ao seu redor racionalizam que é necessário investir mais dinheiro, tempo e esforço para produzir o resultado desejado (baseadas no fato de que, em vista do considerável investimento já feito, desistir da ideia, do projeto ou do que foi empreendido significaria perder tudo). Isso é chamado alternadamente de escalada irracional e efeito do custo irrecuperável, mas os resultados são os mesmos: para evitar o tormento de aceitar o prejuízo, mantemos o projeto vivendo artificialmente com a ajuda de aparelhos até esgotarmos os recursos.

Como influenciar o contexto – Tome a iniciativa; como se costuma dizer, puxe o fio da tomada e diga com autoridade "**Chega!**". Essa é uma coisa difícil e desagradável de engolir, mas algumas vezes estamos errados e apoiamos uma decisão ruim. Quando as coisas se tornam mais prováveis do que improváveis, é hora de cortar os prejuízos e salvar o que pode ser salvo. Desenvolva uma apresentação simples com o máximo de evidência que tiver — como todos os recursos desperdiçados — para mostrar a profundidade da cratera. Mostre por que seu grupo seguiu o caminho errado logo de saída (provavelmente por um bom motivo) e compare isso com novas evidências que mostrem por que esses motivos iniciais agora são inválidos ou se revelaram falsos. Leve isso ao extremo evidenciando o prejuízo que se teria com um investimento ainda maior nessa direção. E procure fazer com que a aceitação dos custos e dos prejuízos irrecuperáveis seja mais fácil de tolerar: 1°) atribuindo a isso uma experiência de aprendizagem valiosa; 2°) eliminando a culpabilização e os sentimentos de culpa; e 3°) apresentando ideias para uma nova direção — um futuro melhor —, com base nas novas evidências. Isso ajuda a atrair outras pessoas com autoridade e credibilidade para o seu lado. Quanto mais, melhor, visto que os outros procurarão essas pessoas para obter informações sobre a decisão (consulte pensamento de grupo).

3. Desinteresse nas reuniões.

Desafio – Outro dia de trabalho, outra reunião. Existem muitas estatísticas por aí que nos fazem lembrar o quanto é desperdiçado em termos de tempo, produtividade e dinheiro em reuniões improdutivas. E você sabe disso intuitivamente, porque você mesmo participa ou conduz várias reuniões. Normalmente, o cenário é o mesmo. Os **introvertidos** retraem-se, aqueles que geralmente têm algo a dizer manifestam-se e o objetivo se perde em uma confusa teia de digressões tecidas pelo **líder** e pelos **participantes** — eles têm a atenção de todos e por isso acham que simplesmente podem trazer à tona o que quer que passe por sua cabeça, e isso só aumenta a confusão e a frustração de todos. Com que frequência dois ou três participantes travam conversas paralelas eloquentes e exacerbadas à mesa de reunião que interrompem o fluxo e não têm nada a ver com a finalidade original da reunião? **Você sabe a resposta**.

Como influenciar o contexto – Estabeleça e siga um objetivo claro. Isso parece ilusoriamente simples. Testemunhei inúmeras reuniões de todos os tipos em que só o blablablá entre os participantes já causava o desperdício de boa parte do dia de todos. Portanto, informe a todos que tudo o que não for pertinente ao objetivo — digamos, uma decisão a ser tomada, uma sessão de *brainstorming*, compartilhamento de conhecimentos — deve ser deixado para uma circunstância diferente ou retomada com um indivíduo específico após a reunião. Além de estabelecer um claro objetivo para iniciar e finalizar a reunião, envolva as pessoas que normalmente são reservadas. Faça com que elas exponham a opinião delas. Se elas estão participando da reunião, isso quer dizer que são membros importantes da equipe. Faça com que elas se sintam incluídas e ouça as ideias que elas têm a oferecer. Procure minorias na equipe e possibilite que elas expressem suas opiniões. Seja ela uma minoria de gênero, raça, classe ou algum outro tipo de afiliação grupal, procure tirar o máximo de benefício de uma perspectiva diversa. As pessoas em minoria podem sentir que suas contribuições são menos relevantes. Por isso, faça com que elas sejam relevantes para o benefício de todos. Sua influência sobre o contexto da reunião afetará diretamente a escolha sobre como e se os outros participarão dela.

4. Informações complexas e detalhadas.

Desafio – Uma quantidade razoável de apresentações de negócio contém alguma **complexidade** e um **nível de detalhamento** que o cliente ou a equipe precisa compreender. Contudo, com muita frequência, nossos ouvintes se perdem nos detalhes, não conseguem apreender nenhum tipo de estrutura coerente e padecem ao longo de discursos monótonos. A complexidade permanece complexa e nunca consegue ser percebida pelos ouvintes. A credibilidade do apresentador é diretamente afetada por essa incapacidade de simplificar as informações complexas. E visto que nenhuma plateia gosta de se sentir incompetente e confusa, ela rejeita as informações e o apresentador e começa a ficar indiferente, sintonizando, em vez disso, seu *iPhone* e *BlackBerry* para ver o que pode estar perdendo em algum *e-mail*.

Como influenciar o contexto – Pegue qualquer coisa complexa e a transforme em uma história. As histórias têm repercussão, particularmente aquelas em que conseguimos nos enxergar como protagonistas. Além disso, elas captam mais nossa atenção do que uma tabela de números. Pegue o que é complexo e muito detalhado e envolva com uma história que tenha ressonância emocional para você e para a sua plateia — quanto mais você a sentir, mais ela a sentirá; no mínimo, ela prestará atenção. Entretanto, é mais provável que você ajude os ouvintes a dar sentido ao que estão ouvindo se oferecer contexto. O grau com que você atingirá sentimentos e pensamentos dependerá de sua capacidade de personalizar a história e associá-la com a vida e os percalços dessa plateia. Enquanto examina os dados que você está tentando explicar, sempre pergunte a si mesmo: "O que isso significa lá no fundo para os ouvintes? Até que ponto isso terá impacto em sua vida, em seu trabalho, quando voltarem o escritório, em sua saúde, em sua renda, em seus familiares?". Lembre-se, quanto mais pessoal a informação, mais relevância ela terá — e vice-versa —, se eles a compreenderem. As pessoas fazem escolhas e tomam decisões com base em coisas que as tocam emocionalmente. **Mostre — não diga** — o quanto os detalhes de sua apresentação importam enquanto componente de uma história que tem ressonância.

5. Tendenciosidade subconsciente contra pessoas que são mais inteligentes do que você.

Desafio – Esse desafio tem a ver com influenciar suas escolhas e igualmente as dos outros. Pesquisas demonstram que muitas pessoas gostam de ter à sua volta — particularmente quando estão tomando **decisões de contratação** — indivíduos que não competem com seus pontos fortes exclusivos. Isso é chamado de tendência à comparação social, e constitui a antítese da proposta extremamente sensata de contratar pessoas mais inteligentes do que nós para que assim possamos concretizar nossas metas profissionais. Os motivos podem ser variados, como proteger nosso território especial e não querermos nos sentir inadequados em comparação a alguém mais qualificado em nossa área de conhecimento. Bastante justo. Mas talvez estejamos impedindo nosso próprio progresso mantendo os talentos a distância, em vez de fortalecer a equipe com outro membro competente.

Como influenciar o contexto – Tente perceber se você tem essa tendência, se for o decisor, e concentre-se em fortalecer sua equipe com as capacidades necessárias, mesmo se um dos seus contratados tiver um talento equivalente ao seu nessa área. Se você reconhecer essa tendenciosidade em outras pessoas — mais provavelmente em seus subordinados —, sinalize. De nada valerá para a organização ou para a sua equipe se, na escolha de talentos, o ego for utilizado como filtro ou fator determinante. Dirija-se particularmente à pessoa que parece ser uma ameaça e informe que você a valoriza pela soma de suas capacidades, habilidades e atributos, e não apenas em virtude de uma habilidade especial. Obviamente, isso só funcionará se você estiver em um nível hierárquico ou posição que transforme isso em uma reunião de *feedback,* e não em uma presunção constrangedora.

6. A aparente confusão entre resultado e processo.

Desafio – Muitos de nós somos culpados por avaliarmos as decisões não pelo seu mérito no momento em que elas são tomadas, mas com base no resultado que elas produzem. Essa tendência para o resultado afeta todos, de presidentes e primeiros-ministros a gerentes de nível médio e profissionais de um extremo a outro do espectro. É fácil censurar severamente alguém cuja decisão produziu um resultado indesejável. Porém, isso gera outro problema de modo geral, e é por isso que as pessoas ficam com receio ou hesitam em tomar decisões ousadas sobre qualquer coisa de importância, temendo que o resultado possa desapontar ou provocar algo pior. Isso sem dúvida é compreensível, tendo em vista a possibilidade de punição ou de uma reação social adversa.

Como influenciar o contexto – Reforce que, contanto que o processo de decisão seja judicioso e sensato, isto é, que leve em consideração todas as informações pertinentes, todos terão o apoio da equipe e da direção. Saber tomar decisões é uma habilidade de liderança indispensável, e as pessoas responsáveis por tomá-las devem ser o máximo possível instruídas e treinadas nessa arte. Elas devem também sentir autonomia para, como diz o ditado, puxar o gatilho quando é necessário tomar uma decisão, sem enfrentar retaliação quando o resultado não for aquele que todos esperavam. Pensar cuidadosa e minuciosamente sobre o processo de decisão *a posteriori* e no momento em que os resultados se evidenciarem também faz muito sentido — tanto para tomar conhecimento dos pormenores da decisão que gerou o resultado quanto para se preparar para o futuro.

7. Questões delicadas que precisam de uma linguagem cuidadosa.

Desafio – A linguagem é empregada para gerar compreensão e significado. Seja na mídia, na política ou no ambiente de trabalho, a escolha das palavras, a apresentação dos fatos e o relato de uma experiência podem criar a realidade que desejamos que os outros apreciem.

As pessoas que não conseguem enquadrar uma questão eficazmente estão em desvantagem em relação àquelas que conseguem. Os executivos ficarão ofendidos, em vez de aceitarem o *coaching* como parte do desenvolvimento de suas habilidades de liderança, se nessa proposta houver alguma insinuação de que eles são incompetentes; os funcionários podem **diminuir** seus esforços para atingir metas se a linguagem empregada para motivá-los for mais estimulante para o conselho de administração e o diretor executivo; e as iniciativas concebidas para levar a organização a mudar determinados comportamentos podem malograr se a linguagem empregada em sua apresentação não estiver amarrada aos valores das pessoas. Identificar a linguagem adequada para que os outros aceitem ideias e propostas é indispensável para se ter sucesso. Isso é particularmente verdadeiro porque as pessoas estão atuando de acordo com sua própria estrutura de referência — ou estrutura cognitiva, como também é chamada. E elas podem facilmente trabalhar contra você se essas referências não forem contestadas.

Como influenciar o contexto – Perceba o que repercute nas pessoas e empregue uma linguagem que as convença a aceitar um significado em detrimento de outro. No caso dos executivos que necessitam de *coaching,* você pode enquadrar essa questão lhes oferecendo melhores ferramentas de conscientização e comunicação para que tenham sucesso nessa função, em vez de "**corrigir inadequações**" ou mesmo "**minimizar pontos fracos**"; esses dois termos denotam que algo está errado. O enquadramento também dita o que você deve deixar de fora ao "recriar a realidade" para outra pessoa e o que você deve optar por incluir ao descrever um acontecimento ou um plano de ação. Descrever uma discussão entre colegas como "uma briga feia entre um supervisor de produção e um líder de equipe" cria um significado diferente em comparação a dizer que houve "um acalorado desacordo entre profissionais". As palavras que empregamos para criar contexto e realidade afetam a percepção das pessoas e, com isso, suas escolhas e decisões.

No capítulo subsequente, você ampliará seu conhecimento sobre o que é necessário para ganhar domínio no âmbito das políticas organizacionais. Você saberá por que essa habilidade gerencial é indispensável e de que forma pode conhecer rapidamente a cultura política exclusiva de qualquer organização. Além disso, você aprenderá a avaliar seu poder real — **formal** e **informal**, **social** e **profissional** — na organização em que atua.

CAPÍTULO 7

Ganhando domínio em política organizacional

Por que simplesmente não consigo exercer a medicina? Robert, um anestesiologista altamente gabaritado, me fez essa pergunta retórica, em tom exasperado, em uma sessão de *coaching* improvisada ao telefone. Nessa época, havia três meses que eu estava trabalhando com ele em sua recolocação no mercado, depois que o chefe de equipe do hospital em que ele trabalhava lhe pediu para se demitir. De acordo com seu chefe, Robert não **"se adequava à cultura"**.

Para Robert, que havia estabelecido uma reputação como um clínico brilhante, foi um choque de esmagar o ego de qualquer um. Ele sempre havia se esforçado ao máximo, conseguindo se formar entre os melhores da turma na faculdade de Medicina e tendo um excelente desempenho na sala de cirurgia. Ele não sabia o que o havia acontecido com ele.

Segundo o chefe de equipe, sua inadequação à cultura devia-se ao fato de Robert sempre indispor as pessoas com sua personalidade rude, seu estilo de comunicação conciso e sua atitude de indiferença. Para Robert, estar extremamente concentrado no bem-estar dos pacientes significava dispensar as gentilezas sociais e executar seu trabalho de acordo com os mais altos padrões.

137

Contudo, as outras pessoas pareciam considerá-lo um **colega hostil** e **desagradável** que não sabia trabalhar em equipe, muito menos ocupar uma posição de liderança.

Com exceção de um amigo, Robert não tinha nenhum aliado no trabalho, e isso queria dizer que não havia nenhum lugar que ele pudesse procurar para combater os sentimentos imputados contra ele. Incapaz (e talvez um tanto relutante) de lidar com o cenário político que se estendia por todos os andares do hospital, ele se demitiu.

Iniciamos nosso trabalho pouco tempo depois, quando ele começou a trabalhar em um novo emprego, em um pequeno hospital nos arredores de Chicago, junto com mais dois anestesiologistas. Naquele momento Robert havia percebido que sua marca pessoal não estava funcionando para ele e que precisava reformulá-la e aprender a aceitar os desafios das políticas organizacionais.

Na época em que ele me fez essa pergunta retórica, já estava mais capacitado para formar relacionamentos com as pessoas certas e evitar fazer inimigos. Contudo, mesmo quando estávamos tentando melhorar sua presença executiva e trabalhando para que tivesse um estilo de comunicação que explorasse mais sua **inteligência social (IS)**, ainda assim o jogo político lhe parecia frustrante.

Políticas organizacionais

Hoje em dia, o termo **política** tornou-se uma palavra ofensiva para muitas pessoas, em parte porque ela representa uma confraria que passa mais tempo se defendendo do que agindo de acordo com uma das definições desse termo no dicionário: "Atividades associadas com governança/governar." Esse termo passou a significar as dinâmicas relacionais associadas com influência e governança — seja um em país ou em uma empresa — que se tornaram a moeda da execução e da troca de favores e do favorecimento de opiniões.

Rex C. Mitchell, Ph.D., professor no departamento de Administração da Universidade Estadual da Califórnia, ressaltou que as políticas organizacionais, embora neutras até o momento em que são afetadas pela percepção humana, normalmente são consideradas negativas tanto pelos partícipes quanto pelos observadores. A percepção comum é de que as organizações deveriam se esforçar para minimizar a politicagem. Entretanto, para as pessoas que têm uma aguçada consciência política, a comunicação por meio de sistemas de crenças simpatizantes e objetivos em comum é um fator fundamental da vida organizacional que é ignorado — ou repudiado como manipulação — por nossa conta e risco profissional.

O que faz o jogo das políticas organizacionais ter essa eventual inclinação sombria é a forma como as pessoas percebem e reagem a ameaças, as fronteiras territoriais, as visões de mundo conflitantes, os gostos e tendências pessoais e a sensação de que a socialização com as pessoas certas é suficiente para melhorar as coisas. Embora não haja dúvida de que as pessoas que não têm tanta inclinação desejam ser julgadas e progredir com base apenas em sua contribuição e mérito, a realidade nua e crua é que a **política organizacional** é um fator significativo e inescapável no desempenho profissional e na trajetória da carreira. Portanto, para lidar com essas políticas, é necessário um conjunto de habilidades que você pode e deve procurar compreender e cultivar.

É fácil perceber que, no que diz respeito à sobrevivência e ao sucesso organizacional, a **influência é tudo**. Quanto mais política for a organização, mais importante essa influência será.

Por que saber lidar com as políticas organizacionais é uma habilidade gerencial essencial

Saber lidar com as políticas organizacionais é uma parte essencial da capacidade de exercer a influência de 360 graus no ambiente de trabalho. O contexto de 360 graus nesse caso refere-se às vantagens de exercer essa influência de **forma ascendente** — em direção à alta administração —, **lateralmente** — em relação aos colegas — e de **cima para baixo** (considerando o organograma organizacional), em direção às pessoas que você supervisiona ou com as quais tem contato enquanto lida com suas responsabilidades. Portanto, independentemente das habilidades que seu cargo requeira, da amplitude de sua consciência **intra** e **interpessoal** e de sua percepção sobre como é visto por seus colegas de trabalho, a influência das políticas organizacionais está sempre no topo da lista de variáveis com as quais você precisa lutar para que isso tenha o cheiro de um cheque de bonificação.

A capacidade de navegar nas águas políticas de sua organização é tão fundamental para seu sucesso quanto a habilidade de nadar de um mergulhador. As políticas definem as águas culturais e relacionais do ambiente de trabalho, nas quais todos os dias você nada como um cachorrinho. Do simples ato de entrar em uma sala ao momento decisivo de fazer uma apresentação para uma equipe ou à forma como você defende decisões estratégicas para o conselho executivo em conversas extremamente carregadas, você está sendo julgado com base em como é percebido, e sempre existe um fator político em jogo. Em uma das extremidades da escala, você pode ser percebido como uma ameaça ou risco; na outra, como aliado ou a pessoa que todos procuram. Esse **espectro de percepção** pode ser controlado e aprimorado — isso **se** primeiro você compreender a dinâmica dessas políticas.

"As políticas são uma realidade da vida organizacional", confirma a *coach* de executivos e autora Gill Corkindale, ex-editora administrativa do *Financial Times*. Os gestores que acreditam que podem evitá-las ou ignorá-las, afirma ela claramente, são inocentes.

Talvez você acredite intuitivamente que as políticas organizacionais estejam concentradas preponderantemente nos corredores, nos luxuosos escritórios executivos e nas baias das grandes empresas, nas potências multinacionais e corporativas que empregam milhares dos melhores e mais brilhantes talentos nos últimos andares dos arranha-céus. Não é bem assim, de acordo com Corkindale. Na verdade, afirma ela, algumas das organizações mais políticas com as quais ela se deparou são as instituições beneficentes, entidades não governamentais e mesmo clubes de *bridge* locais. Acrescente a essa lista a sala de cirurgia, tal como meu cliente anestesiologista constatou.

Um cético diria que, quando duas ou mais pessoas estão disputando uma promoção, dinheiro e atribuições muito almejadas, os farejadores aparecem para procurar identificar falhas, vulnerabilidades e algo que pode ser explorado. Embora certamente essa seja uma parte bastante real do jogo político travado em qualquer organização, existe o outro lado da moeda.

As políticas organizacionais podem ser um aspecto construtivo e positivo da carreira de um gestor, se forem compreendidas apropriadamente e praticadas. Em vez de adotar comportamentos que minam a confiança e procurar obter vantagem pessoal com manobras evasivas, os profissionais sábios influenciam a cultura organizacional de uma maneira mais íntegra. Eles cultivam relações mutuamente produtivas com os principais atores; reconhecem e negociam as estruturas de poder existentes; e procuram propositadamente a adesão a ideias com uma compreensão não tão superficial dos interesses individuais e dos valores particulares das pessoas.

Recusar-se a reconhecer a importância do comportamento político construtivo é ficar desprotegido e sujeito a ver seus interesses serem atacados de surpresa e seus melhores esforços serem sabotados por forças prevalecentes. O ceticismo e o comportamento resultante, que acabam gerando políticas defensivas e possivelmente ardilosas, atendem a interesses próprios e não ao interesse da organização, e isso provoca a deterioração de fatores que definem a cultura, como confiança, trabalho em equipe e bem maior. De modo semelhante, executivos e gestores competentes e honestos que sempre veem todas as políticas com suspeita estão sujeitos a ver, com certa constância, colegas mais politicamente astutos passarem por cima deles por reconhecimentos, recompensas e maiores responsabilidades em geral merecidos.

As políticas organizacionais são uma faca de dois gumes

Mesmo no caso das pessoas que sabem lidar habilmente com o terreno político, é muito difícil definir com precisão e sem preconceitos o que é política organizacional. Ben Dattner, Ph.D., e Allison Dunn, da Dattner Consulting, LLC, fazem uma boa tentativa nesse sentido: política organizacional é "um processo por meio do qual as pessoas representam diferentes interesses, planos e pontos de vista e então disputam, entram em conflito e/ou colaboram a fim de interpretar e avaliar informações e tomar decisões; alocar e reivindicar recompensas e recursos escassos; e estruturar ou reestruturar a organização".

Dattner e Dunn advertem que as organizações excessivamente políticas permitem a tendência ao **autocentramento** e à **territorialidade**, e não ao bem maior da organização. Isso gera uma inevitável falta de confiança, regras que são impostas de forma inconsistente e compartilhamento seletivo das informações. O que ocorre em seguida é também inevitável. A lealdade à organização acaba ficando instável e comprometida e a organização, por sua vez, é crivada de bolsões de interesse contrapostos que, portanto, ameaçam uns aos outros. Os funcionários defensivos e cautelosos tendem a cometer mais erros, sem mencionar o maior estresse e a maior ansiedade no ambiente de trabalho em virtude da competitividade em excesso e de relacionamentos inamistosos.

Portanto, o que uma organização excessivamente política faz? De que forma os diretores e executivos presos a uma densa trama de atividades políticas exercem uma influência permanente para promover ideias e fazer as coisas acontecerem por meio de outras pessoas? A mão austera normalmente é polarizadora, o que contribui para uma politização ainda maior. Dattner e Dunn propõem que se trabalhe com a cultura e o sistema organizacional procurando, ao mesmo tempo, aprimorá-los. Independentemente da forma como exercermos influência dentro das fronteiras corporativas, o interesse da organização deve servir de bússola e sempre sobrepujar o autointeresse que não o apoie.

Esse campo de jogo nunca é nivelado

Pergunte às pessoas que estão tentando subir em uma organização com um organograma complexo do que elas menos gostam em relação à atmosfera política. É bem provável que elas coloquem no primeiro lugar da lista a inevitável **fofoca** e **calúnia**. Mas a fofoca no ambiente de trabalho poderia ser considerada algo mais do que simplesmente um subproduto desagradável dos seres humanos que trabalham juntos? Ela pode impedir ou contribuir para a influência? Essas questões atormentam a maioria das organizações, porque poucas dinâmicas influenciam tanto a percepção intraorganizacional quanto os famosos boatos.

Evidências indicam que, para o entediados, a fofoca tem um poder bem maior do que o mero prazer de conversar em torno dos bebedouros e que isso com frequência ocorre não apenas em contatos eventuais no escritório, mas também em ambientes mais formais. Um estudo recente realizado por Tim Hallett e Brent Harger, sociólogos da Universidade de Indiana (EUA), e publicado na edição de outubro de 2009 do *Journal of Contemporary Etnography*, demonstra que as pessoas que são alvo de fofoca em ambientes informais tendem a ser avaliadas de maneira mais negativa também em reuniões ou encontros formais. Em suma, as percepções criadas sobre alguém durante esses "momentos em torno do bebedouro" — os escárnios discretos e informais ao longo das reuniões — se reproduzem na maneira como alguém é descrito em discussões formais relacionadas com o trabalho. O alvo da fofoca com frequência é comparado desfavoravelmente com um colega não visado e qualquer crítica sobre o alvo tende a ser acompanhada de um laivo de sarcasmo.

De acordo com a recomendação dos autores desse estudo, para cortar as fofocas negativas pela raiz, deve-se mudar sutilmente de assunto e desviar as críticas para um alvo diferente ou dissipá-las com um golpe preventivo, isto é, algo positivo que possa ser dito sobre a pessoa. Os gestores astutos reconhecem os momentos apropriados e utilizam essas técnicas, ao passo que um participante involuntário ou espectador dessa fofoca pode ter uma influência semelhante adotando a mesma estratégia sem abrir mão de seu interesse de controlar possíveis danos políticos.

Hallet e colegas reconhecem igualmente o aspecto positivo da fofoca; eles ressaltam que: "A fofoca também pode ser uma dádiva. Se as pessoas estiverem falando positivamente, essa pode ser uma forma de melhorar a reputação de alguém." Contudo, em geral a fofoca é utilizada como um meio indireto de crítica, em particular a respeito de superiores. Prestar atenção à discrepância entre como as pessoas se comportam em frente e longe da vista do alvo pode nos dizer muita coisa sobre o alvo e as pessoas que estão fofocando — e sobre quem de fato exerce poder.

Conheça rapidamente a cultura política exclusiva da organização em que você trabalha

A palavra-chave do título acima é rapidamente. Quando você começa a trabalhar em uma organização, está mais vulnerável às forças das políticas organizacionais, visto que as pessoas estão avaliando em que posição você está, aonde você vai chegar, o quanto você pode ser uma ameaça e seu potencial enquanto aliado. Elas podem inseri-lo no grupo ou esperar que você as procurem. Porém, mesmo não tendo afiliação política, você está sujeito às forças culturais ao seu redor. Quanto mais rapidamente você as identificar, mais bem equipado estará para fazer escolhas que atendem a você e à organização — um "dois em um" que sempre anda de mãos dadas com os influenciadores bem-sucedidos.

Se você reconhecer que **cultura** é sinônimo de **política organizacional**, está admitindo que o conceito de cultura, que é definida pelas posturas e preferências políticas da organização, é a matéria que torna qualquer subgrupo inigualável. Se for politicamente vantajoso sair com o chefe após o trabalho e você não age de acordo com essa convenção, isso quer dizer que não está se adaptando à subcultura desse grupo único e, pelo menos por esse motivo, você corre o risco de se tornar um *outsider* (pessoa que esta a margem do sistema) político. Para os novatos, é mais adequado observar a dinâmica que define esses subgrupos, um processo que exige que se esteja de ouvido em pé. Isso atua a seu favor por dois motivos: primeiro, você obtém informações sobre seus colegas e a cultura geral do ambiente de trabalho e, segundo, as pessoas adoram ser ouvidas e a impressão favorável que você pode passar para elas ao ouvi-las atentamente aumentará seus pontos no jogo de percepção como um todo. Assim que você estiver mais sintonizado, começará a notar coisas como hierarquia interna do grupo, dinâmicas entre grupos, como "nós *versus* eles", uma percepção do que é engraçado e do que não é, quem é aprovado e quem não é, o que o grupo considera fortalecedor e constrangedor e quem é bacana e quem é alvo frequente de fofocas ou ridicularizações.

Esse não é o momento de se esconder em sua baia ou atrás das portas seguramente fechadas de sua sala. O envolvimento proativo e a interação social com diferentes grupos de pessoas — em lugar de recorrer a *e-mails*, lembretes e outros meios eletrônicos de comunicação — são essenciais para a integração em um ambiente politicamente delicado. Por meio de uma observação aguçada e de conversas ocasionais, porém propositadas, você pode avaliar os graus de satisfação geral no trabalho, a reação a novas ideias, se a inovação é estimulada ou reprimida, como (e com que frequência) e por quem as decisões são tomadas e de que forma as opiniões contrárias são recebidas.

A política sempre se apoiou em **atores-chave** — os assim chamados **mandachuvas** — para tocar uma agenda adiante. O recém-chegado observador logo descobre quem são esses atores principais ou protagonistas e decide se deve quebrar o gelo ou se distanciar conforme for o caso. Esses veteranos culturais na verdade podem ser persuadidos se você solicitar sua proteção e seus pontos de vista. Para fazer um **"curso intensivo"** sobre dinâmicas culturais, você pode recorrer a esses atores principais e solicitar seus pontos de vista e opiniões a respeito da história e do potencial da organização. Preste atenção às tendências e tentativas de aliciamento — é bem provável que você as perceba.

Fique atento às regras implícitas (ou não escritas)

Obviamente, talvez você não ouça tudo o que há por dizer. Toda organização tem expectativas e regras implícitas relacionadas à cultura que precisam ser descobertas, assimiladas e seguidas para que assim se possa de fato começar a galgar a hierarquia corporativa. As pessoas saem do trabalho às 17h em ponto ou isso seria uma forma lenta de suicídio do ponto de vista político? É habitual os executivos almoçarem à mesa de trabalho enquanto elaboram rapidamente suas propostas com pequenos grupos de três a cinco pessoas socializando-se nesse horário? É aceitável confraternizar-se com funcionários que estão a alguns degraus abaixo do organograma ou isso parece implicitamente proibido? Sua capacidade de exercer influência na organização em que trabalha pode crescer ou ser afetada, dependendo de sua atenção para com as regras implícitas de comportamento nesse ambiente.

Com o passar do tempo, esse tipo de atitude torna-se instintiva para a maioria, um **modo de ser** básico que é adotado no ambiente de trabalho. Os recém-contratados precisam apenas observar colegas e supervisores imediatos para obter dicas e exemplos comportamentais. E na maior parte dos casos esse mesmo pessoal ficará de olho em você para confirmar se está atento.

Laura Sabattini, em um artigo para a Catalyst, uma organização que promove oportunidades para as mulheres no ambiente de trabalho, conduziu entrevistas com 65 homens e mulheres a respeito de **regras organizacionais implícitas**. Os resultados demonstraram que, para tatear e apalpar o terreno, eles procuravam redes formais e informais. Quase dois terços dos entrevistados haviam utilizado redes informais para se informar sobre expectativas culturais e um pouco mais da metade utilizou redes mais formais nesse processo. Um pouco menos da metade utilizou mentores para obter informações confidenciais sobre o que fazer e o que não fazer e mais de um terço afirmou que gostaria de ter aprendido mais e mais rápido assim que foram contratados.

As informações e os exemplos a serem seguidos estão espalhados aí. Assim que você reconhece para onde deve dirigir seu olhar, compreende melhor que caminho precisa seguir.

Avalie seu poder real: formal e informal, social e profissional

Depois de algum tempo em uma organização, percebemos qual é a cultura do ambiente de trabalho: quem devemos cultivar e quem devemos ignorar, quais habilidades e comportamentos são recompensados. A essa altura, você tem condições de identificar onde se encaixa na estrutura organizacional. Não se trata apenas do quadradinho do organograma em que você vê seu nome, mas de outros tipos de influência que você leva para o ambiente de trabalho.

O cargo que você exerce **de fato** importa. Há 50 anos, os psicólogos sociais John French e Bertram Raven delinearam cinco tipos diferentes de poder, um esquema que ainda hoje é utilizado e citado por teóricos organizacionais. Alguns desses tipos de poder estão associados a cargos específicos na hierarquia organizacional, alguns ao papel desempenhado em redes colegiadas e outros a habilidades específicas.

○ O **poder legítimo** está nitidamente associado com a **posição hierárquica**. French e Raven observaram que essa legitimidade provém da autoridade para solicitar que os outros se comportem de uma determinada maneira. É fundamental reconhecer que a autoridade apoia-se na posição, e **não** na pessoa. Seja qual for a deferência atribuída ao cargo, perdendo-se o cargo, perde-se a deferência. Embora esse poder seja indiscutivelmente útil, por si só não é suficiente para possibilitar que a pessoa exerça domínio sobre ele por conta própria.

- O **poder de recompensa** também pode estar associado à posição hierárquica, visto que a pessoa que tem esse poder pode conceder recompensas de alto valor (férias, promoções etc.) e eliminar qualquer sanção negativa. Tal como o poder legítimo, o poder de recompensa é **restrito**; por exemplo, a política da empresa pode impor um teto de aumento de salário ou um número máximo de dias de férias. Concluindo, existe uma quantidade razoável de evidências de que, com o passar do tempo, os funcionários podem ver as recompensas mais como um direito ou algo que eles mereceram do que como algo concedido; desse modo, a pessoa que oferece essas recompensas não recebe crédito por tê-la concedido.

- O **poder coercitivo** é o contrário do poder de recompensa e é ainda mais restrito. Um **chefe pode ameaçar rebaixar ou despedir** uma pessoa. Porém, embora a ameaça possa gerar benefícios a curto prazo, a longo prazo os funcionários tendem a trabalhar defensivamente, esforçando-se para evitar problemas, em vez de apresentar ideias que poderiam gerar benefícios. Além disso, as ameaças constantes de punição aos subordinados tendem a ser desconsideradas, em particular quando elas raramente são cumpridas. French e Raven ressaltam que não se deve supor que é possível desenvolver liderança com base na punição, seja ela justificada ou não.

- O **poder de competência** está mais sob o controle do indivíduo. As pessoas que têm **habilidades** e **capacidades úteis** para seus colegas de trabalho podem ganhar influência rapidamente junto e sobre seus colegas, tanto por meio dessas habilidades ou contribuindo para o projeto de um colega. Além disso, você pode utilizar seus conhecimentos iniciais em uma determinada área para aprofundar seu conhecimento sobre esse tema ou ampliar seu conhecimento em áreas semelhantes que pertençam a campos vizinhos.

- O **poder de referência**, tal como o poder de competência, está associado ao indivíduo. Contudo, diferentemente do poder de competência, o poder de referência é inerente ao indivíduo em termos de **carisma** ou **magnetismo** pessoal. Embora tendamos a pensar que o carisma é algo que se tem ou não se tem, é possível cultivar o poder de referência ao longo do tempo, visto que os colegas começam a valorizar suas habilidades interpessoais e a vê-lo como um aliado favorável. É fundamental reconhecer que esse poder tende a ser explorado exageradamente, em particular se sua simpatia ou o fascínio que você provoca estiver desatrelado do espírito ético; afinal de contas, os melhores impostores com frequência são os que mais exercem fascínio.

Portanto, identificar seu verdadeiro poder dentro de uma organização significa estar ciente não apenas de seu cargo ou do fato de estar em uma baia ou em um luxuoso escritório executivo (embora, para ser honesto, estar em um escritório luxuoso seja uma excelente pista). Preste atenção ao tipo de recurso que você controla, como as pessoas reagem se você solicitar algo (grande ou pequeno) e com que frequência seu chefe ou seus colegas o procuram para obter informações ou conselhos.

Jeffrey Pfeffer, professor de negócios na Universidade de Stanford (EUA), concorda que é necessário prestar atenção tanto na estrutura organizacional quanto no poder relacional. A mera competência não é suficiente para catapultar uma pessoa para cima, nem é indispensável para que alguém seja surpreendentemente talentoso. O essencial é a propensão para assumir riscos e acumular poder. Embora você não ocupe um cargo de autoridade formal, você pode — cultivando valiosas habilidades específicas ao trabalho e interpessoais — desenvolver sua própria esfera de influência entre seus colegas e igualmente entre seus superiores.

Pfeffer observou ao longo dos anos que muitos de seus alunos a princípio se sentem desconfortáveis com as ideias que ele passa. Rick

Nobles, da *Stanford Business*, cita Pfeffer: "Eles (os alunos) acreditam que o mundo é um lugar justo e imparcial e que se eles se esforçarem e fizerem um bom trabalho conseguirão ser bem-sucedidos."

Ao longo de minha experiência com *coaching*, aprendi que muitos supostos líderes, do supervisor ao alto executivo, na verdade rejeitam a ideia de que eles têm poder sobre as pessoas. Alguns deles acham essa ideia completamente repugnante. Entretanto, acredito que o poder, independentemente do cargo que as pessoas ocupam na organização, deve ser abraçado e incorporado por aqueles que o têm. Do contrário, ele não servirá para ninguém — nem para o líder, nem para a organização, nem para seus grupos de interesse. Tampouco atenderá aos objetivos que as pessoas que têm bom propósito estabeleceram para si mesmas e os outros. Concordo com Pfeffer quando ele diz: "Pare de esperar que as coisas melhorem ou que outras pessoas adquiram poder e utilize-o de uma maneira benevolente para melhorar a situação." Portanto, conheça o poder que você tem e utilize a influência que ele lhe dá para concretizar suas metas, tanto pessoais quanto profissionais.

Conheça os líderes ao seu redor: impositores, narcisistas e intimidadores

Tatear e analisar o terreno é uma reação instintiva tanto em um recém-chegado quanto em alguém que está procurando mudar sua posição em uma organização. Com uma visão fundamentada da situação, você pode melhorar sua percepção de vários arquétipos de líder com base no poder e nas intenções que eles têm. Se você conhecer bem esses arquétipos, conseguirá controlar as minas que se encontram no campo do comportamento de liderança e direcionar sua influência para o alto.

Tome cuidado com o grande lobo mau

É provável que o **impositor** possa ser reconhecido mais facilmente. Nos filmes, todo vilão organizacional com poder tem um, submetendo o trabalho pesado ao impositor enquanto se recosta e conta o dinheiro. Isso vale também para o gênero organizacional bonzinho. A função do impositor é punir os transgressores e livrar os corredores de injustiça ou pelo menos de qualquer coisa contrária aos seus interesses. Talvez haja nisso algo característico de um mártir, em que se investe de certo poder e *status* o impositor que se sacrifica pelo bem maior. Esses indivíduos são fortes e assertivos e têm traços autoritários. Eles são os **cães de guarda da cultura** — e a maioria morderá a própria língua quando o impositor se manifestar.

Os impositores inatos podem ser viciados em estresse e prosperar diante de pressão e estimulação. Além disso, eles podem ser desconfiados e difíceis de agradar ou convencer; quando não estão dando ordens, são predominantemente extrovertidos e normalmente notórios. São também passivos e submissos aos superiores na hierarquia organizacional e controladores em relação aos que estão abaixo.

Se você trabalha para um impositor, é importante reconhecer que motivação costuma estar por trás da imposição, isto é, a necessidade de "manter a linha" contra transgressões reais ou percebidas. Não discuta com o impositor sobre os limites em si (criar as regras não é sua função), mas também não se sinta intimidado. Em vez disso, mostre claramente que você concorda que as normas são importantes e que está disposto a obedecê-las.

Satisfaça o narcisista

Na baia próxima ao impostor você talvez encontre o **narcisista**. Essas pessoas podem ter sucesso porque são tolerantes ao risco. Elas podem ser fascinantes e influentes e não temem empregar uma boa retórica para ampliar fronteiras e conquistar partidários. Demonstram um profundo sentimento de superioridade e merecimento, bem como uma necessidade constante de atenção e reforço positivo.

Tudo isso nos leva para algumas questões controversas previsíveis. Michael Maccoby, autor de *The Productive Narcissist: The Promise and Peril of Visionary Leadership* (*O Narcisista Produtivo: A Promessa e o*

Perigo da Liderança Visionária), ressalta que os narcisistas com frequência são defensivos, mais aptos a falar do que a ouvir. Eles podem não ter empatia quando a questão em pauta não tem nada a ver com eles e recusam ajuda e aconselhamento. Além disso, como são competitivos, não gostam de outra coisa senão de chegar em primeiro lugar.

Gladeana McMahon e Adrienne Rosen, em uma edição recente do *Training Journal*, destacaram que os narcisistas podem ser extremamente difíceis de controlar até mesmo para *coaches* profissionais, e isso significa que é improvável que você, enquanto colega de trabalho, seja capaz de influenciar o comportamento de uma pessoa assim. Se você não conseguir evitar ou minimizar sua interação com esses colegas, é melhor simplesmente reconhecer que eles são narcisistas e evitar comportamentos que possam contestar a autoestima deles. Em resumo, sua capacidade de exercer influência dependerá de você conhecer a patologia cultural dessas pessoas mais do que elas mesmas conseguem.

Evite o intimidador

Ninguém gosta de pessoas **intimidadoras** (*bullies*). Porém, poucas são capazes de influenciá-las. A intimidação (*bullying*) é uma epidemia com implicações bem maiores do que o assédio e incompetência, porque exerce exatamente o **tipo errado de influência** dentro da cultura organizacional. Ser capaz de exercer influência em torno do intimidador e em lugar dele é uma habilidade fundamental que não passará despercebida e que no final pode ser recompensada.

A postura do intimidador o isola de críticas e avaliações e das consequências, além de lhe dar um falso poder sobre limites contraditórios e vulnerabilidades inerentes. "As boas organizações não tolerarão os intimidadores", ressalta o autor Robert Sutton, pela simples razão de que eles são prejudiciais. Eles obtêm respostas e desempenhos no trabalho abaixo da média pelo fato de exercerem poder com base no medo e, levando para o extremo, são o fator determinante da rotatividade de pessoal e dos processos judiciais.

No entanto, essa intolerância organizacional de nada ajuda a vítima de *bullying* gerencial enquanto as consequências negativas não são percebidas e quantificadas. Cheryl Dolan e Faith Oliver reconhecem que pouco você pode fazer para mudar o comportamento de um intimidador, mas existem medidas possíveis para **se proteger desse comportamento**. **Primeiro**, a intimidação deve ser documentada e definida. Deve-se tomar cuidado nesse sentido, particularmente entre sexos diferentes, porque existem muitos estigmas, como chefes do sexo feminino que são consideradas "muito mandonas" quando na verdade estão apenas passando a impressão de firmeza de seus pares do sexo masculino — admirados que são por suas "qualidades de liderança enérgicas".

Segundo, você precisa levar em conta e ponderar sobre as suas opções. Se a cultura de fato apoia e até recompensa um estilo de gestão que guarda semelhanças com a intimidação, talvez seja adequado mudar de emprego ou de cargo. Donal e Oliver citam os psicólogos Ruth e Gary Namie, que afirmam: "Grande parte dos repetidos maus-tratos que caracterizam a intimidação apoia-se em um ambiente de trabalho intoxicado e doente que permite e mantém a insanidade." Quando a intimidação é um sintoma da cultura, o problema é mais sério do que o do intimidador em si; é um motivo para você considerar sua tolerância e adequação a essa cultura.

Terceiro, os novos funcionários têm oportunidade de pôr um fim na intimidação no primeiro momento em que se depararem com ela. Sua resposta a uma intimidação pública — permanecer calmo, usar o nome do intimidador, não demonstrar que isso está incomodando você — pode ser muito favorável para dissipá-la. A intimidação pode ser um hábito. Portanto, não permita que o intimidador **acostume-se a intimidá-lo**.

Concluindo, Dolan e Oliver recomendam que você procure e desenvolva um sistema de apoio. A intimidação raramente tem um alvo específico e talvez seja fácil encontrar outras pessoas que tenham as mesmas sensibilidades que você. Troquem opiniões, sentimentos e opções entre si para que a resposta de vocês não tenha a mesma fragilidade emocional da intimidação que vocês estão tentando evitar.

Estratégias e táticas políticas para aumentar sua influência

Existem várias maneiras de potencializar sua influência cultural, algumas tão antigas quanto a própria humanidade e outras produto de pesquisas modernas sobre a dinâmica humana. Rex Mitchell reviu inúmeros textos sobre políticas organizacionais e sobre formas de lidar com elas, citando os métodos — **éticos** e **antiéticos** — que são utilizados para enfrentá-las e potencializar a influência. Visto que já existem muitos exemplos no mundo real sobre como não se comportar, enfatizarei os métodos éticos; afinal, para ser verdadeiramente e autenticamente influente o **comportamento ético** é **indispensável**.

Com base nas constatações de Andrew Durbin, Mitchell observa que existem três tipos principais de estratégia: **para ganhar poder, para desenvolver relacionamentos** e **para evitar erros políticos**. É fundamental reconhecer quais são suas metas dentro da organização. Você almeja subir ou ampliar seu limite de responsabilidade? Ou você está mais interessado em formar uma rede de contatos na organização e em toda a hierarquia? As táticas necessárias para subir — exibir resultados excepcionais logo no início e com frequência, dominar a fundo informações fundamentais e controlar canais de comunicação — talvez não funcionem tão bem se você almeja ter uma base de poder ampliada por meio de relacionamentos. Nesse último caso, é aconselhável consultar e ser consultado, bem como desenvolver a reputação de que você é ao mesmo tempo bem informado e tem disposição para ajudar. Existe uma coincidência nesses dois tipos de estratégia, particularmente em relação à necessidade de demonstrar seu domínio sobre uma base de conhecimentos ou um conjunto de habilidades, mas a forma como você potencializa esse domínio pode variar de acordo com sua meta ou objetivo.

A presença executiva e a influência de 360 graus baseiam-se no seu conhecimento sobre as necessidades, os valores e as percepções de outras pessoas, e as informações são a primeira linha de ataque e defesa nesse departamento.

A arte de escolher aliados e construir alianças

Em um ambiente voltado para relacionamentos tal como o ambiente cultural de uma organização, as pessoas que você escolhe ter à sua volta podem definir o que você é. Portanto, tome cuidado para que suas escolhas reflitam suas intenções.

A liderança é uma arte de toma-lá-dá-cá, de concessões mútuas. Você deve se esforçar para ter certo equilíbrio em relação a ambos no seu "livro contábil" de relacionamentos. Uma vez mais, Durbin (via Mitchell) faz uma observação proveitosa. Ele ressaltou que não se deve conceder favores simplesmente para ganhar supremacia ou um futuro favor em troca. Contudo, um favor concedido é também um favor que fica depositado em uma poupança, e todos entendem a natureza implícita desse jogo. Se jogar esse jogo de acordo com as regras de desenvolvimento de uma esfera de influência positiva de 360 graus, seus favores refletirão sua essência, e não seus interesses e planos.

A lealdade e a atitude positiva têm um papel fundamental no cenário cultural. A lealdade é valorizada pelos gestores e também por seus colegas, e manter-se positivo o transforma naquilo que, individualmente, os gestores gostariam que os outros venerassem. O gerenciamento de impressões é uma forma de fortalecer essa imagem, mas tenha cuidado para que suas ações não sejam consideradas egoístas ou voltadas para interesses pessoais.

Se você lida com clientes, fornecedores ou entidades externas e tem certeza de que lhes atendeu bem, não há nada errado em pedir abertamente um comentário de aprovação para o seu gerente.

De modo semelhante, enviar uma mensagem de agradecimento é fundamental para relacionamentos permanentes e a construção de um patrimônio.

Quando você está ampliando sua esfera de influência, às vezes é fácil exceder, permitir que seu entusiasmo evidencie suas intenções de uma maneira que pode ser percebida negativamente. Lembre-se, em termos de essência, sua campanha pessoal para ampliar sua influência não deve ter uma causa própria flagrante ou pelo menos não deve ter **apenas** uma causa própria; ela deve procurar servir primordialmente a organização ou no mínimo ter uma dimensão equitativa. Agindo dessa forma, ininterruptamente, você conseguirá construir alianças sólidas com pessoas de mentalidade semelhante que apoiarão e valorizarão suas contribuições do mesmo modo que você.

Potencialize sua influência para concretizar metas organizacionais

Poder-se-ia argumentar que qualquer intenção em que sua percepção pessoal esteja envolvida é em causa própria e contribui para sua posição e *status* e não para o bem organizacional. Contudo, o contrário é verdadeiro, visto que cada uma dessas estratégias pode criar um ganho para a organização ao longo do processo. Quando as pessoas se esforçam para desenvolver sua influência fazendo as coisas corretamente e colaborativamente e demonstrando pouca tolerância para com o lado mais sombrio das políticas organizacionais, isso é no todo positivo.

A influência obtida pode ser facilmente perdida se o processo pelo qual ela foi conquistada não for levado adiante. Tal como o principiante que não enfatiza nem faz propaganda de seu potencial após um brilhante primeiro ano em uma organização, os executivos precisam desenvolver sua esfera de influência tanto quanto se desenvolvem para se adequarem à essência da descrição de seu cargo. As duas coisas sempre coexistem e andam de mãos dadas em uma trajetória profissional que depende igualmente do sucesso da própria pessoa e do sucesso da organização.

Gill Corkindale, que já mencionei anteriormente, oferece inúmeras dicas valiosas para lidarmos com as políticas organizacionais. Lembre-se de conhecer o sistema de sua empresa e de trabalhar com ele ou em torno dele se necessário. Cultive relacionamentos com sinceridade, mas procurando os parceiros corretos. Procure compreender os planos das outras pessoas, visto que isso fortalece sua capacidade de satisfazer essas pessoas e a organização. Mantenha sua integridade e nunca seja intolerante e esnobe. Amplie sua rede de relacionamentos e suas fontes de informação e **evite**, a todo custo, **fazer inimigos**. Você pode adotar uma postura seletiva e evitar se associar com as pessoas com base em motivos que estão de acordo com esses princípios, mas cuidado para não as isolar nesse processo.

A base para o relacionamento no ambiente de trabalho com frequência são ideias e papéis e igualmente a química entre as pessoas e a compatibilidade entre valores. Procure apoio para as suas ideias e receba as ideias dos outros com a mente aberta. Sua **reputação** é o **patrimônio de sua influência**. Portanto, cuide dela como se ela fizesse parte da análise de seu desempenho — e na visão de um executivo ela de fato faz parte dessa avaliação, sob vários aspectos que não aparecem na lista de competências essenciais. Seja **imparcial**, ainda que precise ser duro. Fortaleça sua influência e não sua autoridade; isso sempre favorece um maior comprometimento e melhores resultados.

Torne-se um especialista em gerenciamento de reuniões e em colaboração. Aprenda a negociar sem provocar indisposições. Contudo, pelo fato de isso às vezes ser inevitável, domine a arte da resolução de conflitos e de **controlar o incontrolável**.

Se tudo isso lhe parece **difícil**, a **verdade é que de fato é**. É exatamente por esse motivo que nem todas as pessoas conseguem levar isso a cabo. No entanto, nem todos lidam com o gerenciamento de percepções no ambiente de trabalho com esse nível de consciência estratégica e tática. Quando o desejo sincero de ajudar coincide com uma postura de companheirismo em equipe e disposição para contribuir para uma cultura positiva, o céu torna-se o limite. Você precisa compreender verdadeiramente a dinâmica e o lado positivo de desenvolver a esfera de influência de 360 graus em um ambiente organizacional que está sempre impregnado de conotações e consequências políticas.

No capítulo subsequente, você conhecerá algumas formas de exercer influência no topo da organização, bem como estratégias comprovadas que o ajudarão a persuadir seu chefe a aceitar seu modo de pensar. Isso é em grande medida possível quando compreendemos o que atrai a atenção dos tomadores de decisões e o que de fato é importante para a alta administração.

CAPÍTULO 8

Influenciando os de cima: persuada seu chefe a concordar com sua maneira de pensar

Uma das primeiras coisas que descobrimos quando saímos da faculdade — de negócios ou de outra qualquer —, onde imaginamos ter ouvido e aprendido tudo, é que a **vida nem sempre é justa**. Nem um pouco. No mundo real, os tão cobiçados elogios e encorajamentos — "bravo!", "é isso mesmo", "muito bem" — e as desejadas promoções e boa publicidade nem sempre vão para os que se esforçam mais ou mesmo para aqueles que superam as expectativas de desempenho e têm as melhores ideias ou um escore sistematicamente mais alto (embora esse último dado tangível sempre pareça ajudar). Esses fatores tampouco se manifestam de acordo com um cronograma ou tempo de casa; como sempre, trata-se da pura sorte de estar no lugar certo no momento certo.

E até que ponto isso é justo? Toda organização do planeta tem alguém que regularmente consegue ser mais astuto do que os altos executivos mais importantes, mas nunca consegue um assento no convés superior. É fácil permitir que esse estado de coisas nos deixe para baixo. Contudo, existe uma maneira mais adequada de conseguir o que desejamos. Primeiro, entretanto, você deve se livrar de qualquer ceticismo residual para que essa trajetória se torne clara.

A vida pode não ser justa. Porém, para a maioria, ela corre de acordo com um determinado conjunto de dinâmicas relacionais, todas elas fundamentadas no fato de que os seres humanos que se encontram no convés superior não são nada mais que isso — humanos e, portanto, até certo ponto previsíveis. Além disso, embora seja tentador concluir que as iniquidades inerentes de uma trajetória profissional exigem que "joguemos o jogo" tão astuciosamente quanto outra pessoa qualquer, a verdade em torno do sucesso é totalmente oposta. A via expressa para fazer as coisas acontecerem reside no desdobramento de um clichê, também mencionado nos auditórios das faculdades de negócios: *"Work smarter, not necessarily harder"* ("Trabalhe de forma **mais inteligente**, não necessariamente com maior afinco").

A propósito, esse clichê está superado. Porque nas culturas organizacionais altamente competitivas dos dias de hoje seria mais correto aconselhar "Trabalhe de forma mais inteligente e com maior afinco."

É o primeiro fator — trabalhe de forma mais inteligente — que se torna uma variável imprecisa mas fundamental no resultado de nossos interesses de desenvolvimento profissional. Porque a coisa mais inteligente que você pode fazer em sua carreira talvez não tenha nada a ver com atividades e responsabilidades para as quais você é designado, com os produtos que você vende ou fabrica ou com os números que você calcula. Não, a maneira mais inteligente de trabalhar na atual cultura de medo do fracasso e a mais confiável universalmente no sentido de promover um plano e/ou uma carreira depende de como você é **percebido** — pelos colegas e, principalmente, por seus superiores. E **isso**, ao contrário dos fatores externos sobre os quais você não tem nenhum controle, está completamente à altura de seu poder de gerenciar, desenvolver e otimizar.

Isso é chamado de **presença executiva**, tema sobre o qual escrevi um livro. Se você espera aproveitar seu pleno potencial e espremer cada gota do que é positivo em todo esse esforço que você está imprimindo, esse é o conjunto supremo e fundamental de habilidades que você precisa conhecer, cultivar e dominar.

Você tem presença executiva?

Grosso modo, e particularmente quando descrita por pessoas externas ao microcosmo do ambiente de trabalho, sua pontuação na escala de presença executiva é a interpretação coletiva de seus colegas e superiores e de qualquer outra pessoa com a qual você interage sobre quem você é, o que tem a oferecer, em que medida suas ideias são viáveis, com que qualidade você as apresenta e até que ponto merece ser analisado e considerado mais a fundo. É o seu "atrativo pessoal", seu grau de serenidade quando está sob pressão, um nível de virtude social, de coragem, e uma percepção correspondente de adequação. Sua **essência**. É o seu *timing*, sua simpatia, o poder e a viabilidade de suas ideias associados com a quantificação de sua contribuição.

Presença executiva tem a ver com o que ocorre quando você entra em uma sala — ou com o que não ocorre, e essa é precisamente a questão. Alguns a têm, outros não. Ter a ver com aqueles que tendem a demonstrar tanto estilo quanto substância, e eles o fazem com o pleno conhecimento de que nenhuma dessas qualidades sozinhas pode fazê-los chegar lá.

Presença executiva é a ausência completa e total de dois fatores que podem pôr uma carreira a perder: falta de confiança e excesso de vaidade mal aplicada e mal controlada. Presença executiva é o fator que motiva as pessoas a ouvi-lo, a levá-lo a sério e a querer voltar a ouvi-lo regularmente. É a soma do lugar em que você estudou, de sua aparência (relaxe, no sentido mais verdadeiro da palavra **presença**, esse também é um fator que você pode controlar), de quem e o que você conhece e do quanto você consegue transmitir o que conhece. É a opinião que seus chefes e colegas têm sobre você. É a combinação de todas essas variáveis e nuanças que levam a esse julgamento. Sua pontuação virtual na escala de presença executiva é avaliada claramente pela forma como você é **percebido** em um determinado momento ou situação.

Desenvolvendo sua presença executiva

É correto enxergar sua presença executiva como nada menos que seu patrimônio profissional. Aos olhos de alguns, ela será vista como **talento**; de outros, como potencial e credibilidade. Algumas pessoas com inclinação para a **nova era** a chamarão de **energia**, enquanto outras com suscetibilidades conservadoras e persistentes a chamarão de **fator de confabulação** ou **indução** ("levar no papo"). Seja lá como ela for descrita, a presença executiva exige e se beneficiará de um esforço tão organizado quanto o de sua tese de pós-graduação ou de um programa contínuo de exercícios físicos na academia. É algo que você descobre e depois aprende, algo para o qual se prepara, algo que pratica e no qual se torna.

Se deixá-la ao acaso, precisará recorrer a uma percepção não controlada e à serendipidade, algo parecido com a pura sorte. Entretanto, você precisa apostar sua carreira nessa estratégia. Porque até mesmo a mudança e intenção mais insignificantes no sentido de cultivar uma presença convincente podem criar uma visão em grande medida otimizada sobre quem você é e quão influente você pode se tornar.

Em essência, presença executiva tem mais a ver com a habilidade de forjar um momento do que com vender, exibir ou, sob outros aspectos, demonstrar capacidades. Algumas pessoas talvez defendam que se trata do **triunfo da forma** sobre a **função**, mas o verdadeiro fortalecimento dessa nuança cultural ocorre quando ambas se associam. De acordo com Glenn Llopis, autor de *Earning Serendipity: 4 Skills for Creating* *and Sustaining Good Fortune in Your Work* (*Ganhando Serendipidade: 4 Habilidades para Criar e Manter a Boa Sorte em Seu Trabalho*), é o encadeamento desses momentos que definem o ator organizacional. Essa habilidade é desenvolvida e dominada com o tempo, impelida pela autossegurança, mantida pela autoconfiança e controlada por meio da compreensão das necessidades e prioridades dos outros. No âmago da presença executiva, afirma Llopis, encontra-se a capacidade de ser um bom ouvinte e um conector qualificado de padrões de conversação para penetrar no que os outros valorizam, necessitam e apreciam. Llopis ressalta principalmente que a presença executiva não tem a ver com você, mas com o outro. Tem a ver com pertencer, ser valorizado e ser digno de confiança porque você tem algo do qual as outras pessoas querem mais.

Llopis relaciona vários indícios sobre quando sua presença executiva está agindo — ou não. As pessoas o percebem quando você entra na sala. Elas gostam de você, confiam em você, procuram sua opinião e aprovação e valorizam ambas quando as obtêm. Elas desejam conhecer mais a seu respeito, tanto dentro quanto fora do contexto do ambiente de trabalho. Elas desejam ficar mais próximas de você, desenvolver um relacionamento e até mesmo uma amizade.

Essas são as respostas obtidas em troca, que crescem da semente do que se tornará sua presença executiva. Você tem êxito levantando perguntas provocativas e esclarecedoras. Você desperta diálogos e troca ideias sem julgamento. Você se sente tranquilo na presença de outras pessoas, é extremamente sociável, e tem opiniões novas e oportunas; nada disso é forçado, e tudo isso é perfeitamente natural e tranquilo. As pessoas se lembram do que você diz e consideram seu ponto de vista sobre as coisas. Essa admiração não conhece nenhuma hierarquia nem preconceito; você é benquisto e admirado em todos os níveis e entre uma variedade de tipos de personalidade.

E você é igualmente eficaz quando as coisas pioram, demonstrando uma sinceridade consistente e nem um pouco irônica, sempre temperada com clareza. Você é transparente em relação a seus pensamentos e à sua disposição para considerar o que os outros pensam. Você tem entusiasmo por tudo isso, embora tenha uma percepção de equilíbrio e serenidade; você é sempre esclarecido, mas sem o menor indício de pretensão ou bazófia. Sua confiança é isenta de insolência, sempre temperada com sinceridade e ponderação. Seu semblante é amigável e acolhedor, mesmo quando a atmosfera de uma reunião é fria.

É difícil preencher todos esses requisitos, com certeza. Porém, olhe para as pessoas ao seu redor que lhe dão fortes indícios de que estão em extrema evidência na carreira e verá tudo isso. Essas pessoas exibem naturalmente a confiança e o carisma que os outros percebem nelas, como se isso fosse um direito hereditário e não um conjunto de habilidades. Mas não se deixe enganar. Embora sinceros e tranquilos como de fato são e precisam ser, para suportarem a pressão e críticas contundentes em um ambiente de trabalho repleto de necessidades e opiniões diversas, isso é sempre produto de um código pessoal e de um comprometimento que se transformou em uma identidade central. Essa é uma escolha que transcende a estratégia para se transformar em sua maneira usual de navegar nas águas do ambiente de trabalho. É também o que atrairá a atenção daqueles que podem catapultá-lo para o alto escalão do fluxograma organizacional.

Torne-se um especialista naquilo que é importante para a alta administração

Querer agradar ao chefe não é um objetivo nem um pouco novo na ciência da ascensão profissional. Porém, como todos visam a esse mesmo objetivo, conhecer a fundo as questões que tiram o sono da alta administração e a mantêm isolada em reuniões que duram o dia todo passa a ser o contexto para a excelência de desempenho e o sucesso dos projetos, em contraposição a ficar sabendo das coisas de uma forma esterilizada e portanto inócua em reuniões departamentais semanais conduzidas em uma sala qualquer. Quando você demonstra um interesse genuíno pelas questões com as quais os altos executivos estão lidando à medida que eles traçam uma rota e navegam pelas águas traiçoeiras da concorrência empresarial na disputa por participação de mercado, os gestores do alto escalão podem perceber quem você é e igualmente seu desempenho.

Ter sucesso não consiste apenas em oferecer o que a direção executiva necessita. Embora a princípio possa parecer uma diferença sutil, o sucesso na verdade provém de **querer** aquilo que a direção deseja e de procurar fazer com que seu desejo seja visível e desse modo contribua para o patrimônio de sua carreira tanto quanto qualquer resultado tangível que você venha a produzir. Em uma pesquisa realizada em 2009 junto a 444 diretores executivos globais, evidenciaram-se **dez critérios de excelência** entre os gestores do mais alto escalão, e os dois principais são **excelência na execução** e **consistência na estratégia da alta administração**. Observe que esses dois critérios mais importantes são medidas qualitativas, e não exclusivamente quantitativas, superando questões prioritárias como aumento da receita e do lucro líquido, lealdade e retenção dos clientes e capacidade de adaptação a mercados em constante transformação. Embora a soma dessas capacidades definam o desempenho dos executivos, são essas duas prioridades mais altas que definem sua presença executiva. O lugar deles nessa ordem hierárquica de fatores essenciais não é mera coincidência.

Quando você deseja genuinamente o que seus líderes desejam, isso quer dizer que conseguiu adotar o plano **deles**, e não apenas promover o seu. Essa é a metade do jogo de bola no que tange a influenciar as percepções da alta administração.

Conquistar a confiança no momento em que ela mais importa

Como o gerenciamento de percepções é uma estratégia voltada para fora que depende de uma interpretação precisa sobre o que os outros necessitam e valorizam, ela está associada à questão da confiança para assumir riscos. Ela afeta sua maneira de oferecer ideias, aumentando os desafios ou meramente criando oportunidade para conseguir algum tempo de contato cara a cara. Para ter êxito, você terá de levar em conta tanto a dinâmica contextual de uma determinada situação quanto a personalidade e as prioridades imediatas do grupo ou do público-alvo.

Os gestores bem-sucedidos não são arquetípicos. Eles têm estilos variados e, mais importante do que isso, encontram-se em todos os pontos da escala de personalidade. Alguns são extrovertidos efluentes e agressivos; outros são mais ponderados e introspectivos por natureza. A confiança que os outros percebem em você, portanto, não é meramente a extroversão que você cultivou, mas a adaptação de seu estilo natural ao daqueles com os quais trabalha ou estão acima de você. No caso de uma abordagem de influência específica que tenha uma meta de curto prazo, essa avaliação torna-se uma variável fundamental — você precisa saber com quais valores, crenças e predisposições você terá de lidar em termos pessoais e igualmente se organizar e comportar de uma maneira mais eficaz em relação à sua abordagem em si.

Adam Grant, professor de administração da Escola de Negócios de Wharton, conduziu um estudo que demonstrou que os **introvertidos** são tão propensos a **se dar bem** quanto os **extrovertidos**. A variável não é tanto sua personalidade nessa questão, mas mais a personalidade dos subordinados, pois nem todos são suscetíveis a essa diferença. Os gestores extrovertidos com frequência se deparam com uma equipe de funcionários igualmente extrovertidos e proativos, embora a gestão de uma equipe introvertida por parte desses mesmos extrovertidos tenha alta probabilidade de ocorrer de forma tranquila e aumentar os lucros, de acordo com o estudo da Wharton.

Essa correlação entre introvertidos e extrovertidos, por assim dizer, torna-se uma variável na equação do sucesso. Em um estudo sobre uma grande cadeia nacional de *pizza*, as evidências indicaram que os trabalhadores proativos reagiram melhor a uma liderança mais introvertida, supostamente porque eles sentiam que tinham liberdade para criar e inovar. Quando a situação se inverteu — funcionários mais passivos e subordinados a um chefe assertivo —, os resultados gerados foram também superiores em comparação à situação em que os fatores sociais e as personalidades eram niveladas entre os membros da equipe. Entretanto, a disposição de tipos de personalidade opostos em uma mesma equipe também gerou conflitos e ressentimentos quando mal gerenciados, provocando disputas por poder e polarização.

Obviamente, conhecer a fundo a personalidade e o estilo de comunicação das outras pessoas é fundamental para fazer os relacionamentos funcionarem, bem como para emparelhar da melhor forma possível os introvertidos e extrovertidos nas equipes e na liderança. O poder de influência é acessível e praticável a esses dois tipos de personalidade.

Outro estudo esclarece o verdadeiro motivo da reação e do comportamento quando essas dinâmicas começam a dançar no mesmo passo. Tal como evidenciado em um artigo de Joseph Grenny, coautor de *Influencer:The Power to Change Anything* (*As Leis da Influência: Descubra o Poder de Mudar Tudo*), Felix Oberholzer-Gee, economista de Harvard, conduziu um experimento em que ofereceu às pessoas que aguardavam na fila de um aeroporto um incentivo em dinheiro em troca de seu consentimento para passar em sua frente. Tal como se previa, a proposta foi aceita por um número maior de pessoas às quais se ofereceu o valor de US$ 10, em contraposição ao valor de US$ 1. Porém, menos previsível, e que se tornou o catalisador de uma análise mais aprofundada, foi o fato de que as pessoas às quais se ofereceu o valor de US$ 10 também eram menos propensas a aceitar qualquer valor que fosse. Elas simplesmente davam passagem com um sorriso e permitiam que a fila fosse cortada. Grenny propõe que o motivo por trás disso reside no fato de essa transação ter sido na verdade mais social do que econômica. Quanto maior o valor oferecido, presumiu ele, maior a percepção de necessidade e, portanto, maior a obrigação pessoal de ajudar sem cobrar. Grenny adverte: "Subestimamos excessivamente o poder de fazer pedidos simples em público" e "Um pedido educado e público transforma uma influência social já descomunal em uma força de propulsão para o comprometimento semelhante à de um *tsunami*."

Como seria de esperar, a maioria dos seres humanos com IS presumivelmente percebe que nossa maneira de apresentar e vender uma necessidade básica pode fazer toda diferença no sentido de conseguirmos influenciar nossos contemporâneos. Contudo, a observação de Grenny com certeza ajuda a esclarecer essa questão.

Venda suas ideias da forma como os altos executivos costumam comprá-las

A relíquia de qualquer tentativa de influência é a obtenção de **adesão**. Seu maior poder de influência fortalece a formação de consenso, a credibilidade e um acúmulo de poder ao qual você pode recorrer quando ele for essencial. A adesão evidencia-se de várias formas, de um aceno de cabeça que demonstra uma concordância autêntica a uma assinatura sobre a linha pontilhada. Contudo, essa conquista sempre transcende a simples justaposição de riscos e recompensas e de vantagens e desvantagens, bem como o impacto sobre o barômetro político. Na verdade, com frequência ela decorre da fusão de dois fatores determinantes: **realidade** e **sentimentos**. O segundo fator, previsivelmente, depende das relações e é movido por tendências e emoções.

Isso também foi objeto de muitas pesquisas. Outro professor da Escola de Negócios de Wharton, G. Richard Shell, juntou-se ao consultor de gestão Mario Moussa em um estudo sobre o fenômeno da adesão, propondo que existem cinco barreiras à aceitação de ideias que — não por coincidência — são exatamente contrárias à obtenção de influência. São elas: 1ª) crenças não receptivas junto ao público-alvo; 2ª) interesses conflitantes no momento de uma possível adesão;

$3^{\underline{0}}$) viés negativo com base na circunstância do relacionamento; $4^{\underline{0}}$) falta de credibilidade; e $5^{\underline{0}}$) desconexão entre emissor e receptor com base no estilo de comunicação e em preferências.

Obter a adesão de um indivíduo é uma coisa, mas isso raramente inicia algo organizacionalmente significativo. Para obter reconhecimento e promover de maneira bem-sucedida suas ideias, você precisa de uma ampla adesão gerencial e executiva que resulte em comprometimento. Mais especificamente, a pesquisa de Shell demonstra que, em nível organizacional, necessitamos do respaldo de pelo menos **oito pessoas de influência** para, como diz o ditado, conseguirmos mover a montanha ou mesmo para que o "montículo de formigas" nos dê permissão para realizar um estudo de viabilidade.

O *coach* de executivos Marshall Goldsmith, em um artigo para a Linkage, empresa global de desenvolvimento organizacional, parafraseia o finado guru da administração Peter Drucker. Ele afirma que os **trabalhadores do conhecimento** — que geralmente conhecem melhor as atividades que lhes são designadas do que seus gestores — com frequência são menos eficazes para influenciar a alta administração. Para apresentar um exemplo pungente, ele cita Warner Burke, da Universidade de Columbia (EUA), que fala sobre os resultados de um levantamento da Nasa *(National Aeronautics and Space Administration)* sobre eficácia gerencial— avaliação dos funcionários sobre seus gestores —, realizado um pouco antes da explosão da nave espacial *Columbia*. Esse levantamento ressaltou um último lugar sombrio em todas as classificações do critério "Saber como influenciar para cima de uma maneira construtiva." Tendo em vista que "para cima" tem tudo a ver com a Nasa, isso talvez seja tanto embaraçoso quanto esclarecedor.

Dez maneiras de influenciar a alta administração

Goldsmith apresenta as considerações a seguir para qualquer pessoa que queira promover suas ideias para a alta administração. A propósito, todas elas funcionam ainda melhor quando utilizadas em um contexto em que a presença executiva do influenciador seja excelente.

1º Examine a sua apresentação da seguinte forma: é sua incumbência **vender** (promover); não é responsabilidade de ninguém, inclusive da alta administração, comprar (aderir). Não presuma que já exista uma aliança; procure formá-la.

2º Leve em conta o **bem maior** em todas as coisas. Jogue para escanteio suas próprias considerações, a menos que elas se alinhem completamente com a proposta e — mais importante — sejam um componente viável para a proposta. A organização não apenas vem em primeiro lugar; ela vem em primeiro lugar em relação a tudo que possa entrar em sua lista de vitórias.

3º Escolha seus combates e concentre-se nos mais importantes. A alta administração tem faro para o que é **trivial** e o que é **irrelevante**. Portanto, não possibilite que ela fareje isso em sua apresentação. Além disso, não promova nenhum "capital psicológico" que possa se tornar um efeito adverso ou mesmo uma consequência daquilo que você está vendendo. Tempo é dinheiro nessas situações. Por isso, invista-o no prato principal e não nas guarnições.

4º Benefício é bom, mas a forma como ele se justapõe aos custos é ainda melhor. Benefício sem uma **análise de custo** correspondente na verdade pode ser prejudicial à sua finalidade, do mesmo modo que os custos oferecidos sem justificação. Amarre ambos e ajude seu público a fazer os cálculos. Lembre-se, o que você está propondo provavelmente virá à custa de alguma outra coisa, e isso constitui outra camada de custo que deve ser considerada e quantificada.

5º A bússola da moral não conhece hierarquia. Não tema "contestar" quando algo alfinetar sua percepção de ética. Se for possível, amarre essa lógica à organização e atribua-lhe custos, em vez de torná-la pessoal. Além disso, não pressuponha que a discordância seja uma questão **ética**. Acolha e facilite o debate com a convicção de que ele pousará no terreno ético se essa for a roda estridente. A coragem é sempre admirada, particularmente quando demonstrada de maneira tátil e produtiva.

6º Independentemente do cargo, os altos executivos também são **gente**. Nunca empregue a frase "alguém nesse nível" para enquadrar uma questão que você julga não estar em sincronia com as metas da organização. Procure ajudar, e não julgar.

7º Identifique um **terreno intermediário** satisfatório entre respeito e bajulação, algo que nunca se avizinhe do desrespeito. Menos é mais, mas o muito pouco não lhe oferecerá nada além disso — muito pouco.

8º Se você não conseguir fazer do seu jeito, não leve essa **má notícia** para sua equipe nem repudie os gestores que se recusaram a aceitar. Essa postura é sempre ruim e autodestrutiva. Você é um líder, não um mensageiro nem um defensor da discórdia.

9º O objetivo não é vencer, é **contribuir**. Fazer a organização progredir. Fazer diferença de uma maneira positiva. Mesmo que isso signifique permitir certa afeição na avaliação de desempenho de uma pessoa. As ideias individuais que no final das contas não contribuem são mais contraprodutivas do que as ideias compartilhadas que contribuem.

10º Mantenha o **foco no futuro**. Passado é passado ou, como disse William Shakespeare: "O passado é apenas o prólogo." Desprender-se do passado significa abraçar o futuro, e o futuro sempre utiliza o passado como contexto. E você deveria fazer o mesmo.

Dominando a arte essencial da conversa informal com seu chefe

Não tenha dúvida, você sempre está sendo avaliado e julgado. Desde sua serenidade e equilíbrio em frente à equipe executiva enquanto justifica os resultados trimestrais aos seus gracejos no campo de golfe. Sua capacidade de influenciar depende parcialmente do quanto você é percebido como alguém que tem inteligência social na presença de outro executivo, independentemente da pressão ou do que estiver em pauta.

Do mesmo modo que em qualquer oportunidade de apresentação, você precisa estar preparado para um confronto programado ou fortuito com um gestor ou executivo que se encontra na breve lista de pessoas que podem provocar um impacto em sua carreira, para o bem ou para o mal. Vale a pena repetir que presença executiva não é uma máscara nem um pretexto; na verdade, é uma essência cultivada que você leva proativamente para o ambiente de trabalho e adota como sua fonte original de energia, o que significa que você não escolhe quando e onde você deve ativá-la. Não é um ato — é **você**, e isso quer dizer que ela se destina a todos, todos os dias.

Caso venha a saber que trabalhará lado a lado com alguém que se encontra no andar de cima, deverá preparar-se em dois âmbitos. Primeiro, você deve estar ciente da esfera de influência e do interesse dessa pessoa e só então apresentar algumas ideias, observações e (acima de tudo) conhecimentos sobre parâmetros. O outro âmbito é ter informações sobre essa pessoa: sua vida, valores, sistema de crenças, história e visão de mundo. Preveja o que ela pode lhe perguntar — seus projetos, opiniões, passado, vida — e ofereça uma resposta tranquila e ponderada que não passe a impressão de que você ensaiou. Separe as mensagens importantes de cada área e depois avalie cada uma das formas que você pode enquadrá-las em cada contexto situacional.

Contudo, o mais importante de tudo é **ser você mesmo**. Lembre-se, você está lidando com pessoas — salvo óbvias exceções — perspicazes e esclarecidas, e elas conseguem farejar de longe um impostor. A técnica mais antiga de Dale Carnegie no manual de popularidade aplica-se aqui: mostre interesse, faça perguntas, ouça com atenção, envolva-se, agregue valor, seja empático (...) e, sem dúvida, seja você mesmo. Eu adaptaria esse último fator para "seja seu *self* ampliado." Sua interpretação da situação determina tudo o que ocorre nesses momentos e sua capacidade sutil de influenciar para cima raramente é mais visível do que nos contatos sociais passageiros, em pessoa, que determinam sua simpatia aos olhos da pessoa que está no comando.

Neutralize suas críticas

Para sair na frente, às vezes é necessário pensar como um **advogado de defesa**. Ponha-se no lugar do ouvinte ou, melhor ainda, da oposição e aplique o contexto e as prioridades dessa outra parte àquilo que eles estão para ouvir de você.

O livro *Buy-In: Saving Your Good Idea from Getting Shot Down* (*Adesão: Como Impedir Que uma Boa Ideia Seja Destruída*), dos autores John Kotter e Lorne Whitehead, nos incentiva a incitar a crítica e o debate. Com uma preparação minuciosa, isso lhe permite aprofundar a lógica e o apelo de seu argumento e atrair maior atenção e entusiasmo se conseguir levar isso a cabo sem desviar sequer um olhar. Nada envolve mais uma plateia do que uma **discordância**, quando todos se sentam na beirada da cadeira para ver quem colocará o pé na jaca primeiro. Essa estratégia provavelmente absurda não apenas abre as portas para o seu lado positivo. Ela também sensibiliza assertivamente sua percepção sobre o poder de influência em situações de alto risco em que tudo é possível.

Quando o contraponto ocorre, a melhor defesa nem sempre é um bom ataque sobrecarregado de dados e estudos de caso. Em suma, respostas claras normalmente são mais adequadas; mostrar a essência do que os dados ilustram, transformando uma planilha de dados em senso comum. Sua presença executiva o faz manter seu respeito e atenção para com o público nesses momentos, e você sairá vitorioso em virtude dos méritos de seu argumento e do quanto você aparenta ser bem-sucedido. Ninguém aprecia — e poucos toleram — quem bate no peito e fica contando bazófias na sala da diretoria, e a intimidação é sempre a maior destruidora da adesão, particularmente quando ela se espalha de mansinho.

O segredo? Previsão e **preparação**. Apenas um semblante confiante não o poupará se você não estiver pronto para uma investida. É prever os ângulos de ataque dos críticos e preparar-se para todo e qualquer ponto de vista possível além desse. As improvisações são para o palco e têm pouca aplicação quando você está enfrentando um oponente preparado cujo objetivo obstinado pode ser desmerecer sua ideia para apoiar a dele ou por não ter nenhuma. Além disso, se houver brechas em sua confiança e serenidade, será precisamente nessas situações que elas se evidenciarão. Uma preparação minuciosa eliminará de sua voz e de seu rosto a tensão provocada pela ansiedade e possibilitará que a força e o entusiasmo de seu argumento sobrevivam a qualquer fogo cruzado e neutralizem os lançadores de granada.

Manobre as percepções de seus colegas

Você já deve ter empregado ou talvez já tenha ouvido alguém utilizá-los. Rótulos como **bajulador, puxa-saco, adulador** — esses são os mais óbvios e ressentidos por todas as espécies de colegas de trabalho e eles destruirão seu prestígio social mais rápido do que uma coceira crônica e o mau hálito de alho.

Apresentamos aqui uma das **regras de ouro** na vida organizacional: a **lealdade importa**. Possibilitar que sua lealdade irradie-se, mesmo na mais construtiva de suas posturas críticas, é vital para manter a presença executiva e a capacidade de influenciar em todas as direções. O *coach* de carreira Randall S. Hansen, Ph.D., afirma que os funcionários com um histórico duvidoso de lealdade são os primeiros a serem demitidos quando os tempos ficam difíceis, mesmo quando os dígitos ao lado de seu nome são bem mais expressivos.

Uma das ferramentas mais óbvias no conjunto de instrumentos do influenciador é o uso sincero de cumprimentos. Entretanto, a linha entre ser **lisonjeiro** e **manipulador** é tênue. Portanto, pise com cuidado nesse terreno.

A bajulação pode funcionar a seu favor se usada corretamente. Um estudo realizado por Ithai Stern, da Faculdade de Administração Kellog da Universidade Northwestern (EUA), e por James Westphal, da Escola de Negócios Ross da Universidade do Michigan (EUA), respalda essa ideia e lhe dá crédito. Procurar conselhos, dizem eles, é uma forma segura para expressar admiração e aprovação, do mesmo modo que demonstrar dúvida ou perplexidade imediatamente antes de uma compreensão súbita, o que possibilita que o mentor sinta que parece estar sendo ouvido. Também é eficaz uma palavra gentil sobre alguém para um amigo que provavelmente passará esse elogio adiante, em particular se ele for entusiástico a ponto de correr o risco de constranger você e a pessoa que o recebeu.

Outra maneira de expressar seus cumprimentos para obter influência social, de acordo com as constatações de Stern e Westphal, é reconhecer valores mútuos ou algum ponto em comum, talvez relações e interesses sociais em comum. Essa postura faz a pessoa que está ouvindo perceber que vocês estão em sintonia, no mesmo time, e isso prepara o terreno para você expressar admiração, agradecimento ou apreço como algo recíproco, e não com uma intenção específica. Sempre é melhor ser elogiado por alguém de seu grupo do que por alguém que não "compreende" você.

Manipulador? Não, se você estiver falando sério. Pratique **isso**. Assim, estará no caminho certo para cultivar uma percepção sem dúvida mais firme de sua influência e poder social do que se borrifasse adulações descuidadamente para todas as direções por motivos puramente egoístas. Ter a intenção de cumprimentar e saber cumprimentar (de uma maneira que intensifique a percepção, em vez de distorcê-la desfavoravelmente) são duas coisas diferentes; saber cumprimentar não tem tanto a ver com premeditação, mas pura e simplesmente com inteligência.

Sucesso tem a ver com busca e otimização de oportunidades. Isso é válido tanto para as relações interpessoais quanto para os aspectos práticos dos negócios. A influência social é para o sucesso organizacional o que a boa forma, a resistência e a velocidade são para o sucesso atlético; o que o conhecimento, a experiência e a intuição são para os triunfos médicos. Consiste em ser o melhor que você consegue ser em qualquer momento. E no mundo organizacional competitivo, adotar ferramentas e técnicas para realizar isso é a melhor estratégia de ganho mútuo.

No capítulo subsequente, examinaremos como podemos influenciar o sexo oposto de tal forma que essa influência gere sucesso para ambos. Revelaremos o que a neurociência tem a nos dizer sobre as diferenças cerebrais entre homens e mulheres; analisaremos mais a fundo os diferentes estilos de liderança de ambos os sexos; e falaremos sobre as estratégias que funcionam melhor para influenciar o sexo oposto em reuniões, apresentações e situações de conflito.

CAPÍTULO 9

O sexo oposto em prol do sucesso mútuo

botoe seu colete à prova de bala, vista sua jaqueta de artilharia e prepare-se para **a guerra dos sexos!** Ou algo semelhante que você possa imaginar. Muita importância já se deu à aparentemente acentuada divergência entre homens e mulheres (você já deve ter ouvido falar de que somos de planetas diferentes), tanto que você deve estar se perguntando como, afinal, conseguimos viver ou trabalhar juntos. É quase como se fôssemos de espécies diferentes. Quase.

Existem diferenças entre homens e mulheres, tanto biológicas quanto sociais, e essas diferenças podem afetar como uma pessoa é percebida por seus colegas e com que precisão eles reagem às mensagens dela. Se quisermos influenciar pessoas, do sexo masculino e feminino, faz sentido reconhecer essas diferenças e **adaptarmo-nos** a elas.

Essa parte é fundamental: **adaptação**. Nós, seres humanos, somos uma espécie extremamente adaptável e capaz de modificar nossos próprios comportamentos e visões para conseguirmos prosperar em qualquer ambiente. Aqueles que conseguem recorrer a um repertório completo de habilidades e comportamentos, incluindo os que estão associados ao sexo oposto, sentem-se bem mais tranquilos e, portanto, mais propensos a se relacionar com mais pessoas.

Por isso, esqueça a jaqueta de combate e desafivele seu colete à prova de bala. Sejam quais forem nossas diferenças — e elas de fato existem —, somos muito parecidos; melhor ainda, tanto os homens quanto as mulheres são capazes de se adaptar às habilidades do "outro lado" para se tornarem líderes mais eficazes. A questão de gênero não precisa ser travada em um campo de guerra.

As diferenças cerebrais entre os homens e as mulheres

"Todas as diferenças sexuais são uma consequência do desequilíbrio entre os genes X e Y." Assim ressalta um recente artigo do Instituto de Medicina (Institute of Medicine — IOM) sobre diferenças sexuais pesquisadas, associando as diferenças biológicas entre homens e mulheres com os genes presentes nos nossos cromossomos sexuais. Na maioria das circunstâncias, as mulheres portam dois cromossomos X, enquanto os homens portam um X e um Y; os genes presentes nesses cromossomos ativam uma série de eventos que influenciam não apenas nossos órgãos reprodutivos e a forma do nosso corpo, mas também a organização cerebral, os neurotransmissores e os tipos de hormônio que correm pelo nosso corpo.

É plausível, diria você: "Com a exceção de que essa história toda não está relacionada apenas com os cromossomos X e Y". Às vezes, determinadas diferenças genéticas e hormonais manifestam-se em nosso corpo; porém, outras vezes, tal como o IOM revela: "Mecanismos específicos ao sexo se anulam e tornam os sexos mais semelhantes do que diferentes". Para aumentar ainda mais a complexidade dessa questão, as diferenças biológicas, sejam elas estruturais ou funcionais, nem sempre produzem diferentes resultados sociais ou comportamentais. A biologia importa; contudo, se você deseja influenciar homens e mulheres ao seu redor, precisa compreender **em que medida** ela importa e quando possivelmente não importa.

Portanto, analisemos algumas dessas diferenças, particularmente as que estão relacionadas ao cérebro. A diferença indiscutível entre homens e mulheres, indicam os pesquisadores, é que, em média, o cérebro dos homens é **maior** do que o das mulheres. Christiana Leonard, do Instituto do Cérebro McKnight, na Universidade da Flórida (EUA), e colegas ressaltaram que o volume cerebral dos homens é 13% superior e que "os homens têm um volume de massa encefálica branca 17% maior, um volume de massa cinzenta 10% maior e um corpo caloso 10% maior". As mulheres tendem a apresentar um coeficiente maior entre massa cinzenta e branca e as proporções das diferentes áreas do cérebro também variam de acordo com o sexo.

Entretanto, o surpreendente é que essas variações talvez tenham mais a ver com o **tamanho físico** das pessoas e não com o sexo. **Como isso é possível?** Leonard e colegas propõem que um cérebro maior, com uma área de superfície maior, exige uma estrutura proporcionalmente maior para transmitir informações com a mesma eficácia de um cérebro com um uma área de superfície menor. Em outras palavras, se quiser lançar uma pequena pedra para uma distância maior, precisará de um estilingue maior.

O cérebro das mulheres e dos homens também difere quanto ao tamanho relativo de várias partes cerebrais e à estrutura dessas partes. Hannah Hoag, em um artigo na revista *New Scientist*, afirmou que os pesquisadores descobriram que as partes cerebrais responsáveis pela decisão e resolução de problemas são proporcionalmente maiores nas mulheres, do mesmo modo que as partes que regem a emoção, a memória de curto prazo e a percepção espacial, o que "talvez não seja de surpreender, tendo em vista a reputação de que as mulheres não são boas para ler mapas". Essas áreas que processam informações provenientes dos órgãos sensoriais, que estão associadas com a percepção espacial e que controlam emoções e comportamentos sociais e sexuais são proporcionalmente maiores nos homens.

Essas variações têm consequências físicas reais. Larry Cahill, Ph.D., da Universidade da Califórnia, em Irvine, ressaltou que "existem diferenças sexuais em cada lóbulo cerebral, inclusive em várias regiões 'cognitivas', como o hipocampo, amígdala cerebral e neocórtex", e detalhou como essas diferenças podem afetar a saúde e o bem-estar dos homens e das mulheres. Dependências, sensibilidade à dor e risco de ansiedade e outras enfermidades mentais podem variar de acordo com o sexo, **uma** conclusão respaldada pelo relatório do IOM.

Contudo, essas diferenças estruturais talvez não produzam resultados notadamente diferentes. Considere a questão de direção. Hoag ressalta que, embora um homem consiga traçar facilmente um trajeto em um mapa de rua básico, uma mulher "também lhe mostrará o caminho, mas utilizando uma técnica diferente. Recorrendo ao hipocampo, ela lhe oferecerá dicas físicas como a padaria, o correio e o restaurante chinês".

Cahill concorda, mencionando que a organização cerebral é um "mosaico" complexo de dois tipos distintos, masculino e feminino. No entanto, mesmo com essas distinções claras, "a forma pela qual as informações são processadas não obstante esses dois mosaicos, e os comportamentos que cada um gera, pode ser idêntica ou visivelmente diferente, dependendo de inúmeros parâmetros". Reflita sobre isso da seguinte maneira: o cérebro dos homens e o das mulheres são ambos um veículo; algumas vezes eles tomam direções diferentes e outras vezes eles percorrem trajetos alternativos para o mesmo destino.

Portanto, o cérebro dos homens e das mulheres de fato é **diferente**. Entretanto, a principal constatação dessa área de pesquisa emergente não é que somos neurologicamente incompatíveis, mas que somos neurologicamente **adaptativos**. Se, tal como o artigo do IOM afirma, "o cérebro consegue obter o mesmo resultado de mais de uma maneira", não há motivo para pensar que não conseguimos ser tão adaptáveis quanto nossa cabeça.

Ele lidera/ela lidera: a diferença nos estilos de liderança

Nossa breve caminhada pelo campo da neurociência confirmou que, nos recônditos do cérebro, os homens e as mulheres são diferentes. Contudo, ela mostra também que não existe necessariamente uma linha reta entre comportamento e biologia. Um artigo na revista *The Economist*, por exemplo, destacou que "essas diferenças de estrutura e rede não parecem ter nenhuma influência sobre a inteligência tal como ela é medida pelos testes de QI. Entretanto, de fato parece que os sexos realizam esses testes de maneira diferente".

Desse modo, analisemos esses significados diferentes não em nosso cérebro, mas em nosso comportamento. Os cientistas sociais distinguem entre os estilos de liderança **agêntico** e **comunal**. O estilo agêntico distingue-se pela **assertividade** e até mesmo pela **agressividade** e tende a ser contundente e confiante, ao passo que o estilo comunal é mais concentrado nas pessoas, e os indivíduos que o aplicam são considerados **atenciosos**, **protetores** e **sensíveis**. Tal como um estudo ressalta:

"No ambiente de trabalho, os comportamentos agênticos poderiam incluir falar assertivamente, disputar atenção, influenciar outras pessoas, iniciar uma atividade dirigida a tarefas atribuídas e dar sugestões voltadas para os problemas. [...] Os comportamentos comunais poderiam incluir falar hesitantemente, não chamar atenção para si mesmo, aceitar a instrução dos outros, apoiar e tranquilizar as pessoas e contribuir para a solução de problemas relacionais e interpessoais." Adivinhe qual estilo está associado a cada sexo?

Não se trata de uma pergunta capciosa, tampouco de uma pegadinha. Afinal de contas, existem evidências que confirmam que os homens buscam estilos mais agênticos, ao passo que as mulheres utilizam uma postura comunal, e cada estilo tem pontos fortes exclusivos. Yael Hellman, professora de liderança organizacional na Universidade Woodbury (EUA), observa que os pontos fortes dos líderes do sexo feminino concentram-se no trabalho de equipe, particularmente no incentivo à inovação por meio da colaboração; como elas tendem a compartilhar informações, também aumentam as oportunidades de aperfeiçoamento. Os líderes do sexo masculino, por sua vez, são mais propensos a evidenciar quais são as funções e responsabilidades de seus subordinados e a eliminar aqueles que não estão à altura. Anne Cummings, professora de administração de empresas na Universidade de Minnesota em Duluth, concorda com isso; ela ressalta a tendência dos homens à execução de tarefas e o estilo interpessoal das mulheres, observando que os homens são mais propensos a assumir riscos intelectuais, enquanto as mulheres podem se concentrar na resolução de problemas.

Entretanto, apoiar-se consideravelmente nessas generalidades **pode** ser uma armadilha, com relação à forma como tratamos os outros e àquilo que esperamos de nós mesmos. Na medida em que o modelo de liderança padrão ainda é o masculino assertivo, quando internalizamos essas normas de gênero a ponto de esperarmos que os homens "**assumam o comando**" e as mulheres "**tomem conta**", podemos acabar negligenciando os pontos fortes do estilo comunal e tachando as mulheres assertivas de "impositivas" — uma situação do tipo "se correr o bicho pega, se ficar o bicho come" verdadeiramente difícil para os líderes do sexo feminino. Hellman afirma que isso pode ter um efeito devastador, afastando-as de cargos de liderança e possibilitando que seus talentos sejam desperdiçados.

Em vez de cair nessa armadilha, reconheça que assumir o comando e tomar conta são **ambos** atributos positivos e **ambos** são indispensáveis para uma liderança eficaz. Pense nas autoridades militares. Poucas organizações são, por tradição, tão masculinas ou implacáveis em sua abordagem "cresça ou então está fora" quanto o oficialato das Forças Armadas; se você quiser ser promovido nas Forças Armadas, é melhor aprender a assumir o comando. Contudo, igualmente importante é a sua capacidade de tomar conta ou proteger seus soldados, para manter suas tropas calmas e concentradas enquanto executam trabalhos com frequência perigosos. Liderar soldados durante um combate poderia ser o epítome do comando enérgico, mas o sucesso da missão também exige que o comandante tome conta (proteja) seus homens.

Isso pode parecer um exemplo extremo (os altos executivos tendem a lançar bombas, metaforicamente falando), mas com certeza serve perfeitamente para mostrar duas questões: 1ª) os bons líderes prestam atenção e trabalham com seus subordinados; e 2ª) a cultura organizacional é importante. Sargentos instrutores do sexo feminino tendem a ser tão ostensivas e exigentes quanto os do sexo masculino, traços que têm menos a ver com o gênero quando comparados às exigências do cargo. De modo semelhante, homens e mulheres que não usam botas de combate no trabalho precisam se ajustar à cultura corporativa correspondente, uma adaptação que pode gerar mais semelhanças do que diferenças entre os líderes.

Como existem diferentes culturas organizacionais, faz sentido pensar nos estilos agêntico e comunal não tanto como apenas masculino ou apenas feminino, mas mais como um *kit* de ferramentas distinto, cada um com um conjunto próprio de comportamentos. O fato de esse modelo de liderança padrão continuar sendo masculino — um modelo que pode mudar à medida que mais mulheres passarem a ocupar cargos de liderança — na verdade significa que as mulheres têm de prestar mais atenção do que seus colegas masculinos à sua maneira de agir e observar como essas ações são percebidas pelas pessoas ao seu redor. A combinação de estilos presumidamente femininos, em particular em uma conversa com colegas de trabalho, com uma abordagem mais categórica ou conclusiva, pode oferecer às mulheres a liberdade de movimento necessária para subir na hierarquia.

Comunicação e conflito: influenciando o sexo oposto quando é necessário

Portanto, o cérebro e os comportamentos dos homens e das mulheres são diferentes (exceto, obviamente, nos casos em que não existe diferença). **Isso também se aplica ao nosso estilo de comunicação e a situações de conflito?**

Simma Lieberman, coautora de *Putting Diversity to Work* (*Pondo a Diversidade em Prática*), adverte que os estilos de comunicação existem em uma sequência contínua. Não obstante, ela apresenta um amplo esboço das diferenças que comumente são consideradas usuais nos estilos de comunicação masculinos e femininos. Suas constatações coincidem com as de outros observadores, não apenas no estilo mais interpessoal das mulheres, mas também em sua maior disposição para compartilhar dúvidas, problemas e informações. Os homens, por sua vez, são mais propensos a tentar resolver os problemas por conta própria e menos propensos a solicitar mais informações.

Tanto os homens quanto as mulheres desenvolvem relacionamentos no trabalho, mas eles os abordam de acordo com uma perspectiva diametralmente oposta. De acordo com Lieberman: "As mulheres conseguem fazer as coisas acontecerem no trabalho desenvolvendo relacionamentos. Os homens desenvolvem relacionamentos enquanto estão trabalhando uns com os outros em seus afazeres." Em outros casos, o trabalho e os relacionamentos andam juntos. Porém, com relação às mulheres, o relacionamento pode preceder o trabalho, enquanto, com respeito aos homens, o trabalho precede o relacionamento.

Essa postura diante dos **relacionamentos** no trabalho pode ajudar a explicar por que as mulheres e os homens podem ser diferentes em suas reações a discordâncias. Conflitos em uma área podem afetar todo um relacionamento entre as mulheres, enquanto os homens, utilizando uma forma de compartimentalização, podem simplesmente abandonar uma questão desagradável e mudar de assunto — talvez de uma maneira tão amigável e descontraída quanto a de um papo de bar.

Lieberman ressalta que os homens e as mulheres têm também características exclusivas com relação à forma de demonstrar concordância: "Nas reuniões, as mulheres acenam com a cabeça para mostrar que estão ouvindo. Os homens pensam que elas estão de acordo com eles e então pressupõem que elas concordarão com sua ideia. Eles ficam surpresos quando posteriormente elas discordam, já que acenaram com a cabeça em tom afirmativo. Elas não fazem ideia do motivo que os levou a pensar que elas concordaram, já que em nenhum momento pediram sua opinião." Os homens, por sua vez, "só acenam com a cabeça quando concordam. Se uma mulher estiver falando e não vir o homem acenando com a cabeça enquanto ele a ouve, pressupõe que ele discorda ou não está ouvindo."

Um estilo é melhor do que o outro? Não. O problema reside mais na interpretação equivocada desse método do que no método em si. Reconhecendo, por exemplo, que o significado de um aceno de cabeça pode variar, você tem oportunidade para ajustar seu comportamento de acordo. Se você for mulher e estiver falando para um grupo de homens, não fique desconcertada com o **silêncio dos homens**. E se você for homem e estiver falando para um grupo de mulheres, não pressuponha que um aceno de cabeça significa **sim**.

Entretanto, com muita frequência, as mulheres simplesmente têm de adaptar seu comportamento à expectativa acerca do que é correto: não se incomode com as conversas-fiadas; refreie suas emoções; e, talvez, nem mesmo admita que existe essa coisa de sentimento ou "sensação" (de alívio) no trabalho. Realmente, é melhor não desatar a chorar (nem esmurrar a parede) quando você se depara com um obstáculo no trabalho, mas considerar o suposto estilo feminino como algo inferior, com frequência significa considerar as pessoas que utilizam esse estilo como inferiores — uma postura inadequada se você estiver tentando extrair o melhor de si e das pessoas ao seu redor.

Superando as dificuldades de influência enfrentadas especificamente pelas mulheres

Toda essa discussão a respeito de adaptação e *continuum* talvez o leve a acreditar que na verdade não existe mais nenhum problema de gênero no trabalho. Estamos todos nos dando bem. Tudo está bem. **Quem dera**.

Infelizmente, os estereótipos de gênero continuam trabalhando contra as mulheres que lideram e desejam ocupar cargos de liderança, e não são apenas os homens que têm essa visão; as mulheres também consideram elas mesmas ou outras mulheres incompetentes para preencher cargos de liderança. Além disso, embora a antiga ideia de ter de se esforçar duas vezes mais no trabalho para ser considerado pelo menos metade tão bom não seja necessariamente verdadeira em suas avaliações, ela ressalta o problema de que as mulheres não podem nem mesmo contar com um desempenho superior para ajudá-las a subir de cargo, especialmente porque suas contribuições com frequência são minimizadas. Concluindo, as estratégias normalmente propostas para as mulheres — comportem-se de acordo com as expectativas dos homens — não colherão o respeito dos homens por elas nem as ajudarão a liderar outras mulheres. Nicholas Kristof, em um artigo no *The New York Times*, afirma o seguinte sobre as mulheres: "Se elas forem discretas, as pessoas as considerarão sem graça; porém, se elas falarem com empolgação de suas realizações, elas serão consideradas ousadamente arrogantes." Essas dificuldades são de fato sérias.

Há mais de 30 anos, Robert Altemeyer e Keith Jones, da Universidade de Manitoba (Canadá), conduziram um estudo sobre a capacidade de um homem pertencente a um determinado grupo para persuadir o grupo inteiro a aceitar a solução que ele propõe; digo isso "no masculino" porque, nesse estudo, a probabilidade de as opiniões das mulheres serem aceitas era bem menor em relação aos homens. Volte rapidamente para o século XXI... e verá que as mulheres continuam tendo dificuldade para obter aceitação com relação às suas habilidades no âmbito de resolução de problemas. Tal como ressaltam Madeline Heilman e Michelle Haynes, professores da Universidade de Nova York (EUA): "As expectativas negativas estereotipadas a respeito do desempenho das mulheres em âmbitos tradicionalmente masculinos são tenazes." As mulheres que de fato conseguem crescer em áreas dominadas pelos homens com frequência trabalham com homens que relutam em reconhecer suas colegas por suas contribuições, especialmente quando trabalham em grupos mistos de homens e mulheres.

Uma estratégia que as mulheres podem empregar para promover sua reputação de competência — pleno domínio das particularidades de qualquer atividade específica — pode funcionar contra elas nas avaliações para cargos de liderança. **E qual é a objeção?** Elas são muito detalhistas e não têm visão. Um estudo da *Harvard Business Review* constatou que, mesmo quando as líderes do sexo feminino recebem uma classificação bem superior à de seus equivalentes do sexo masculino, em atributos como "tendência a olhar para o externo", "recompensa e *feedback*" e "desenvolvimento de equipe", colegas do sexo oposto ainda assim acham que elas não têm capacidade para uma liderança visionária.

O que explica essa discrepância? Herminia Ibarra e Otilia Obodaru, autoras desse estudo, concluíram que as mulheres podem ter uma interpretação diferente sobre visão e não se dispor a **saltar do detalhe** para uma **visão global**. Ou elas podem simplesmente serem céticas quanto à necessidade de ter uma visão. Independentemente disso, essa deficiência pode refreá-las, na medida em que elas não são consideradas aptas à tarefa fundamental de inspirar outras pessoas a segui-las.

Um estudo da Catalyst sobre mulheres e liderança demonstrou que uma suposta falta de habilidade para resolução de problemas contribuiu para a percepção de que as mulheres não têm capacidade de liderança, em grande medida porque a resolução de problemas, a motivação e o desenvolvimento de equipes são considerados comportamentos de liderança correlatos. Portanto, o **principal estereótipo** de que as **mulheres** são mais aptas aos **relacionamentos interpessoais** não se sustenta se elas forem consideradas menos competentes em relação aos elementos que amparam esses relacionamentos. Tal como esse estudo observou: "A falta de confiança dos homens na competência das mulheres para resolver problemas (seja ela justificada ou não) na verdade pode levá-los a ficar menos abertos, ou até mesmo resistentes, aos apelos motivacionais e às tentativas de desenvolvimento de equipe das líderes mulheres."

Outra dificuldade é o problema da **"delicadeza"**, de acordo com Kristof. Os homens têm de ser competentes; as mulheres têm de ser competentes e delicadas, mesmo que as percepções de delicadeza e competência nem sempre andem juntas. Laurie Rudman, professora de psicologia na Rutgers, Universidade Estadual de Nova Jersey, em New Brunswick, e Peter Glick, professor de psicologia na Universidade Lawrence, em Appleton, Wisconsin, observam que esse fenômeno é comum: "Quando diante da evidência de que uma mulher violou a ordem da delicadeza, entretanto, as mulheres — que regularmente endossam ideologias sexistas menos do que os homens — tendem a reagir tão negativamente quanto os homens ou até mais." Os homens podem adotar um estilo autocrático sem que isso cause repercussão. Porém, tal como a professora de psicologia Hilary Lips da Universidade Radford ressalta, as mulheres que fazem isso "são malvistas e depreciadas".

E há mais ainda. Lips também ressalta que as pessoas são mais propensas a seguir a direção dos homens do que a das mulheres; que as mulheres que demonstram ambição ou a intenção de se autopromover são consideradas menos agradáveis; que, além de desempenho, as mulheres podem precisar de validação externa ou de referências para atestar sua competência; e que mesmo as mulheres jovens, quando solicitadas a se imaginar como líder, tendem a citar coisas como ser **agressiva**, **desagradável** e **dominadora** e ter **fome de poder**. Essa percepção dos atributos imaginariamente necessários para a liderança feminina transpõe-se para o mundo real. De acordo com avaliações deduzidas de um levantamento informal realizado pela *Forbes* sobre chefes do sexo feminino, as mulheres são mais propensas a deixar suas emoções obstruí-las, a ter os "instintos de briga" característicos das mulheres ou a se sentir "ameaçadas" por suas subordinadas. A propósito, todas essas reações são femininas.

E, finalmente, existem os estereótipos de nossos avôs (ou avós?): de que algumas profissões são adequadas para mulheres e outras para homens. Isso na verdade pode funcionar a favor das mulheres se elas procurarem liderança nos âmbitos tradicionalmente dominados por elas ou nas empresas que vendem principalmente para mulheres. Ninguém se surpreende com o fato de a Mary Kay Cosmetics ter predominantemente executivas. Se, entretanto, uma mulher quiser invadir uma área do "homem", ela terá não apenas de trabalhar com colegas que não estão acostumados com líderes mulheres, mas também de combater a percepção de que ela não se encaixa naquele cargo. Além disso, as mulheres que ocupam cargos normalmente dominados por mulheres (como na área de recursos humanos) podem ser criticadas pelos subordinados a respeito de suas capacidades de liderança. Tal como a Catalyst ressalta, essa é de fato uma situação de **"duplo risco"**.

Tendo em vista os obstáculos, onde as mulheres ambiciosas encontram forças até mesmo para se levantar da cama de manhã? O fato de serem ambiciosas pode nos oferecer uma pista e, tal como analisaremos na seção seguinte, existem soluções para as mulheres superarem esses obstáculos e ocuparem cargos de influência. A discriminação existe, mas ela pode ser enfrentada por indivíduos e organizações.

Superando as dificuldades de influência enfrentadas especificamente pelos homens

Desafios — quais desafios? Os homens têm sucesso garantido, não temos? Sim e não. Se você olhar para os escritórios executivos e os gabinetes políticos ou para os membros do Estado-Maior Unificado, os ocupantes tendem para o lado masculino. Contudo, o fato de alguns homens terem conseguido chegar ao topo não significa que todos eles conseguiram; até o presente, a masculinidade pode ter sido favorável para o sucesso, mas não existe nenhuma garantia disso. O fato de que hoje os homens também estão lidando com ambientes de trabalho cada vez mais diversos do que no passado significa igualmente que os métodos que talvez tenham sido bons algumas décadas atrás não mais os impelem para o topo.

Além disso, embora a diversidade possa provocar uma afluência de novas ideias e perspectivas divergentes, ela pode também apresentar desafios, particularmente quando tentamos entender como nosso comportamento pode afetar o comportamento de outros grupos de colegas dessemelhantes. Isso se tivermos inteligência emocional para ao menos compreender nosso próprio comportamento.

Shaunti Feldhahn, autora de *The Male Factor* (*O Fator Masculino*), afirma: "Quando os homens percebem que um funcionário leva uma crítica para o lado pessoal, como que exigindo que suas ideias sejam aceitas, ou tem um conflito de personalidade, eles o veem automaticamente como alguém com menos tino profissional e menos experiente ou alguém que age emocionalmente, e não logicamente". Com essa postura, eles permitem que sua visão de que esse funcionário é emocional interfere em sua avaliação de capacidade real. Por esse motivo, eles podem deixar de fora alguém que poderia ser um colega valioso.

A percepção reconhecidamente generalizada de que os homens devem bloquear suas emoções no trabalho também nos leva a crer que nem sempre eles são capazes de identificar em que momento eles mesmos reagem emocionalmente. Tal como um empresário disse a Feldhahn: "Acho que as mulheres não percebem que a falta de auto-confiança corre nas veias dos homens." Portanto, quando as mulheres fazem uma pergunta direta para obter mais informações, os homens podem reagir com irritação, como se seu valor e autoridade estivessem sendo questionados. E visto que os homens compartimentalizam, eles são menos capazes de lidar com as consequências dessas "fugas" com-partimentais: se a ideia é de que eles não devem ser emocionais no trabalho, eles podem negar que alguma emoção adversa possa afetar negativamente seu julgamento.

Os estereótipos de que os homens são **incapazes** de se **expressar** também pode funcionar contra eles. Não existe nenhuma evidência de que os homens são menos verbais do que as mulheres, mas essa ideia de que os homens se expressam como crianças de jardim de infância pode levá-los a subestimar suas capacidades, o que, por sua vez, prejudica o desempenho. Além disso, isso pode levar as mulhe-res a julgar que os homens são menos capazes do que elas. Esses efeitos decorrem da **pré-ativação** (condicionamento) — quando se diz às pessoas que seu "tipo" (sexo ou raça, por exemplo) é inade-quado para determinada habilidade, elas tendem a não ter um bom desempenho; além do mais, quando se diz às pessoas que estão ava-liando essa habilidade que uma pessoa desse "tipo" é menos compe-tente, elas avaliarão essa pessoa mais rigidamente.

Isso também significa que os homens podem ser excluídos de conversas importantes com seus colegas, especialmente se estiverem em minoria ou se o tema for considerado um "assunto de mulher". Em determinados casos, essas conversas talvez não estejam direta-mente relacionadas com o trabalho em si. Porém, se você for o único homem no escritório ou no departamento, isso significa que você pode efetivamente ser excluído do grupo.

Esse é um dos perigos do **toquenismo**, isto é, de ser o único ou um dos representantes de seu grupo; na verdade, você é percebido como representante de seu grupo (seja em termos de raça, sexo, religião ou alguma outra características identificável) e, portanto, "semelhante a qualquer outro homem". Ou uma "mulher típica". As mulheres costumavam temer e, em alguns casos, de fato temem que, se elas errarem ou falharem, nenhuma outra mulher terá oportunidade, que o sexo feminino será visto como a **causa** do problema. Os homens, igualmente, podem se deparar com situações em que não são tratados como um indivíduo, mas como uma massa corporificada de estereótipos. Tal como ressalta Deborah Cameron, em *The Myth of Mars and Venus* (*O Mito de Marte e Vênus*), os homens podem perder trabalhos nos quais as habilidades interpessoais — habilidades que, de acordo com o que se diz, eles não têm — são fundamentais: "Na economia cada vez mais voltada para serviços dos dias de hoje, essa talvez não seja uma boa notícia para os homens", ressaltou Deborah Cameron.

Os homens podem também levar uma rasteira se não exibirem o estilo masculino agêntico de comando, particularmente se estiverem em um ambiente de trabalho em que se espera um comportamento masculino de todos os líderes, masculinos e femininos. Se eles agirem em desacordo com o papel de gênero esperado — por exemplo, fazendo muitas perguntas ou trabalhando mais colaborativamente do que assertivamente —, podem ser "rebaixados à condição feminina" e subestimados por homens e mulheres que esperam que os líderes sejam inconfundivelmente determinados e dinâmicos.

Portanto, os homens que procuram influenciar seus colegas têm de reconhecer seus próprios vieses encobertos, em termos de gênero e estilo. Obviamente, trata-se de um desafio genérico para qualquer pessoa: tendemos a favorecer as pessoas que nos deixam mais tranquilos e os métodos com os quais temos maior familiaridade. Como os homens tiveram tanto êxito com os métodos tradicionais, não precisam prestar tanta atenção a estilos alternativos e podem achar difícil adaptar-se a eles quando necessário. Isso é compreensível. Se temos êxito com um comando enérgico, talvez tenhamos dificuldade para ver as vantagens de uma abordagem mais participativa, negligenciando, desse modo, as habilidades e a competência das pessoas que são mais comunais.

Estilos complementares: o poder de influência das equipes mistas de homens e mulheres

Tudo isso para não travarmos uma guerra dos sexos. Parece que, nós, humanos, queremos nos agarrar firmemente aos nossos estereótipos, confinando homens e mulheres à sua baia azul ou cor-de-rosa com uma atitude de indiferença por considerar que é assim que as coisas sempre foram e sempre serão, ponto-final.

Entretanto, essa conclusão poderia negligenciar o fato não desprezível de que as mulheres não costumavam ter muita representação no ambiente de trabalho em geral e certamente não nas profissões de colarinho-branco. As mulheres eram **secretárias**, **datilógrafas** e **assistentes** — trabalhadoras de colarinho-rosa — e eram consideradas inadequadas até mesmo para dirigir um departamento, quanto mais uma empresa inteira. Contudo, agora as mulheres dirigem departamentos, empresas e até países; portanto, sim, é possível escapar das baias codificadas por cores e contracenar em um palco mais amplo.

No entanto, isso é complicado tanto para os homens quanto para as mulheres. Podemos acreditar ou querer acreditar que vemos apenas indivíduos e somos capazes de trabalhar com quem quer que consiga trabalhar, mas nossos vieses irrefletidos não param de obstruir nosso caminho. Por exemplo, quanto ao tema de **equipes mistas** de homens e mulheres, um estudo constatou que as equipes mistas de fundo mútuo tiveram um desempenho pior do que o das equipes compostas apenas por homens ou apenas por mulheres; segundo um comentarista, isso se devia a problemas de comunicação entre os sexos.

Desse modo, o **primeiro passo** para trabalharmos com outras pessoas é reconhecer que **todos** nós temos tendenciosidades. Como mencionei anteriormente, gostamos de nos considerar como alguém com discernimento, guiado apenas pelas evidências e pela ponderação. Porém, infelizmente, nossa biologia e psicologia conspiram contra essa clareza. É possível ter clareza, mas precisamos lutar por ela.

O **segundo passo** é reconhecer que as habilidades de liderança são apenas isso — habilidades. Assertividade, agilidade verbal e resolução de problemas na verdade não estão exclusivamente codificadas em nossos genes; são comportamentos que podem ser aprendidos. A forma como utilizamos nossos atributos pode variar, mas não existe nenhum motivo para acreditarmos que os homens já nascem líderes e que as mulheres não.

Ter disposição para desenvolvermos e utilizarmos todo o nosso repertório de habilidades é o **terceiro passo**. Existem vantagens para ambos os estilos, agêntico e comunal; cultivar nossa capacidade de utilizar todas as ferramentas do conjunto nos permite adaptar a situações específicas, assumindo o comando quando é necessário e estimulando a participação quando isso prometer um resultado melhor.

Obviamente, tudo isso parece bom, mas e quanto ao fato — demonstrado vezes sem conta — de que os homens e os estilos masculinos são preferidos às mulheres e aos estilos femininos para os cargos de liderança? É importante perceber que as expectativas estão mudando e que as culturas corporativas estão se tornando mais receptivas a uma multiplicidade de estilos de liderança. As professoras Nilanjana Dasgupta, da Universidade de Massachusetts, Amherst, e Shaki Asgari, da Universidade Fordham, afirmam que, quando as mulheres têm contato com mulheres famosas que contribuíram para suas próprias áreas, elas tendem a interpretar "o sucesso de outros indivíduos famosos como viável para outras mulheres e para si mesmas". Felizmente, os homens que trabalham com mulheres bem-sucedidas também podem mudar sua percepção sobre as capacidades femininas, ajudando a regularizar a liderança feminina.

No entanto, nesse meio tempo, o que você pode fazer especificamente para influenciar seus colegas de equipe do sexo oposto? Joanna Krotz, colunista-colaboradora do MSN, oferece inúmeras dicas práticas para uma boa relação de trabalho:

1. Visto que as mulheres são mais propensas do que os homens a **fazer perguntas**, as mulheres que ocupam cargos de chefia devem se lembrar de "averiguar se os homens têm conhecimento suficiente para realizar uma determinada atividade". Também faz sentido trocar ideias com frequência e logo no início de um projeto. Por sua vez, os homens que ocupam cargos de chefia devem prestar atenção às perguntas que as mulheres da equipe venham a fazer, reconhecendo que as respostas podem oferecer para todos os envolvidos informações importantes sobre a atividade de forma geral.

2. Embora tanto os homens quanto as mulheres gostem de elucidar uma questão com alguma história, ambos precisam tomar cuidado para que essas narrativas sejam **neutras em gênero**, isto é, não sejam sexistas.

3. Quando houver um conflito, não pressuponha que um estilo mais comunal enfraquece a pessoa ou que o estilo agêntico é intimidador. Em vez disso, encare-os como estilo e sinta-se motivado a lançar mão de ambos.

4. Quando surge um problema, as mulheres tendem a querer examinar a questão minuciosamente, ao passo que os homens querem ir direto ao ponto. Nesse caso, "os homens devem explicar seu raciocínio e não simplesmente saltar para as conclusões. As mulheres precisam chegar mais rapidamente ao fator preponderante".

5. Tanto os homens quanto as mulheres podem tratar os funcionários do sexo oposto do mesmo modo que tratam o cônjuge ou namorado(a); obviamente, isso nem sempre é bem acolhido. Saiba quando dar uma pausa e se afastar e analise se não está levando sua vida pessoal para o trabalho.

6. A maioria das conversas contém realidades e sentimentos; o reconhecimento desse fato pode servir como ponte quando houver falhas de comunicação.

Em outras palavras, não tenha medo de discutir quando estiver se relacionando com seus colegas. Você se lembra de nossa discussão anterior sobre **pré-ativação?** Mencionei que alguns estudos afirmam que as expectativas de insucesso com relação aos membros de um grupo específico podem piorar o desempenho e endurecer os julgamentos. Contudo, a pré-ativação também pode funcionar na direção inversa: se você elevar as expectativas, ou se disser aos membros de um grupo que não existe nenhuma diferença de capacidade entre eles e outros grupos, o nível de desempenho pode subir e as avaliações podem ser mais equitativas.

Portanto, eleve suas expectativas. **Enfrente** as atitudes de que os homens em geral ou as mulheres em geral são menos aptos na habilidade X ou na área Y e **sempre se oponha** a elas ressaltando as contribuições individuais dos membros da equipe como evidência de competência e enfatizando exemplos de sucesso.

Essas orientações gerais podem funcionar tanto em situações individuais quanto em grupo, mas é fundamental saber que determinadas dinâmicas para grupos mistos de homens e mulheres podem obstruir a atuação desse grupo e funcionar em detrimento dos membros. É igualmente importante ressaltar que **ainda existe discriminação.** Em uma empresa, os indivíduos podem se considerar, se não isentos de tendenciosidades, pelo menos dispostos a considerar suas próprias tendenciosidades, mas práticas injustas dentro da própria organização afetam as contratações, as promoções e as avaliações de desempenho. Mulheres muito competentes que trabalham em instituições discriminatórias não podem necessariamente se fiar na ideia de que suas capacidades individuais serão suficientes para superarem os preconceitos existentes. A boa notícia é que existem soluções para as organizações aprimorarem suas práticas de uma maneira benéfica para todos os membros.

Pesquisas indicam que os grupos mistos de homens e mulheres podem gerar resultados piores ou melhores do que os grupos de gênero único. **Como isso é possível?** Se as mulheres (ou os homens) forem uma minoria significativa (toquenismo) dentro de um grupo, a comunicação dentro do mesmo pode se tornar difícil. Nos grupos de gênero único, a comunicação pode fluir mais tranquilamente.

Observe que parte do problema talvez se deva à **proporção** da condição de minoria. Um estudo realizado pela Escola de Negócios de Londres indica que as equipes cujo equilíbrio entre homens e mulheres é maior — o que significa que existe uma quantidade equivalente de ambos os gêneros em um determinado grupo — podem criar condições mais adequadas para todos os seus membros. A professora Lynda Gratton, principal autora desse estudo, ressaltou: "Com muita frequência, as equipes do alto escalão têm apenas uma ou duas mulheres. Essa informação ressalta o efeito prejudicial que esse 'toquenismo' tem sobre as mulheres e, certamente, sobre o desempenho e a inovação da equipe." As evidências a favor de equipes balanceadas são consideráveis. Em termos de experimentação e eficiência, essas equipes têm um desempenho melhor; na verdade, no caso da experimentação, ter uma quantidade ligeiramente maior de mulheres (uma relação de 60:40) é favorável.

Gratton e colegas também estudaram os efeitos do contexto sobre o desempenho da equipe, particularmente o "transbordamento" da vida doméstica. Embora mais mulheres do que homens assumam o comando da vida doméstica, nas empresas estudadas mais homens do que mulheres tinham filhos em casa. Havia efeitos positivos sobre o desempenho profissional para ambos os sexos quando a vida doméstica estava indo bem; quando problemática, os efeitos negativos eram mais pronunciados para os homens do que para as mulheres, talvez porque eles tendiam mais a ter filhos pequenos em casa.

Para criar melhores condições para os indivíduos e melhorar o desempenho das equipes, esse estudo sugeriu os seguintes passos para as empresas:

○ Estimular a divisão do trabalho doméstico oferecendo planos mais favoráveis à família; isso também pode ajudar a evitar o transbordamento.
○ Controlar sistematicamente o transbordamento com o objetivo de diminuir os conflitos entre trabalho e vida doméstica.
○ Controlar e minimizar a "experiência ou sensação de minoria" por parte de homens e mulheres e incentivar as equipes em que exista um equilíbrio de gênero.
○ Otimizar o potencial de inovação da equipe em termos de gênero e diversidade experiencial.

Tal como essa pesquisa enfatizou, as equipes mistas de homens e mulheres apresentavam contribuições particularmente valiosas para a inovação. Os homens geralmente podem apresentar e responder a um determinado conjunto de comportamentos e as mulheres frequentemente podem utilizar e reagir de outra forma ao mesmo conjunto. Contudo, de acordo com a observação de Gratton: "Parece que no trabalho os homens e as mulheres são notadamente semelhantes em suas atitudes e aspirações."

À medida que você ampliar sua capacidade de influenciar em todas as direções, mantenha firme em sua mente que você trabalhando com pessoas que desejam ser **respeitadas** por suas **habilidades** e **capacidades particulares**, e não vistas como **estereótipos**.

No capítulo subsequente, analisaremos a importância de gerenciar as impressões que sua organização passa para as pessoas cujas opiniões são importantes, como clientes, usuários e os grupos que o mantêm no mercado (negócio).

CAPÍTULO 10

Influenciando as impressões do público sobre sua organização

oro na zona leste superior de Manhattan (Nova York). É lá que faço minhas compras de supermercado e levo minhas roupas para serem lavadas a seco. É igualmente onde levo meus ternos que precisam de ajuste e onde deixo minhas correspondências sempre que não posso enviar algo eletronicamente. Também costumo comer com frequência por ali — no Gracie Mews, um restaurante **24 horas** logo na esquina, ou em um dos vários outros restaurantes perto de casa aos quais posso ir a pé.

Como consumidor, minhas impressões a respeito de qualquer um desses lugares que frequento situam-se nos extremos opostos do espectro. Em um dos extremos, encontra-se uma mercearia que parece homenagear o "funcionário insatisfeito do mês", cuja equipe não poderia estar mais descontente se trabalhasse no refeitório de uma prisão de segurança máxima, sem falar do gerente, que veste a camisa sobre a calça e, de sua minúscula cabine, fica observando desnorteado os caixas que se repreendem uns aos outros em vários dialetos regionais.

A algumas quadras mais adiante, há uma loja diferente. Na Agate & Valentina, atrás dos balcões encontram-se profissionais, a atmosfera é amistosa, as filas andam com eficiência e as prateleiras abarrotadas contrastam drasticamente com a bagunça desgrenhada do lugar anterior.

Meu alfaiate, Ban, um imigrante norte-coreano, toca seus negócios em uma pequena loja de fachada simples na First Avenue. Embora mal fale o inglês, sua atitude afetuosa e acolhedora, seu sorriso largo e afável e sua soberba habilidade artesanal fazem sua pequena loja parecer o Four Seasons da alfaiataria.

O restaurante que mencionei parece sempre ter um excesso de funcionários, e isso é bom, porque todas as pessoas que trabalham atrás do balcão e nas várias mesas contribuem com um sorriso e uma pitada de bem-estar para quem deseja comer fora. Você se sente acolhido o dia todo.

As impressões que tive dessas e de muitas outras interações negócios perto da minha casa, em minhas viagens ou ao telefone determinam minhas escolhas e meu comportamento. Quer a maioria das pessoas perceba isso ou não, suas decisões também são moldadas por essas impressões.

Em uma quantidade demasiadamente grande de organizações, há quem sinta como se não tivesse nenhum interesse em jogo com relação à reputação da empresa. Por motivos variados, como ser maltratado, mal remunerado, mal gerenciado ou, antes de mais nada, contratado por engano por simplesmente não querer estar lá, esses funcionários insatisfeitos começam, de forma lenta mas constante, a manchar a imagem pública que a organização deseja proteger e preservar.

E como todos nós somos clientes, e todos nós testemunhamos e vivenciamos exemplos como esses que acabei de apresentar, precisamos compreender que — do caixa ao diretor executivo — a maneira como nos apresentamos e oferecemos nossos produtos aos clientes traduz-se em quão bem ou quão mal somos percebidos por um público que tem inúmeras opções para levar ou conduzir seus negócios e parcerias em outro lugar. Não é o *marketing*, a atividade de relações públicas, a área de recursos humanos ou vendas nem a alta administração que protegem as impressões que a organização passa ao público. É todo ser humano na folha de pagamentos que contribui com um trecho para a narrativa que tecemos para nós mesmos a respeito de uma empresa e para a escolha entre querer ou não fazer parte dessa história.

De cima para baixo: todos são responsáveis pela reputação organizacional

As organizações têm duas reputações entrelaçadas: a **reputação da empresa como um todo** e a **reputação dos indivíduos que trabalham nela**. Em alguns casos, as pessoas mais importantes, que se preocupam com a reputação, são as que estão no comando da empresa; em outras situações, os funcionários da linha de frente — equipe de vendas e atendimento — são os mais propensos a deixar impressões. Independentemente disso, o comportamento de quem quer que seja a face pública da organização com frequência se mistura à percepção sobre a organização em si.

Algumas empresas optaram por dar destaque ao seu diretor executivo ou fundador. Inserir uma face específica na empresa — pense em Jack Welch e GE, Mark Zuckerberg e Facebook ou Steve Jobs e Apple — pode contribuir para humanizar uma corporação gigantesca (GE), dar uma identidade a uma nova organização (Facebook) ou simplesmente diferenciar a empresa do restante do grupo (Apple). Em cada caso, existem custos e benefícios para essa identificação.

A humanização pode ser fundamental, como quando o lendário ex-diretor executivo Lee Iacocca, ao tentar tirar a Chrysler de um fosso financeiro, veiculou uma série de anúncios apregoando sua integridade e, por extensão, a integridade da Chrysler. O advogado Joel Hyatt apareceu em anúncios que elogiavam seu escritório de advocacia: "Sou Joel Hyatt, e você tem a minha palavra." E a família

Rooney de Pittsburgh cultivou uma reputação de boa administradora do time de futebol norte-americano Steelers e da cidade na qual esse time joga. Curiosamente, a área de esportes oferece alguns exemplos do aspecto adverso dessa identificação. Tanto Jerry Jones, do Dallas Cowboys, quanto Dan Snyder, do Washington Redskins, com frequência são ridicularizados e até vilipendiados por seus fãs; a percepção de interferência na administração do time pode servir para afrouxar os laços entre os fãs pagantes e o time.

O fortalecimento e a diferenciação do perfil de uma empresa também podem ser agilizados e facilitados por um indivíduo dinâmico. Mary Kay Ash construiu sua homônima empresa de cosméticos em parte se colocando na frente e no centro. O Facebook ergueu-se da força de sua oferta e da busca agressiva de novos usuários, mas a história de que essa empresa foi iniciada por um aluno universitário em seu dormitório ajudou a alimentar a percepção de que essa versão de mídia social era de **jovens e para jovens**. Bill Gates e Steve Jobs, da Microsoft e Apple, respectivamente, também se beneficiaram do mito dos "**novos-ricos de garagem**"; Jobs, em sua segunda arremetida como dirigente da empresa, despontou como um guru da inovação tecnológica na Apple.

Entretanto, repetindo, existem aspectos adversos nessa estratégia. Jobs havia renunciado ao posto de diretor executivo da Apple, deixando os observadores (amistosos ou não) a se perguntar se a empresa sobreviveria com sua falta. Outras organizações firmemente amarradas a um fundador, como a Moral Majority e Jerry Falwell, afundaram quando o líder saiu ou morreu. Obviamente, qualquer instituição que esteja vinculada a uma liderança envolvida em escândalo, como o PTL Club com Jim e Tammy Faye Bakker, talvez não sobreviva.

Evidentemente, portanto, para uma organização **ter êxito**, ela não pode se fiar exageradamente em uma **única pessoa**. A qualidade do desempenho da Apple no futuro dependerá em grande parte do talento do pessoal da empresa, bem como da habilidade da Apple para utilizar esse talento. Ou, fazendo uma analogia com os esportes: você precisa de um excelente **banco de reservas**.

Algumas organizações estão totalmente vinculadas a esse banco. As empresas que dependem muito de sua força de trabalho, como a Mary Kay Cosmetics ou Amway, reconhecem que seus trabalhadores precisam se envolver com e adotar o **etos corporativo** para que tanto eles quanto a empresa tenham êxito.

O mesmo se aplica às empresas de serviços. Em seu artigo na *Harvard Business Review,* o jornalista Paul Hemp falou sobre sua breve temporada como garçom de serviço de quarto em um novo Ritz-Carlton em Boston. Obviamente, Ritz é sinônimo de luxo, mas Hemp ressaltou que o luxo tem tanto a ver com a mobília ou a decoração quanto tem com o serviço e atendimento que seus funcionários oferecem. Tendo em vista sua reputação, não é de surpreender que o Ritz-Carlton tenha um amplo programa de treinamento de funcionários, um programa tão bem visto que a corporação oferece seus serviços de treinamento para outras empresas.

Hemp participou de uma versão acelerada desse programa, uma combinação de instruções em sala de aula e treinamento no local de trabalho, sob a supervisão de um experiente garçom, cujo objetivo era transformar os funcionários em discípulos devotados ao etos corporativo: "Somos senhoras e senhores que servem senhoras e senhores", aprendem as pessoas que fazem esse curso. Embora algumas das normas tenham parecido um tanto "afetadas" para Hemp, mesmo assim ele reconheceu "que é o envolvimento emocional dos funcionários — que é conquistado em parte por meio de símbolos e rituais que fortalecem a sensação de identidade dos funcionários com a empresa — que mais contribui para um excelente desempenho".

Nem todas as culturas corporativas são tão bem-sucedidas quanto a do Ritz-Carlton no sentido de preparar seus funcionários para os requisitos da função, uma deficiência que pode culminar em um serviço de qualidade inferior. A Groupon, por exemplo, é uma empresa de mídia social extremamente bem-sucedida que procura impelir seus clientes para empresas que participam de seus programas de descontos. Entretanto, tal como ressaltou Utpal Dholakia, professor de Administração na Universidade Rice em Houston, nem todas as empresas participantes informaram adequadamente seus funcionários a respeito do programa nem os prepararam para o volume maior de expectativas dos clientes que procuram descontos:

"Funcionários sobrecarregados ou céticos são menos aptos (ou inclinados) a criar uma experiência positiva para o cliente. Seu comportamento pode fazer a oferta da Groupon sair pela culatra, visto que duas medidas essenciais para extrair lucro dos cupons são fazer com que os clientes do Groupon comprem outros produtos além do produto com desconto e procurar torná-los clientes habituais que pagarão o preço integral no futuro."

E com relação aos que negam a importância da **satisfação do funcionário**, observe o livro apropriadamente intitulado *Sabotage in the American Workplace* (*Sabotagem no Ambiente de Trabalho Norte-Americano*), uma compilação organizada por Martin Sprouse. Nesse livro, você pode ler histórias aterrorizadoras de furtos por parte de funcionários, operação tartaruga nas linhas de montagem, destruição de produtos e invasão eletrônica. Um programador descontente explica como ele plantou uma "bomba lógica" em um programa de folha de pagamentos do Bank of America. O resultado foi que, "no dia de pagamento, ninguém foi pago no sistema PayNet do norte da Califórnia. Admito que causei problemas para os trabalhadores, mas, além disso, sem dúvida, arruinei a credibilidade do Bank of America." Um outro exemplo do que pode fazer um empregado insatisfeito é o de um funcionário de uma grande empresa de enfeites de Natal, que aflito com o salário baixo e as péssimas condições de trabalho: "Começou a destruir todos os enfeites de Natal nos quais conseguia colocar as mãos". Lançou as caixas contra a parede e depois as enviou para 'as centenas de clientes' que em breve ficariam enraivecidos, pois receberiam muitas coisas danificadas."

Alguns dos funcionários entrevistados talvez tenham sido simplesmente desonestos e incompetentes. Porém, um trabalhador da indústria automobilística, que sabotou carburadores com a ajuda de alguns colegas, lamentou que as empresas automobilísticas "não o tratavam como ser humano"; destruir as peças foi "nossa maneira de equalizar a situação". O fato de a "indústria automobilística ter sido punida injustamente por causa disso" foi contraprodutivo, mas é improvável que uma força de trabalho tão dissociada e descrente de seu empregador fique preocupada com a saúde financeira de longo prazo da empresa.

Exemplos como esses — do programa intensivo de dedicação à empresa no Ritz-Carlton à sabotagem no ambiente de trabalho — existem em ambos os extremos do espectro; a maioria das empresas tende a estar em algum ponto intermediário. Independentemente disso, cada polo e cada ponto intermediário oferece a mesma lição: sua forma de gerenciar o ambiente de trabalho afetará a reputação de sua empresa — **para o bem ou para o mal**.

Conhecendo o gerenciamento de impressões organizacional

O Bank of America mantém mais de um milhão de hipotecas ruins; além disso, de acordo com um número razoável de seus clientes, esse banco fez a péssima opção de trabalhar com esses titulares de hipoteca. Os bancos que receberam dezenas de bilhões de dólares do governo federal com o intuito de impedir o colapso econômico prevalecente não deveriam se surpreender com a possibilidade de que seus clientes também desejarem certa consideração no sentido de evitar o colapso econômico pessoal. O que os clientes receberam, em vez disso, tal como muitos deles alegaram, foi uma fraude concebida para jogá-los para fora de casa. O Bank of America respondeu às críticas comprando nomes de domínio que criticam a empresa.

Um artigo sarcástico no *Huffington Post* afirmou: "A empresa parece estar comprando um punhado de nomes de domínio que retratam o gigante financeiro e o diretor executivo Brian Moynihan de uma maneira negativa. Deseja criar um *site* para criticar severamente Moynihan? Que pena! Endereços de URL como

BrianMoynihanSucks.com e BrianMoynihanBlows.com já se foram." Obviamente, o Bank of America deve saber que os clientes exasperados podem ser muito criativos para criar epítetos ou que tentar fazer com que as críticas desapareçam **não** é a mesma coisa que corrigir o comportamento que originalmente provocou a crítica. Porém, com um golpe preventivo, esse banco está tentando roubar parte do vento das velas de seus detratatores.

Talvez o Bank of America seja totalmente inocente de todas as transgressões e, em caso positivo, talvez deva seguir o conselho de Eric Dezenhall, dirigente de uma empresa de gerenciamento de crise: "Se você é inocente, contra-ataque o insulto e não peça desculpa se você não tiver feito nada errado." Entretanto, se você não tiver tido um relacionamento particularmente bom com os clientes antes de qualquer transgressão específica, não espere que os clientes lhe deem descanso. Talvez o diretor executivo da Medtronic, Bill George, chegue mais próximo do alvo ao afirmar: "Se sua empresa merece parte da culpa, seu diretor executivo precisa encarar a realidade. Os diretores executivos não raro entram em um estado de negação, e essa é a pior coisa que eles podem fazer. É um enorme erro contratar uma empresa de relações públicas (RP) e pedir para que restaure sua imagem. A responsabilidade do diretor executivo é tomar a iniciativa de restaurá-la."

Aposto que os acionistas da British Petroleum (BP) desejaram que a empresa tivesse levado esse conselho em consideração. O ano de 2010 não foi bom para a empresa de energia antes conhecida como BP, que posteriormente tentou promover um apelido mais "ecológico", *Beyond Petroleum* ("além do petróleo"). Ela foi atingida pela crise quando a plataforma de extração de petróleo Deepwater Horizon que ela havia contratado explodiu no golfo do México, matando 11 pessoas, ferindo muitas outras e poluindo toda a costa da Louisiana à Flórida. A explosão e o derramamento em meados de abril de 2010 foram uma notícia terrível — uma verdadeira crise não apenas para as pessoas da região do golfo, mas também para a empresa.

De que forma a BP lidou com isso? Em menos de duas semanas após a explosão, o então principal executivo Tony Hayward perguntou ao Conselho de Administração: **"O que foi que fizemos para merecer isso?"**. Ao final de maio, ele se desculpou aos habitantes de Louisiana, supostamente se mostrando empático com eles ao dizer: "Não há ninguém que deseje mais que isso acabe do que eu. Gostaria de ter minha vida de volta." Em julho, enquanto o petróleo continuava vazando no golfo, Hayward compareceu a uma competição de iatismo.

Nenhuma dessas medidas seria recomendada por consultores de imagem (nem por ninguém com uma firme compreensão da realidade), embora, para ser justo, Hayward tenha de fato tentado utilizar a tática de jogar a culpa na corporação Transocean, proprietária da plataforma. Embora tecnicamente correta, no sentido de que a maioria das pessoas não conhece a Transocean e conhece a BP, essa acusação, além de não ter funcionado, parecia ampliar a impressão de que a BP estava se esquivando da responsabilidade. Hayward de fato reconheceu: "Em termos de reputação, e em todos os outros sentidos, seremos julgados pela qualidade, intensidade, rapidez e eficácia de nossa resposta." Que pena que esse reconhecimento não se tenha traduzido em uma ação eficaz.

O fato de a BP lidar com um produto essencial provavelmente fará com que o prejuízo de longo prazo fique restrito ao resultado financeiro da empresa. Entretanto, Hayward foi considerado um risco e foi **substituído**.

Os carrinhos de bebê são necessários? Qualquer pessoa responsável por uma criança pequena talvez responda que sim. Contudo, quando os carrinhos de bebê param de funcionar, os pais e as babás têm outras opções, como usar outra marca. Portanto, quando vazou a notícia de que os carrinhos da Maclaren estavam sendo recolhidos por terem provocado sérias lesões no dedo de determinadas crianças, a alta administração foi obrigada a reagir imediatamente.

Farzad Rastegar, diretor executivo da Maclaren, a princípio pretendia divulgar uma declaração em 10 de novembro de 2009. Entretanto, no dia

9 de novembro, o *New York Daily News* publicou uma manchete sobre o *recall*. Embora a empresa tivesse se preparado para atender à demanda dos reparos necessários — nesse caso, produzindo mais de duas vezes a quantidade de protetores requerida para as dobradiças que provocavam lesões, contratando mais representantes de atendimento ao cliente e adquirindo maior capacidade de computação —, nos 30 primeiros dias após a declaração oficial "nada disso estava pronto para a partida".

"Foi um descuido colossal", admitiu Rastegar, ressaltando que a empresa deveria ter sido preparada para um possível vazamento de informações. Esse descuido foi caro: "Nosso sistema de comunicação primeiro ficou congestionado e depois despencou. A maioria dos que queriam se comunicar recebiam sinal de **ocupado**. Os e-*mails* desapareciam de repente. Nosso *site* paralisou." O *showroom* da matriz por acaso estava fechado no dia em que a matéria estourou. Portanto, quando os repórteres apareceram, foi como se não houvesse ninguém por ali. "Eu tive de descer correndo da minha sala no segundo andar para alcançar os repórteres", afirmou Rastegar. Ele se comunicava constantemente com seus colegas, e a empresa contratou muito mais pessoas e produziu bem mais protetores de dobradiça do que havia originalmente planejado. "Estávamos em um processo de triagem de emergência, lidando com um problema atrás do outro, e a frustração era imensa", comentou Rastegar. Esse ritmo frenético durou duas semanas.

Olhando para trás, Rastegar lamenta a longa defasagem entre a identificação do problema pela empresa e o anúncio de *recall*, um atraso devido, ao menos em parte, a negociações com a Comissão de Segurança de Produtos de Consumo (Consumer Product Safety Commission — CPSC). Como a Maclaren usou esse tempo não apenas para o *recall*, mas também para uma discussão mais ampla sobre a segurança dos carrinhos, Rastegar admitiu: "Não investimos em gerenciamento de crise nem em consultoria de comunicação. Tendo em vista nossa reputação quanto à segurança e nosso trabalho com a CPSC, imaginamos que o departamento de RP conseguiria se defender e que nosso dinheiro seria mais bem gasto atendendo ao

INFLUENCIANDO AS IMPRESSÕES DO PÚBLICO SOBRE SUA ORGANIZAÇÃO

recall. Estávamos errados." O resultado foi que, "no momento em que a notícia estourou, nossas recomendações foram completamente improvisadas". A Maclaren estava defasada em relação à curva de notícias, lutando e sendo exposta ao ridículo em virtude dessa luta renhida na ocasião em que a crítica tornou-se global.

A despeito dos erros, a empresa **foi capaz** de se recuperar. Ela levou um golpe financeiro, mas Rastegar mencionou em janeiro de 2011 que as vendas mundiais permaneciam sólidas. Ele expressou admiração pelos funcionários e clientes da Maclaren e ressaltou que "o *recall* demonstrou à equipe da alta administração da Maclaren que a empresa deve se tornar mais coesa". Ela esperava consolidar quase toda a distribuição até o final de 2011. Por fim, ele afirmou: "Percebemos que a Maclaren deve desempenhar um maior papel de liderança no setor. [...] Graças ao *recall*, constamos que a Maclaren é uma empresa minúscula com um nome gigante."

Algumas vezes, isso na verdade se trata de um problema de percepção. A Toyota iniciou um *recall* em resposta às reclamações de aceleração inesperada. A primeira medida foi em relação ao tapete do piso, que supostamente estava enroscando no pedal do acelerador; como as reclamações continuaram, houve um segundo *recall* para corrigir o que se imaginava ser um problema de travamento do acelerador. As notificações persistiram, o que levou alguns a concluir que havia um problema no sistema eletrônico do carro; inúmeras pessoas atribuíram a culpa por quase acidentes e acidentes à aceleração incontrolável. Tendo em vista a reputação de segurança e confiabilidade da Toyota, as acusações foram devastadoras, gerando críticas contra a empresa em vários níveis do governo dos EUA, bem como queda nas receitas e no preço das ações.

Andy Beal, consultor de gerenciamento de reputação *on-line* e coautor de *Radically Transparent: Monitoring and Managing Reputations Online* (*Radicalmente Transparente: Monitorando e Gerenciando Reputações On-Line*), criticou a Toyota por "negar" que havia um problema; porém, em torno de um ano depois, o Departamento Nacional de Transporte Rodoviário absolveu a empresa. "Os jurados estão de volta", afirmou Ray LaHood, secretário do Transporte. "O veredicto está aí. Não há nenhuma causa relacionada ao sistema eletrônico para a aceleração inesperada dos carros da Toyota. Ponto final", disse ele. O preço das ações subiu em virtude disso.

A Toyota foi manchada por um escândalo que, no final, revelou-se **inexato**. Contudo, ainda que a empresa provavelmente fosse inocente dos atos acusados, ela de fato errou em sua resposta apática às acusações. Não obstante, não é difícil perceber que a Toyota talvez tenha sofrido injustamente.

Entretanto, a justiça não está em questão. Qualquer organização que fabrique qualquer produto ou forneça qualquer serviço ou lida de alguma forma com alguma pessoa — quer dizer, toda organização — será criticada por seus produtos, serviços e relacionamentos com o cliente; toda organização corre o risco de alguma coisa dar terrível e tremendamente errado. Mesmo que essa crítica seja infundada (como no caso da Toyota) ou de má-fé, a empresa e seus dirigentes devem estar preparados para lidar com as reclamações do dia a dia e a possibilidade de uma crise, pois, do contrário, sofrerão as consequências.

Quando o gerenciamento de impressões sobre a organização dá errado

Poderia lhe oferecer uma lista de métodos para gerenciar a reputação da sua empresa, mas por que não uma lista sobre como destruir essa reputação?

Para atividades cotidianas

- Considere-se indispensável e pague a si mesmo um salário correspondente.
- Considere qualquer outra pessoa indispensável e pague a ela um salário correspondente.
- Faça com que todos saibam que você tem todas as respostas.
- Não se dê ao trabalho de se informar sobre as operações gerais de sua organização.

Influenciando as impressões do público sobre sua organização

- Elimine os controles de qualidade.
- Elimine o treinamento dos funcionários.
- Controle os mínimos detalhes a respeito de seus funcionários para que assim eles saibam quão pouco você confia neles.
- Submeta seus funcionários a uma ação disciplinar aleatória.
- Incentive a discórdia entre os membros da equipe.
- Elimine o atendimento ao clientes e dificulte o acesso deles para que possam reclamar.
- Instale um sistema de telefônico que mantenha os clientes na linha e repita a mensagem "Por favor, aguarde. Sua ligação é importante para nós."
- Ignore as reclamações que chegam até você.
- Prometa aos clientes e consumidores que você "agirá imediatamente" e não faça nada a respeito.
- Diga aos clientes insatisfeitos "caia fora" ou "processe-me".
- Culpe os outros pelos produtos não entregues ou com defeito.
- Exija o pagamento de produtos não entregues ou com defeito.
- Nunca utilize os produtos ou serviços de sua empresa.

Essas estratégias devem ajudá-lo a convencer todos os funcionários, clientes e outros grupos de interesse do seu desprezo flagrante por eles e a criar incentivos de sobra para todos eles criticarem sua empresa.

Embora a utilização dessas medidas com certeza vá manchar a reputação de sua empresa, nada mais pode destruí-la mais rápido do que **reagir desfavoravelmente a uma crise**; isso se aplica tanto a proprietários de pequenas empresas quanto a líderes mundiais, com consequências de várias magnitudes. O que se pode considerar uma reação ruim? A lista de "demolidores da reputação" apresentada a seguir certamente pode prepará-lo para proteger seu bem mais valioso — sua **reputação**:

- Presumir que nada jamais dará errado.
- Negar que exista um problema.

- Esperar até que o problema passe.
- Boicotar as pessoas do setor responsável pelo problema.
- Não contratar mais pessoas nem alocar mais recursos para corrigir o problema.
- Despedir aleatoriamente as pessoas.
- Sonegar informações para seus funcionários, para os principais grupos de interesse e para o público.
- Procurar fazer com que não exista nenhuma maneira de os clientes ou consumidores (ou mentes mais racionais) entrarem em contato com você.
- Fugir da imprensa.
- Quando você finalmente se dirigir à imprensa, falar (ou escrever) na voz passiva, como: **"Foram cometidos erros."**
- Assegurar aos clientes e consumidores ou a outros interessados que o problema está "se tornando desproporcional".
- Culpar o cliente ou seus funcionários pelo problema.
- Culpar os fornecedores ou as organizações parceiras pelo problema.
- Fazer com que todos saibam o preço pessoal que você está pagando por isso.
- Nunca explicar, nunca pedir desculpas.

Em resumo, feche os olhos, tampe os ouvidos, faça um desejo e cruze os dedos. Misture e combine coisas diferentes quando achar conveniente e assim você também conseguirá destruir a marca e a reputação de sua empresa. Ah, e igualmente a **sua** reputação.

Estratégias e táticas comprovadas para influenciar percepções

Como já apresentamos alguns exemplos de erro, vejamos como você pode garantir que sua empresa e a reputação de sua empresa adquiram a melhor boa forma possível. Andy Beal, em *Radically Transparent*, enfatiza a importância da **reputação, reputação, reputação**. Ele afirma que todos têm reputação, *on-line* ou não; toda reputação tem pontos fracos e toda reputação está sujeita a críticas (tema discutido ainda neste capítulo). Embora Beal focalize o ciberespaço e o papel das mídias sociais, hoje o envolvimento ativo com o desenvolvimento, a preservação, a ampliação e a reparação de sua reputação deveria ser lugar comum para uma empresa.

Dois dos mais importantes aspectos do gerenciamento de reputação são **estratégia** e **tática**. A **estratégia** é o plano geral e normalmente engloba uma meta ou objetivo; a **tática**, por sua vez, diz respeito a uma ação ou mais ações específicas ou às ferramentas utilizadas para implementar o plano. Essa distinção é importante, visto que a estratégia deve orientar as táticas, e não o contrário. Também é favorável pensar nas estratégias como algo de longo prazo que com frequência se situa nos bastidores, algo desenvolvido ao longo do tempo e em sincronia com os produtos e o etos da empresa, enquanto as táticas são mais flexíveis e funcionais, são ferramentas que podem ser rapidamente adaptadas a um ambiente em evolução.

O presidente e diretor executivo Carlos Ghosn ressaltou a importância da estratégia em um ensaio no qual ele descreve a recuperação da Nissan Motor Co. Ele procurou fazer as mudanças necessárias para tirar a Nissan do fosso financeiro em que havia entrado e para proteger a identidade da empresa e o respeito das pessoas que trabalhavam lá: "Esses dois objetivos — **fazer mudanças** e **proteger a identidade** — podem entrar em conflito facilmente; persegui-los exige um ato de malabarismo difícil e algumas vezes arriscado." Posteriormente, ele ressaltou que "recuperar uma empresa na circunstância da Nissan é um pouco como uma corrida de Fórmula 1. Para pegar a trajetória de mais alta velocidade, é necessário frear e acelerar, frear e acelerar o tempo todo. O plano de restauração, portanto, estava relacionado igualmente ao crescimento futuro (aceleração) e ao corte de custos (frenagem)". A estratégia era **o que** ele deseja concretizar, os dois objetivos; as especificidades do **como** ele agiu estão relacionadas às táticas.

A propaganda é considerada uma tática. Alguns anúncios são concebidos simplesmente para informar os clientes em potencial de que um determinado produto existe. A Aflac, empresa de seguros complementares, veiculou uma série de anúncios utilizando um pato para grasnar "**Aflac!**" quando as pessoas estivessem procurando uma forma de se proteger contra perda de renda em caso de ferimento ou doença. Histórias sobre como o diretor executivo continuou a utilizar o pato, contrariando o conselho de todos, pululam nas revistas de negócio durante algum tempo. Ele emerge então como herói, como você já deve supor. Nessa mesma frente e de modo semelhante, um número cada vez maior de empresas farmacêuticas vem veiculando anúncios para alertar os consumidores de que pode haver uma "pequena pílula azul" para o que os aflige.

E existem os anúncios concebidos para elevar ou preservar a visibilidade da empresa. O que uma lagartixa (*gecko*) com sotaque britânico tem a ver com seguro de automóveis? Quase nada, exceto um nome com som parecido. Contudo, quando você vê uma pequena lagartixa verde, você sabe que está diante de um comercial da Geico. A Taco Bell também foi muito bem-sucedida com o *chihuahua* que falava espanhol, o qual finalizada todo comercial com o *slogan*: "**Yo** *quiero* **Taco Bell**".

É também favorável fazer a diferenciação entre **reputação** e **marca**, embora exista uma considerável sobreposição entre ambas. Uma empresa pode ter uma reputação brilhante por oferecer produtos de qualidade, mas também ser considerada uma marca sem graça ou mesmo subvalorizada; outra empresa pode estar em alta e ter uma marca extremamente reconhecida, mas falhar ou se meter em práticas de negócio ruins. E, tal como Andy Beal ressalta: "As empresas raramente mudam sua marca quando têm uma excelente reputação." Talvez seja favorável pensar que a marca está à frente da reputação, é o perfil do corpo — isto é, está intimamente relacionada, mas é distinta, dependendo do ângulo do qual é vista.

No livro *Differentiate or Die: Survival in Our Era of Killer Competition* (*Sobreviver ou Morrer: Sobrevivendo em uma Era de Competição Mortal*), cujos autores são Jack Trout e Steve Rivkin, a atribuição de marca (*branding*) é a solução para evitar a segunda opção (a morte...). Os autores ressaltam que, em um mercado saturado que oferece aos consumidores uma quantidade impressionante de opções, sua empresa precisa se diferenciar do restante. Isso pode exigir uma variedade de táticas, a maioria delas focalizada em torno da propaganda, mas pode exigir também ênfase sobre a reputação da empresa.

O gerenciamento de impressões pode englobar a **marca** e a **reputação**. Dependendo de sua finalidade, pode envolver táticas diretas ou indiretas e pode ser utilizado como espada ou escudo. A. A. Mohamed, professor de Administração na Universidade de Indiana (EUA), propôs uma taxonomia de táticas, mostrada na Tabela 10.1.

TABELA 10.1

	TÁTICAS DIRETAS	TÁTICAS INDIRETAS
Táticas assertivas	Insinuação	Ostentação
	Intimidação	Exibicionismo
	Promoção organizacional	Polimento
	Exemplificação	Detonação
	Suplicação	
Táticas defensivas	Explicação	Encobrimento
	Retratação	Ofuscamento
	Handicapping organizacional[1]	Fomentação
	Desculpas	Depreciação
	Depreciação	
	Restituição	
	Comportamento pró-social	

---

1 – N. de T. Refere-se às ações empreendidas pela organização com a finalidade de criar uma imagem de que o êxito na concretização de uma determinada atividade é improvável. Desse modo, diante de um empreendimento malsucedido, ela já tem uma desculpa pronta.

Alguns desses termos são autoexplicativos (**insinuação, intimidação, ostentação** etc.), mas outros são menos claros. **Exemplificação** significa apresentar sua empresa como modelo ideal de responsabilidade e integridade social; enquanto na **suplicação** você retrata sua organização como vulnerável a fim de obter o auxílio de outros. No caso da tática **explicação**, você tenta minimizar a gravidade de um problema existente, embora geralmente utilize uma **retratação** por prevenção. O *handicapping* organizacional é uma forma de diminuir as expectativas para evitar a culpa pelo insucesso, e o **comportamento pró-social** é uma maneira de reivindicar reconhecimento por comportamentos positivos.

Táticas indiretas

As táticas indiretas também seguem a divisão assertiva e defensiva. O **exibicionismo** está relacionado a quando você afirma o que seu produto **não** contém (por exemplo, aditivos artificiais), enquanto na **detonação** você engrandece as qualidades ruins de seus concorrentes ou da imagem do setor a fim de ressaltar seus pontos fortes. No **polimento**, você procura associar sua instituição com uma causa ou organização favorecida. Todas as táticas defensivas indiretas estão focalizadas em vínculos com outras organizações: você **encobre** um vínculo com, digamos, uma empresa controladora malquista; você **ofusca** um vínculo quando minimiza um conflito com uma organização favorecida; você **fomenta** quando minimiza os pontos negativos de uma organização com a qual tem um vínculo; e você **deprecia** quando subestima os traços positivos de um concorrente.

É importante ressaltar que essa lista na verdade é um menu de opções com base no qual a organização pode fazer sua escolha. O segredo para implementar qualquer uma dessas táticas é identificar a natureza de seu problema e o *status* de sua empresa *vis-à-vis* qualquer outro concorrente.

A Massey Energy (que agora faz parte dos recursos da Alpha Natural), que foi objeto de protestos ambientais e processos judiciais relativos à segurança em minas de extração, adotou uma postura bastante agressiva contra os detratores, empregando quase todas essas táticas com o objetivo de evitar a regulamentação e de se autopromover como favorável à Virgínia Ocidental. O diretor executivo Don Blankenship, recentemente aposentado, fomentou clínicas de saúde nos condados pobres em que a Massey atua e em 2006 também prometeu fazer "o que fosse necessário" para eleger republicanos favoráveis para o Legislativo do Estado da Virgínia Ocidental e financiar um candidato à vitória no Supremo Tribunal do Estado. Contudo, mesmo com o acidente da mina Upper Big Branch em 2010, em que 29 mineiros morreram, e com prejuízos operacionais em trimestres consecutivos, o fato de a empresa estar apoiada em bilhões de toneladas de carvão de alta qualidade significava que a reputação da Massey talvez importasse menos do que a demanda por seu produto. Na verdade, pode-se defender que Blankenship utilizou de maneira bem-sucedida essa demanda como margem de manobra para sustentar sua postura durona e prática.

Entretanto, a maioria das empresas não pode se apoiar na certeza de que seus produtos são **essenciais** e, por isso, têm de recorrer a estratégias e táticas combativas. A Southweast Airlines, por exemplo, tem de concorrer com outros modos de transporte, outras companhias aéreas e a reputação geralmente deplorável do setor aéreo. Contudo, não obstante a observação franca e direta de Gary Kelly, diretor executivo da Southwest Airlines, de que o cliente **nem** sempre tem razão, a empresa regularmente se encontra no topo dos levantamentos sobre satisfação do cliente, em grande parte porque ela **tem** sido receptiva aos pedidos dos clientes. Agora ela só precisa consertar aquelas rachaduras e furos incômodos em seus aviões.

Inder Sidhu, vice-presidente sênior da Cisco, escreveu o seguinte em um artigo para o Forbes.com: "A relação que a Southwest mantém com seus parceiros a ajuda a demonstrar uma maior afeição pelos clientes. Eles, por sua vez, respondem, oferecendo à Southwest mais negócios, e isso aumenta as oportunidades para os parceiros da empresa." Em suma, a Southwest se impõe por meio da satisfação do cliente, promovendo e também polindo sua marca como uma organização altamente competente e exemplificando o mérito desse serviço.

Estratégias das marcas sólidas

Desse modo, o que você deve fazer? Kevin Lane Keller, professor de *marketing* na Escola de Negócios Tuck, da Faculdade Dartmouth, ressalta que as marcas sólidas têm dez atributos em comum:

- **Elas oferecem o que os clientes desejam.** Você sabe o que seus clientes desejam?
- **A marca é apropriada.** Sua marca é adequada para seus clientes?
- **A estratégia de preço é compatível com as expectativas dos clientes.** Os clientes estão procurando principalmente um preço baixo ou um determinado atributo em sua marca?
- **A marca está bem posicionada.** Em que medida sua marca se compara com a da concorrência?
- **A marca é consistente.** Todas as mensagens a respeito de sua marca apontam para a mesma direção?
- **A posição da marca dentro da empresa faz sentido.** Em que medida ela se ajusta com as outras marcas no portfólio de sua empresa?
- **A marca tira proveito de todas as táticas de *marketing*.** Você compilou um pacote completo — nome da marca, *slogan*, logotipo etc. — para apoiar sua marca?
- **Os dirigentes da empresa sabem o que a marca significa para os clientes.** De que forma os clientes usam a marca, concreta e simbolicamente?

- A empresa reforça a marca. Você dedicou pesquisas, produção e recursos de *marketing* suficientes à marca?
- A empresa utiliza regularmente um "balanço sobre as marcas". A marca desgastou-se de alguma forma? Ela deve ser ajustada?

Esse *checklist* é apenas o início, tal como o próprio Keller afirma. Utilize-o para gerar mais perguntas e possibilidades para a sua marca.

Lições fundamentais das principais marcas do mundo sobre como influenciar percepções

De acordo com um levantamento do Instituto da Reputação, as dez grandes empresas americanas mais confiáveis em 2010 foram: Johnson & Johnson, Kraft Foods, Kellogg, Walt Disney Company, PepsiCo, Sara Lee, Google, Microsoft, UPS e Dean Foods; outras empresas notáveis que estão próximas dessa classificação são: Apple, Caterpillar, H. J. Heinz e 3M. (Como seria de esperar, as instituições financeiras predominaram na parte inferior da lista. A AIG ocupou a 150ª posição, o último lugar da lista.)

O que explica o sucesso das empresas que estão no topo? Laurie Burkitt, jornalista da *Forbes*, afirma: "O segredo do sucesso da Johnson & Johnson parece valer para todas as empresas respeitáveis deste ano: todas têm relações diretas com seus clientes e respectivas famílias." Os fabricantes de alimentos saíram-se bem porque mais norte-americanos passaram a comer em casa, aumentando, desse modo, o reconhecimento da marca nesse processo. A filantropia também fortaleceu essa reputação: a Fundação Bill e Melinda Gates, por exemplo, ajudou a erguer a reputação da Microsoft. Essa atenção para o prestígio é importante: Anthony Johndrow, diretor geral do Instituto da Reputação, afirma que reputação traduz-se em recomendação do cliente, "e pode apostar que (assim) você melhorará seus resultados financeiros".

Outro levantamento, voltado para "líderes inovadores" dos EUA, coloca a Apple no topo, seguida pelas empresas Google, Southwest Airlines, Amazon, Facebook, Microsoft, Intel, RIM, Coca-Cola e Whole Foods. Confiança, autoridade, inovação, admiração e a vantagem competitiva de seus produtos ajudam a definir essas empresas como as melhores.

Em que você deve prestar atenção? Diversos consultores recomendam diferentes medidas, mas eles geralmente concordam em alguns temas principais:

○ **A reputação importa.** Concordo, a esta altura isso já deve estar óbvio, mas as empresas que estão no topo não tomam isso como certo nem se apoiam em seus louros. Elas integram a preocupação com sua reputação na estrutura de seus negócios, em vez de tratá-la como algo complementar às atividades de relações públicas.

○ **O gerenciamento de reputação é uma atividade, não um *slogan*.** Esse ponto é uma continuação do anterior. Você deve monitorar assiduamente a cobertura da mídia sobre sua empresa e estar apto a ajustar sua comunicação se necessário.

○ **Conte a história.** Eu quase escrevi "controle a narrativa" (a forma de narrar), mas isso nem sempre é possível; em vez disso, reconheça que, se você não contar a história de sua empresa, alguma outra pessoa o fará. Isso não significa que suas campanhas de propaganda têm de apresentar a história de sua empresa nem que seus porta-vozes devam contar os mesmos casos curiosos sobre o fundador ou o diretor executivo vezes e vezes sem conta, mas você deve ter uma percepção da narrativa geral e do propósito de sua organização e ser capaz de recorrer a essa história para orientar suas ações.

   Às vezes, as próprias ações podem contar a história, como no caso da empresa Amazon. Essa varejista *on-line* investe pouco no marketing *off-line* e concentra seus investimentos em tecnologia, distribuição e bons negócios. Segundo um especialista de *marketing*, "Não se trata de espalhar seu logotipo para todo lugar. Trata-se de facilidade de uso". De modo semelhante, a Zappos estruturou seus negócios no **estoque**, na **entrega** e no **atendimento**; os clientes sabem que, se um sapato não servir, eles podem enviá-lo de volta à empresa, sem custo. Não surpreendentemente — talvez —, a Amazon comprou a Zappos em julho de 2009.

○ **Conheça sua base.** As empresas que têm êxito são aquelas que conhecem o ramo de negócio em que estão. O Ritz-Carlton sabe que está no setor de serviços, e a Maclaren no ramo de produtos para bebês. Portanto, ambos têm de se concentrar no que diferencia sua marca nesses setores. Bill Taylor, em um artigo na *Harvard Business Review* sobre o "incrível" atendimento ao cliente oferecido pela Zappos, ressalta que "é a relação emocional que sela o negócio". Se você vende um produto qualquer, esse produto tem de ser confiável e apropriado para seu mercado-alvo; isso vale também para os serviços que você oferece. A adequação é importante.

○ **Ganhe a confiança de todos os grupos de interesse.** O distanciamento não tem mais lugar na era totalmente aberta das mídias sociais. As pessoas sempre se intrometem no trabalho umas das outras com conselhos dispensáveis, mas agora elas podem entrar *on-line* e dizer ao mundo o que pensam. Os consumidores também podem clicar por aí atrás de informações sobre um produto ou uma empresa; Randall Beard, ex-diretor de *marketing* global da UBS, observa que "verificar e confirmar o comportamento de uma empresa para descobrir se suas ações correspondem às suas palavras é muito fácil para os consumidores".

A confiança é particularmente importante para as empresas que atuam exclusiva e amplamente *on-line*. Você desembolsaria centenas de dólares por um par de sapatos ou um suéter que você não sabe se servirá em você se não soubesse que poderia devolvê-lo facilmente? E você não gostaria de alguém bem informado para orientá-lo nesse processo? A Lands' End, L. L. Bean e Zappos têm **políticas de devolução generosas** e uma fartura de atendentes. A página *web* de atendimento ao cliente da L. L. Bean se abre com uma citação de Leon Leonwood Bean: "Um cliente não é uma interrupção em nosso trabalho [...] ele é o propósito disso".

○ **Reconheça os erros.** Os erros são em sua maioria pequenos — uma refeição fria, uma camiseta do tamanho errado, uma estante quebrada — e não exigem a intervenção do diretor executivo. Os funcionários que têm condições de solucionar o problema devem ser adequadamente treinados e capacitados para isso. O Ritz-Carlton destina US$ 2.000 a todos os funcionários, valor que deve ser gasto para satisfazer todo cliente que tiver uma reclamação. O diretor de recursos humanos John Collins afirma: "Você nunca ficará numa enrascada se der um passo além." (Se o erro for grande, tente fazer o oposto do que foi proposto na seção "Quando o Gerenciamento de Impressões Organizacional Dá Errado".)

○ **Corrija os erros.** Outro fator óbvio — ou assim você poderia pensar. Contudo, sua organização tem um método para identificar os problemas ao longo do tempo, para controlar se um erro é isolado ou faz parte de um problema mais amplo e mais persistente? Os funcionários têm um método para levar essas informações à atenção da administração e são recompensados por isso?

○ **Identifique preocupações emergentes e reaja.** Seus clientes estão preocupado com o meio ambiente? Eles estão atentos às condições de trabalho que você oferece em suas fábricas no exterior? Algum de seus parceiros de negócio ou de seus grupos de interesse já foi alvo de protestos e boicotes?

○ **Nunca reclame, mas explique.** Os grupos de interesse não quererem ouvir a respeito do seu dia difícil ou que você deseja ter sua vida de volta; eles já têm de se preocupar com a vida deles. Os funcionários estão interessados nas expectativas de

Influenciando as impressões do público sobre sua organização

produção e em um ambiente de trabalho recompensador; os acionistas querem ter certeza de que seus investimentos estão sendo gerenciados por executivos inteligentes e com visão de futuro; e os clientes se interessam pelo valor contido no produto final — ponto final. Nunca é bom ganhar a reputação de chorão. Sem desculpas.

Existe um fator comum em tudo isso: **preste atenção**. Na verdade, isso começa e termina com a atenção que você dá a todos os aspectos de seu negócio, das pessoas que se encontram na linha de combate à pessoa que trabalha em um escritório luxuoso e a tudo e todas as pessoas em algum ponto intermediário. Todos os dias você tem oportunidade de acertar ou errar. Preste atenção para acertar.

No capítulo subsequente, você descobrirá de que forma pode exercer influência por meio das palavras, seja falando ou escrevendo, e enquadrar sua linguagem para chegar mais próximo de suas metas e objetivos.

CAPÍTULO 11

Utilizando suas palavras para influenciar e mudar mentalidades

Minha filosofia para ajudar meus clientes a formular e transmitir com êxito uma mensagem convincente pode ser resumida em uma citação bastante difundida, que uma vez foi utilizada com grande efeito por um orador não muito talentoso, Gordon Brown, ex-primeiro ministro do Reino Unido. Parafraseada, ela se torna: "Quando Cícero dirigia-se ao povo na Roma antiga, as pessoas diziam 'Grande discurso.' Porém, quando Demóstenes dirigia-se ao povo de seu tempo na Grécia antiga, eles diziam 'Marchemos.'" Não me importa o quanto um orador é eloquente ou adorável, mas de fato me importa que suas palavras e sua mensagem desencadeiem alguma coisa — levem as pessoas a **"marchar"**.

Já que você está procurando formas para ampliar, desenvolver ou começar a formar sua **esfera de influência**, é bom saber que o poder da oratória faz parte da base que você precisa dominar. É mais do que falar em público e dar palestras ou fazer apresentações, o que a maioria das pessoas aprendeu a ver como um mal necessário e um espetáculo desagradável que é mais bem encenado com o piloto automático de um navegador de nome *PowerPoint* no comando.

Falar com o objetivo de influenciar e mudar mentalidades exige mais do que um método corriqueiro. Embora útil para qualquer homem, mulher ou criança, essa habilidade é mais fundamental para líderes e profissionais promissores e empreendedores que se preocupam intensamente em fazer diferença e não desistem enquanto não conseguem agitar as emoções e conquistar a mente daqueles que podem ajudar tudo isso acontecer.

Enquadramento: domine a linguagem da influência

Entretanto, não é suficiente simplesmente incitar as emoções de seu público se você deseja influenciá-lo; na verdade, você precisa **moldar** as emoções do público para conduzi-lo ao resultado que você quer obter.

É aí que o **enquadramento** (ou **formulação**) entra em cena. A habilidade de enquadramento é um componente fundamental no conjunto de instrumentos de qualquer pessoa que pretenda influenciar alguém porque as pessoas automaticamente procuram atribuir significados aos sinais de comunicação que elas percebem ao seu redor. E enquadrar estrategicamente significa controlar o significado que as pessoas extraem.

Quando tentamos enquadrar uma questão, escolhemos com cuidado nossas palavras para que isso atraia a atenção do ouvinte para um determinado significado — aquele que desejamos transmitir —, dentre vários significados possíveis. Os fatos são aprimorados, vestidos ao gosto dos simpatizantes e arranjados como parte do que está em apreciação.

Também enquadramos quando queremos que alguém veja apenas um determinado aspecto de uma questão — por exemplo, quando desejamos influenciar ou persuadir um público a comprar um produto específico ou a votar em um candidato específico ou solicitar a cooperação dos colegas. Não mudamos os fatos, porque isso seria mentir, mas escolhemos o que apresentamos para moldar o significado que os outros extrairão. Isso se aplica às avaliações de desempenho, à discussão sobre as qualidades de alguém enquanto líder e à adequação de um funcionário a um novo cargo ou a uma vaga em uma equipe.

Em vista do impacto que a **linguagem** pode ter sobre a criação de significados na mente das pessoas e em vista de seus efeitos no modo como as pessoas percebem a realidade, precisamos observar com atenção como essa influência é exercida. Mesmo em uma sociedade com liberdade de expressão, é responsabilidade do emissor perceber e ponderar sobre como suas palavras serão interpretadas e que ações elas desencadearão. Do contrário, não haverá nenhuma diferença entre as palavras e uma possível arma mortal para influenciar a vida de alguém.

Por que os quadros nos afetam de uma maneira tão vigorosa? Ao contrário da teoria da escolha racional na economia clássica, que afirma que as pessoas fazem escolhas que são realistas e racionais, a teoria do enquadramento propõe que as estruturas utilizadas na comunicação exercem fascínio sobre as pessoas e que a forma como algo é apresentado (o "quadro") influencia as escolhas que as pessoas fazem. Os cientistas descobriram estruturas conceituais no cérebro. Essas estruturas funcionam como um dicionário pessoal ao qual o cérebro consulta sempre que precisa compreender uma questão ou tomar uma decisão. Pode ser uma decisão sobre comprar um *home theater* ou votar em um determinado candidato político. Essas estruturas são apresentadas em forma de metáforas, sistemas de valores, tradições, crenças, experiência pessoal e teorização extraída de livros-texto, de histórias para a hora de dormir ou de qualquer outra fonte. Pense na formação dessas estruturas mentais da seguinte forma: quando você se exercita, desenvolve os músculos do corpo, dependendo da área que você exercita. De modo semelhante, se você pensa várias vezes sob um determinado ângulo e conceitualiza uma questão, um tecido cerebral (a formação de várias conexões sinápticas nervosas) pode se desenvolver e manter como um estrutura em seu cérebro.

Para apresentar uma prova simples da existência de quadros (estruturas) e de sua teoria de estruturas cognitivas, o professor George Lakoff, cientista cognitivo e linguista na Universidade da Califórnia, Berkeley, normalmente expõe o seguinte experimento aos seus ouvintes para mostrar que é possível observar a atuação dessa estrutura cognitiva. Você pode pôr esse experimento à prova neste exato momento. Respire profundamente, esvazie a mente e, depois de alguns segundos, siga a instrução apresentada. Sim, a instrução é esta: **não pense em um elefante**!

Na sala de aula, após alguns minutos, o professor dirige-se aos alunos: "Aqueles que não pensaram em um elefante levantem a mão." Normalmente, pouquíssimos levantam a mão. Agora fica fácil para o professor explicar que todos nós temos uma estrutura cognitiva, uma imagem mental, com relação ao conceito e às características específicas de um elefante. Assim que ouvimos a instrução "Não pense em um elefante", o quadro ou estrutura mental do **elefante** automaticamente é ativado, fazendo com que a maioria de nós pense no elefante, queiramos ou não. É praticamente impossível não pensar em um elefante, visto que a estrutura cognitiva relacionada ao elefante está ativa em nosso cérebro.

Outro teste rápido: não pense em um midáspora. **Você não pensou em nada, certo?** É uma palavra inventada e, portanto, você não teria nenhuma estrutura cognitiva que eu pudesse ativar. Desse modo, nesse caso você teria um **branco mental**.

Você pode começar a ver como o enquadramento de alguma coisa pode afetar a realidade em si. Visto que as pessoas podem experimentar apenas uma pequena porção da realidade que as afeta pessoalmente (quer dizer, as informações que elas recebem por meio dos cinco sentidos), elas dependem de que outras pessoas lhes transmitam a maior parte da "realidade" externa ao seu próprio âmbito de experiência — por exemplo, acontecimentos, dados, notícias, conversas e histórias.

Em outras palavras, enquadrar não consiste apenas em moldar a **percepção** sobre uma determinada situação; consiste em moldar a **realidade** da situação. Você não precisa ser cientista cognitivo para ver o poder que isso tem.

Por que os quadros são importantes

Portanto, como você enquadra uma questão a seu favor? Se você deseja ser eficaz, precisa se lembrar de **quem** é seu público, sobre **qual** produto ou ideia você deseja informá-lo e **como** você deseja que ele responda. É improvável que um quadro brilhante destinado a angariar defensores consiga conquistar o apoio dos céticos. E alguém que está preocupado com questões orçamentárias não será persuadido por apelos à imagem organizacional. Obviamente, você precisa dar uma instrução (**Compre! Vote! Registre-se! Seja um voluntário!**) ao final de seu argumento. Assim que você identificar a tríade **quem**, **qual** (o **que**) e **como**, poderá refletir sobre as melhores palavras ou imagens que você deve utilizar para pintar esse quadro.

O quadro não funcionará se você não tiver noção de **quem** é seu público. Você está tentando convencer seus colegas? Seu chefe? Seus subordinados? Você está tentando se aproximar de um grupo de interesse ao qual pertence ou está tentando atrair pessoas que estão fora de sua esfera de ação. Ou talvez você queira atrair atenção da mídia a fim de ampliar o público para a sua mensagem. Seja o que for, você deve saber quais são as preconcepções desse público (as quais você pode reforçar ou tentar evitar ou anular), bem como se ele responderá a uma linguagem moral, a um temperamento afável, ao sarcasmo, ao sentimentalismo etc.

Qual é o foco de nosso exercício de enquadramento? Essa pode parecer a pergunta mais óbvia, mas não a considere como fato consumado. Você está vendendo um determinado produto? Seu produto está concorrendo direta ou indiretamente com outro? Ou talvez você esteja promovendo um modo de pensar e queria que seu público associe, digamos, "conforto", "luxo" ou "eficiência" com sua marca. Ou talvez seja uma atividade ou ideia inovadora, uma reestruturação ou a busca de um novo plano de pesquisa; seja o que for, você deve saber o que exatamente está tentando vender.

Como você deseja que as pessoas respondam a uma proposta também não é tão direto e objetivo quanto parece. Você deseja que as pessoas reajam de maneira positiva, negativa ou neutra? Você deseja que elas ajam a seu favor, contra alguém ou alguma outra coisa ou que elas desistam de atuar em conjunto? As campanhas eleitorais normalmente contêm tanto mensagens positivas quanto negativas: **vote em mim** e **não naquele babaca**. Contudo, as campanhas em torno de questões políticas mais gerais podem procurar apenas manter os eleitores fora do jogo, incentivar uma atitude de esperar para ver ou mesmo refrear o comparecimento às urnas.

E não se esqueça de que você precisa identificar várias tríades em qualquer campanha. Nas campanhas eleitorais, por exemplo, procura-se motivar os partidários, persuadir os indecisos e desmoralizar ou inibir os adversários. É necessário coordenar os quadros ao longo do tempo e da forma que for apropriada a cada público.

As campanhas complicadas — um novo empreendimento, restauração de uma imagem prejudicada ou uma política multifacetada — exigirão um quadro central convincente e inúmeros quadros auxiliares. Considere, por exemplo, a controvérsia em torno da pesquisa sobre células-tronco embrionárias humanas. Nos EUA, é proibido oferecer financiamento público a qualquer pesquisa sobre embriões humanos, embora as pesquisas com financiamento privado sejam legais. Tendo em vista que a derivação de células-tronco destrói inevitavelmente o embrião, está claro que nenhum recurso público pode ser utilizado para fazer essa derivação; o que ainda não está tão claro é se é permitido utilizar recursos públicos em pesquisas sobre as células-tronco em si.

UTILIZANDO SUAS PALAVRAS PARA INFLUENCIAR E MUDAR MENTALIDADES

Esta é apenas uma parte da controvérsia: como interpretar a Lei Dickey-Wicker (a cláusula que proíbe a pesquisa com embrião) é uma questão complicada por si só. Entretanto, existem igualmente outras partes, envolvendo questões como biologia das células-tronco, sua potência e como controlar seu desenvolvimento (de modo que, por exemplo, elas não provoquem câncer); os méritos relativos das células-tronco embrionárias *versus* adultas; em quanto tempo e com que probabilidade ocorrerão avanços médicos; qual é a finalidade do financiamento federal para pesquisas biomédicas; e, obviamente, todo o conjunto de questões morais com relação à condição do embrião e à obrigação de aliviar o sofrimento.

Em outras palavras, essa questão é complicada.

Portanto, como os proponentes da pesquisa sobre células-tronco embrionárias conseguiram convencer um presidente contrário ao aborto, George W. Bush, a permitir um financiamento público limitado para esse trabalho? Um acadêmico defende que as pessoas a favor do financiamento público conseguiram enquadrar o debate como um imperativo biomédico, apresentando uma narrativa central da pesquisa científica associada ao avanço médico, de tal forma que mesmo os contrários à pesquisa foram obrigados a travar o debate sobre os méritos da ciência, e não sobre seu fundamento preferido quanto à condição de pessoa do embrião.

Em virtude da capacidade (chamada de **pluripotência**) das células-tronco embrionárias transformarem-se em quase qualquer outra célula do corpo, os proponentes conseguiram defender-se contra o argumento do oponente de que as células-tronco adultas (que são multipotentes ou só são capazes se transformar em alguns tipos de célula) poderiam ser um substituto respeitável para as células-tronco embrionárias. Isso igualmente ajudou os proponentes a também favorecer a pesquisa sobre células-tronco adultas: eles conseguiram passar a imagem de que estavam procurando expandir **todas** as áreas de pesquisa promissoras; os oponentes foram retratados como se estivessem restringindo essa possibilidade.

231

Além disso, os proponentes conseguiram estabelecer um viés moral para a pesquisa científica associando-a com a obrigação médica de aliviar o sofrimento e, ao fazê-lo, recusaram-se a ceder o fundamento de moralidade aos que se opunham ao aborto. Essa foi uma parte fundamental do enquadramento dos proponentes: eles argumentaram não apenas pelo bem da pesquisa científica, mas também pela **pesquisa científica como parte essencial do avanço da medicina**. Esse avanço da medicina, por sua vez, poderia criar terapias para lesões e doenças como diabetes ou mal de Parkinson, isto é, possibilitaria melhorar a vida das pessoas — um bem moral evidente.

Os oponentes defenderam que qualquer pesquisa que exija a destruição de embriões, os quais eles consideram seres humanos, é **inerentemente imoral**: não se pode matar determinadas pessoas em benefício de outros. Contudo, eles estavam em desvantagem nesse argumento em inúmeros sentidos. Primeiro, embora seja verdade que todos os seres humanos começam como embrião, **nem todos concordam que o embrião é em si uma pessoa**. Segundo, e em relação à primeira questão, o embrião é microscópico, e nas imagens os embriões não se parecem tanto com pessoas. Terceiro, embora as pessoas discordem com relação à condição moral dos embriões, geralmente elas concordam que os beneficiários da pesquisa sobre células-tronco **são** de fato pessoas. Em resumo, o finado ator do *Super-Homem*, Christopher Reeve, e Michael J. Fox, conectados emocionalmente com vários públicos, sempre sobrepujarão as imagens de embrião.

Concluindo, os proponentes também apresentaram conceitos gerais sobre liberdade e escolha — ideias poderosas na vida política norte-americana. Eles argumentaram a favor da liberdade para conduzir pesquisas científicas e, mais importante, da ampliação das opções de tratamento para todos os norte-americanos. Alguns pacientes contrários à pesquisa sobre células-tronco embrionárias testemunharam perante o Congresso e vários painéis sobre bioética. Todavia, como se considerou que os oponentes estavam procurando restringir a liberdade, esses argumentos não repercutiram tão bem quanto aqueles que procuravam ampliá-la.

Ao moldar a questão como um avanço científico e médico, ampliando esse quadro com o imperativo moral de aliviar o sofrimento (e proeminentemente destacando em seus depoimentos as pessoas que poderiam se beneficiar desse trabalho) e explorando temas norte-americanos mais amplos de liberdade, os proponentes foram capazes de moldar uma discussão complexa de uma maneira que os oponentes nunca conseguiriam vencer totalmente. Embora os oponentes tivessem capacidade para influenciar o resultado — o presidente Bush havia autorizado o financiamento apenas à pesquisa sobre linhas de células-tronco já existentes —, não conseguiram mudar suficientemente os termos do debate para superar a vantagem do quadro estabelecido por aqueles que eram a favor da pesquisa.

Tecendo imagens claras e convincentes por meio da narração de histórias

A coisa mais importante que se deve saber com relação à criação de significados é que a **narrativa funciona**. Você tem de contar uma história. Seja uma história edificante de redenção ou um conto adverte sobre inércia, queira você impelir sua organização para uma nova direção ou convencer seus colegas da importância de uma nova tecnologia, queira você estimular ou desestimular uma atividade, você **tem** de contar uma história. Ela pode ser biográfica ou histórica, especulativa ou futurista, negativa ou positiva, real ou totalmente fictícia — desde que relevante para seu público e seu objetivo. Contar a história certa para a situação em questão é o que importa. E uma história sempre supera argumentos precisos ou uma apresentação estatística, porque ela dá alma aos seus dados.

Não estamos falando sobre "**era uma vez**". Imagine isso mais como uma trajetória narrativa: **onde você esteve**, **você está agora**, **para onde você está indo**. Nesse nível mais básico, a história tem um protagonista com o qual o público pode se identificar, qualquer número de obstáculos que devem ser superados ou estão no caminho do protagonista que está tentando concretizar seus objetivos ou uma lição a ser aprendida.

Por que as histórias funcionam? Simples! As pessoas lembram-se delas. As pessoas identificam-se com elas. As pessoas veem-se nelas.

Digamos que você queira vender uma determinada marca de carro, uma que tenha um eficiente consumo de combustível por quilometragem. Você mostra uma fotografia *still* (sem movimento) do carro, com uma voz em *off* mencionando que o carro é confiável e oferece várias opções de cores e em seguida anuncia a quantidade de quilômetros que ele percorre com um litro de combustível? Ou você mostra um carro cheio de amigos passando velozmente por um posto de combustível após outro ao som de uma trilha animada, cruzando cidades pequenas e grandes, terras cultivadas e desérticas, subindo e descendo montanhas? Há porventura alguma tomada mostrando um envelope intitulado "grana para o combustível" com um valor razoável de dinheiro ao final da viagem? Você pode mostrar os quilômetros por litro e a garantia de zilhões de quilômetros piscando na tela enquanto esse grupo apanha o dinheiro e parte para um dia ou uma noitada de diversão.

Tudo bem, isso também é um tanto óbvio, mas o motivo disso é que nos acostumamos a tal ponto com as histórias, que as consideramos óbvias. Os *slogans* de algumas empresas oferecem a síntese de uma história: "Como um bom vizinho, a State Farm está lá"; "*It's Miller time*" ("É hora da Miller"); "Importado de Detroit"; e uma volta ao passado, "*It's morning in America*" ("É de manhã na América"). Esses *slogans* pressionam um botão narrativo no público, que então faz a virada: essa seguradora cuidará de mim; fim de expediente, é hora de relaxar tomando uma cerveja; os norte-americanos fabricam carros tão bons quanto os importados; os norte-americanos têm um futuro brilhante pela frente com Ronald Reagan. São fragmentos, e não romances, mas o que o *slogan*

UTILIZANDO SUAS PALAVRAS PARA INFLUENCIAR E MUDAR MENTALIDADES

oferece na apresentação prévia e a história transmite é o que evoca o significado para o seu público.

Stephen Denning, consultor privado e especialista na arte de narrar histórias organizacionais recomenda a utilização de estruturas narrativas específicas para concretizar objetivos importantes por meio da narrativa:

- Se estiverem circulando boatos e suposições com os quais você precisa lidar porque isso está distraindo as pessoas na organização, amedrontando-as a ponto de provocar paralisia e fazendo a produtividade despencar, experimente isto. Se os boatos tiverem algum fundamento real (a reestruturação parece ser um fator que as pessoas temem), avalie com cuidado, defina o problema e informe as pessoas sobre como elas serão afetadas no sentido positivo e negativo. Não espere, pois assim fará com que todos temam perder o emprego. Se os rumores forem completamente falsos e produto da imaginação das pessoas que ficam fofocando nos corredores, ressalte o quanto isso é ridículo e tranquilize todo mundo.
- Quando você estiver precisando de ação, de fazer as pessoas seguirem um rumo novo e talvez incômodo, narre uma breve história de sucesso. Aqui, o segredo é diminuir ao máximo os detalhes (deixar a imaginação dos ouvintes completarem o quadro); mostre que essa situação ocorreu no passado e que teve um ótimo resultado. Lembre-se, a história não precisa ser sua; pode ser qualquer história que você tenha ouvido ou lido e que seja adequada e tenha efeito. As experiências pessoais são menos importantes do que um tom e resultado inspiradores.
- Se você estiver precisando apenas compartilhar conhecimentos, a dificuldade, em termos de influência, é fazer com que essas informações sejam assimiladas e compreendidas e, desse modo, úteis quando houver necessidade. Esse é o momento em que você acrescenta à história que está servindo uma porção generosa

de informações sobre "o que deu errado". As **histórias negativas** são particularmente úteis em situações de treinamento e nos casos em que a aprendizagem é um produto essencial. As narrativas que falam sobre erros que provocaram consequências ruins são eficazes porque os seres humanos adoram drama e uma linguagem que inclua coisas como "...e, em um momento de distração, ele soltou a válvula errada, fazendo com que o vapor pressurizado queimasse sua..." — você captou a ideia. Ficamos fascinados e, ao mesmo tempo, temos de repassar a situação em nossa mente e fazê-la da "maneira correta", diferentemente do protagonista desafortunado nessa narrativa.

○ Se você precisar concretizar objetivos de liderança importantes e influenciar sua equipe, é fundamental ter em seu arsenal uma **estrutura narrativa visionária**, que é um componente básico da liderança. E os líderes que não são visionários terão dificuldade para pintar um quadro de futuro que supostamente seus subordinados devem seguir. Portanto, como você retrata essa visão? Ela deve ser simples e verossímil. Quando você descrever um futuro melhor, ele deve ser suficientemente sedutor e promissor para que seus ouvintes possam se ver nele. Porém, evite entrar em muitos detalhes porque grande parte deles pode se revelar errada. Afinal de contas, ninguém consegue prever realmente o futuro.

Seja qual for a forma de comunicação, se você quiser influenciar seu público sobre um modo de pensar ou uma meta específica, terá de lhe oferecer um incentivo para segui-lo. Contar uma história estratégica pode lhe dar um trunfo maior para chegar lá.

A mensagem central

As histórias e o enquadramento de nada adiantarão, obviamente, se você não tiver uma ideia sólida para defender. Embora você tenha de contar diferentes histórias e utilizar diferentes quadros, dependendo

UTILIZANDO SUAS PALAVRAS PARA INFLUENCIAR E MUDAR MENTALIDADES

da situação, é o resultado final pretendido que determina o caminho para chegar lá.

Em primeiro lugar, identifique sua mensagem central. É isso que determinará todo o restante de sua história. É o seu ponto de vista exclusivo, seu ângulo de ataque. É também o que se denomina tese, tema ou pensamento determinante que você está tentando explicar, promover ou inculcar.

Para falar com influência, você precisa exercitar. Quem o ouvirá — **literal** e **figurativamente** —, se você não tiver nenhuma experiência, convicção ou credibilidade com relação ao tema e não tiver estreitado esse tópico suficientemente para chegar ao âmago do que deseja que os outros compreendam? Que impacto sua apresentação terá? No final de tudo, quando a última pessoa estiver se dirigindo arrastadamente à porta de saída e você estiver juntando suas coisas no púlpito, do que as pessoas vão se lembrar? O que terá se fixado às paredes intelectuais dessas pessoas que as motivará a apoiar uma proposta ou resistir às tentativas de influência daqueles que se opõem a você? Idealmente, são os pontos fundamentais que você afixou a essas paredes para apoiar de maneira incontestável sua mensagem central.

Se sua mensagem for nebulosa, elas a levarão sem saber o que fazer com ela. Talvez elas achem que você fez uma boa apresentação — excelente, ainda que como Cícero —, mas não conseguem se lembrar do quê. Talvez elas tenham compreendido uma questão, mas não as outras e certamente não aonde você estava querendo chegar com tudo aquilo. Por isso, elas estão confusas e não conseguem pensar na direção que você deseja que elas pensem. Portanto, cave fundo por aquilo que você deseja **desesperadamente** (o negrito é para dramatizar) que seus ouvintes considerem, elucide da forma mais simples possível (sempre melhor do que da forma mais complexa) e respalde com uma quantidade suficiente de motivos e evidências.

Jack Welch, ex-diretor executivo da GE, tinha uma mensagem central — eu falei sobre isso no Capítulo 6 — para o conglomerado de unidades de negócios dentro da GE. Repetindo: "Somos a primeira ou segunda em qualquer negócio em que estivermos, do contrário caímos fora." Sua receita para as unidades de negócios com um desempenho abaixo do esperado era: "**Corrija, venda ou feche.**" Era uma mensagem simples com palavras vigorosas que todos os milhares de gerentes da GE compreendiam.

O segredo para chegar à sua mensagem central é você confiar plenamente nela e concluir que ela é a sentença que afirma vigorosamente o que deseja explicar e fazer compreender.

Utilize palavras que convencem

Vamos então ao âmago da questão: **como moldamos nossas narrativas e enquadramos nossas apresentações em torno de nossas mensagens centrais?** Tudo começa com as palavras: as palavras que empregamos com nossos clientes e familiares, chefes e pares, colegas e parceiros comerciais determinam em grande medida quanta influência ganhamos ou perdemos em qualquer momento. A maioria de nós ainda não subiu em um palanque público, no qual as palavras devem ser cuidadosamente escolhidas e analisadas em termos de significado, honestidade e postura — sem falar no impacto que se quer provocar sobre qualquer grupo em particular.

Os mercados financeiros podem subir ou descer quando uma única frase é mal interpretada ou interpretada corretamente. A **fábrica de rumores organizacionais** ("fofocas") pode engatar uma marcha mais veloz quando se deixa escapar um comentário descuidado sobre "reestruturação" no lugar errado; diretorias e gabinetes convocam reuniões de emergência em virtude de um pronunciamento, presidencial ou não, que ameaça o *status quo*. É por isso que o presidente dos EUA utiliza o que eles chamam de "sala de caldeira" ou "panela de pressão" para redatores de discurso e instrutores de mídia — tal como a maioria dos diretores executivos da *Fortune* 500, embora em menor escala — para garantir que a

UTILIZANDO SUAS PALAVRAS PARA INFLUENCIAR E MUDAR MENTALIDADES

mensagem pretendida seja escrita com palavras que se façam entendidas. Quanto maior o palanque, maior influência as palavras têm.

Entretanto, isso não livra de uma fria os mais habituados e profissionais. De acordo com minha experiência, a maioria dos altos executivos e gerentes de nível médio presta pouca atenção à linguagem que eles empregam, simplesmente porque ela faz parte do jargão profissional com o qual eles se sentem à vontade. Por isso, se eles parecem com clones que geram ou nutrem ideias insípidas e embotadas, repetindo o que eles compilam de relatórios de negócios, prospectos corporativos, memorandos e *e-mails* que trocam entre si. Deveríamos ter permissão para multar os infratores toda vez que eles empregarem verbos como *architect* (arquitetar) — é verdade, esse **substantivo** tem sido utilizado como **verbo**! —, *disintermediate* ("desintermediar"), *e-enable* (habilitar algo para a Internet), *envisioneer* e não *envision* (visionar), *incentivize* (incentivar), *reintermediate* ("reintermediar"), *facilitate* (simplificar/auxiliar), *interface* ("interfaciar") e *repurpose* (usar ou converter algo para ser usado em outro formato). Os adjetivos também deveriam ficar presos na laringe do locutor quando soam levemente a algo como *clicks-and-mortar* (em relação a operações *on-line* e *off-line*), *holistic* (holístico) ou *user-centric* (em vez de *user-centered*, centrado no usuário). E se acrescentarmos alguns substantivos como *action items* (itens de ação), *bandwidth* (largura de banda), *convergence* (convergência), *supply chains* (cadeias de suprimentos) e *e-services* (serviços eletrônicos), podemos simplesmente desanimar qualquer ser vivo ao alcance do ouvido.

O que muitas pessoas que se formaram em negócios, economia, política e outras profissões liberais necessitam **reaprender** é a linguagem simples do narrador de histórias que capta e transmite significados escolhidos a dedo no precioso baú de **650.000** palavras que é a **língua inglesa**. O famoso escritor Rudyard Kipling disse uma vez: "As palavras são a droga mais poderosa usada pela humanidade. As palavras não apenas contaminam, egotizar, narcotizam e paralisam, mas penetram e matizam as diminutas células do cérebro." Portanto, quando estivermos decidindo que palavras empregar para exercermos influência, devemos escolhê-las sabiamente.

Vejamos alguns exemplos concretos. Aqui, a palavra-chave é **concreto**, visto que as palavras que têm significados concretos têm uma influência mais visceral do que as abstratas. Isso porque, quanto mais concretas forem as palavras, mais claro será o significado extraído pelos ouvintes. As palavras concretas com frequência podem ser traduzidas imediatamente em uma percepção sensorial, porque elas se baseiam nos cinco sentidos. **Tatear** (tato), **ouvir** (audição), **cheirar** (olfato), **ver** (visão) **degustar** (paladar) e **pensar** são palavras concretas. **Perceber** é uma palavra abstrata que se inscreve na lógica e também nas emoções.

Você alguma vez já pisou em um besouro e o ouviu sendo esmagado? Apenas a palavra **esmagar** já o faz sentir repulsa. Trata-se de uma percepção sensorial desencadeada por uma palavra simples e concreta. **Matar** um besouro é mais abstrato; não há nenhuma percepção sensorial.

De forma semelhante, empregamos termos **concretos** e **abstratos** quando falamos da concorrência. Os técnicos de futebol podem falar em "esmagar a defesa do adversário" ou "decapitar a liderança". Essa linguagem tem o propósito de influenciar os jogadores a ter um nível de desempenho superior por meio dos sentimentos que são despertados pela linguagem concreta. "Neutralizar a estratégia de defesa do outro time", que é uma linguagem mais abstrata, simplesmente não tem o mesmo efeito.

O mundo dos negócios está povoado de metáforas do esporte, de guerra, de família e de relacionamento que transmitem um significado particularmente forte para o público. Palavras abstratas como **autonomia, eliminação, contribuição** e **recompensa** são difíceis e dão muito espaço para interpretações. Elas não sugerem imediatamente imagens que se traduzem em emoção — um componente fundamental para influenciar por meio das palavras. Para influenciar as pessoas, você terá de direcionar os pensamentos delas diretamente para o ponto que deseja, e a linguagem concreta é mais adequada para isso.

A boa notícia é que empregamos esse tipo de linguagem o tempo todo, principalmente em nossas conversas com amigos, familiares, colegas de trabalho e outros aliados. Bom, essas palavras precisam se vestir para o trabalho e acompanhá-lo, porque elas são extremamente essenciais nesse ambiente. Consequentemente, elas são as ferramentas de influência que você encontrará com maior frequência nas sala dos executivos principais de uma organização, onde a paciência para o jargão e o discurso duplo e ambíguo está em baixa. Os executivos querem ouvir uma linguagem direta e objetiva na sala da diretoria (paradoxal, não é mesmo?). E se você tentar iludi-los com frases como "utilizar metodologias de impacto" ou "sintetizar funcionalidades fora dos parâmetros convencionais", eles correrão atrás de você como um lobo faminto à caça de um coelho. Além do efeito, você está notando alguma outra coisa em relação a essas palavras concretas? Parece absurdo, mas um dos motivos de essas palavras serem tão poderosas é precisamente o fato de evocarem um quadro já estabelecido em nossa mente. Quando as associamos para criar **metáforas**, transformamos essa imagem em tela plana para uma imagem em 3D. As metáforas são poderosas porque elas se associam imediatamente com o que já conhecemos. Entendemos instantaneamente a mensagem sem despender energia e tempo para processar as palavras e compreendê-las. Basta comparar frases como "pisar no freio dos gastos" e "conter os gastos". Embora **conter** ou **deter** seja uma palavra concreta, o significado da mensagem é intensificado pelo emprego de "pisar no freio", uma metáfora que evoca imagens que se acoplam em um sentido emocional. Nessa frase, você pode se imaginar sendo jogado para a frente pela força de um veículo que é parado abruptamente. De modo semelhante, "explodir com alguém" é mais visceral do que "reagir com raiva".

Na verdade, verifique a adequação de sua linguagem em qualquer situação, mas escolha as palavras mais viscerais, mais carregadas de imagens e mais sensoriais.

Frank Luntz, especialista em sondagem de opinião pública e estrategista de comunicação do Partido Republicano, criou uma lista com as 11 palavras (e frases) mais poderosas para o ano de 2011. Em um artigo que Luntz escreveu para o *The Huffington Post*, ele tem uma mensagem "para aqueles que se importam com as palavras". Conte conosco, Frank! Ele diz: "Eu vou facilitar para você. Não é preciso vasculhar minha cesta de lixo nem procurar entre meus papéis. Vou abrir voluntariamente meus arquivos de computador." Ninguém nunca o acusou de ser reticente. De acordo com Luntz, as palavras (expressões) a seguir são "as que mais importam nos negócios, na política, na mídia e na cultura":

- A palavra **imagine** está na lista "porque é inspiradora, estimulante e tem uma definição específica para cada pessoa".
- Ele gosta de **sem desculpas** (*no excuses*) porque "transmite responsabilização, responsabilidade e transparência".
- **Entendi/captei** (*I get it*) está na lista de Luntz porque mostra uma "compreensão total da situação", bem como "disposição par solucionar ou resolver a situação".
- Ele acha que **tente se lembrar de uma única coisa** é o que os políticos deveriam dizer quando desejam ter certeza de que os "eleitores se lembrarão da questão que mais importa (para eles)".
- Para Luntz, **integridade inflexível** ou **determinada** tem duplo sentido e impacto, porque representa duas palavras poderosas para aqueles que procuram a integridade, mas são incrédulos e desejam que ela seja absoluta.
- Ele toma emprestada a frase **a verdade básica** (*the simple truth*) do bilionário incorporador de Las Vegas, Steve Wynn. Para Luntz, essa era uma das frases mais poderosas para aquele ano

UTILIZANDO SUAS PALAVRAS PARA INFLUENCIAR E MUDAR MENTALIDADES

porque "define o contexto para uma discussão objetiva que, de outra forma, poderia ser confusa ou controvertida".

○ As palavras e frases restantes que Luntz acredita que sobrepuja mtodas as outras em termos de poder são: **acreditar no melhor, tempo real, você decide, você merece** e **mãos à obra**.

Analise se você concorda e se essas palavras repercutem em você. O que concordo plenamente é com a simplicidade e objetividade de significado dessas frases e palavras.

Quando você estiver procurando palavras que tenham força e poder, é recomendável buscar as seguintes características:

○ As palavras são específicas e transmitem o significado que você deseja.

○ Elas são compreendidas universalmente e não exigem um dicionário.

○ Elas repercutem nos sentimentos e valores de seu público.

Falando com impacto

Em quem você está tentando provocar um impacto?

Conhecer o público é importante para a comunicação escrita, mas é absolutamente crucial para a comunicação oral (oratória). Na plateia existem pessoas instáveis, ocupadas e com muita frequência distraídas, que têm inúmeras ideias preconcebidas sobre tudo e qualquer coisa. Fazer com que seu conteúdo seja **relevante** para a situação do público e compreender seus sistemas de crenças específicos e as coisas que mais valoriza pode ser uma via expressa para atingir mentes e sentimentos ou pelo menos atrair sua preciosa atenção.

Haverá momentos em que você terá de influenciar um público cujos membros não sentem que têm algum interesse pela ideia ou proposta que você está apresentando. Eles não se opõem, mas também não estão particularmente interessados. Eles tendem mais para o lado neutro. Quando estamos **vendendo**, com frequência enfrentamos essa situação.

Sempre que você usar a palavra para influenciar, é indispensável criar e transmitir credibilidade e simpatia. Ambas são cruciais para conseguir atrair a atenção e, na melhor das hipóteses, obter o referendo das pessoas sobre você e sua ideia.

De modo geral, para atrair a atenção de alguém ou tirar alguém de um estado de inércia, a resposta para: **"O que vou ganhar com isso?"** deve ser **plausível**, **convincente** e, quanto mais **imediata**, **melhor**. As pessoas detestam esperar para obter compensação. Sua linguagem deve conter aspirações e ser positiva e igualmente comedida nas descrições, para que os próprios ouvintes pintem o quadro desse cenário futuro que você está defendendo. Assim que eles tiverem uma ideia do quanto poderão ser beneficiados por sua solução ou proposta, o *status quo* se tornará um lugar ligeiramente menos sedutor. E é o *status quo* — a situação existente na qual eles se sentem confortáveis — que você está tentando tornar indesejável.

Além de falar de uma maneira que transpareça aspirações, em relação a um cenário futuro desejado que esteja em consonância com as crenças e os valores dos ouvintes, você precisa encontrar também palavras carregadas de sensações que lhes mostrem o que eles poderiam perder em virtude da inércia ou por se apegar ao *status quo*. Ninguém deseja ser deixado para trás. Quanto mais pessoas você conseguir despertar para as suas ideias, maior interesse atrairá das outras. Anteriormente, falamos das pessoas observam outras quando desejam se adaptar e procurar contribuições para decisões importantes. Essa situação é um pouco mais complicada quando envolve pessoas que se opõem abertamente, ou talvez até de maneira hostil, às nossas ideias. Haverá resistência. O bom é que os antagonistas pelo menos estão se expressando. Eles não omitem sua oposição e desejam que você saiba por que estão resistindo a seus planos e ideias. Isso, além de sua pesquisa sobre os valores prevalecentes e as crenças que norteiam seu público, lhe oferece muito material de trabalho.

Existem vários motivos que levam as pessoas a resistir ou se mostrarem hostis às suas propostas; o segredo é **acertar em cheio** seus **valores** e **crenças**. Revele-os. Ressalte-os. Diga: "Pelo que posso perceber, tal e tal coisa é muito importante para você. E, portanto, isso e aquilo." Se você estiver certo, eles confirmarão com prazer.

É nesse ponto que você estabelece uma conexão com elas — repetindo, em resposta, as palavras que integram o léxico profissional delas — e encontra uma opinião coincidente ou um ponto em comum. Identifique os terrenos em que seus valores se fundem com os delas e concentre-se naqueles que você pretende influenciar. Conseguir dar o primeiro passo e abrir uma porta concentrando-se a princípio no que vocês têm em comum é fundamental para avançar aos poucos em direção a um maior entendimento sobre — e, com sorte, à aceitação de — suas ideias.

Obviamente, existem outros fatores além da simples postura do público. O tamanho, por exemplo, também importa. Que tamanho tem seu público? Você está falando para um grande número de pessoas em um auditório? Um grupo de 30 ou 40 pessoas em em uma sala de reunião? Para a sua equipe em uma reunião semanal? Veja algumas formas de fazer seu público curvar-se, em vez de esquivar-se, em cada uma dessas situações:

○ **Para um público mais amplo.** Tal como um ator de teatro, você terá de ampliar sua presença. Seus gestos devem ser apropriadamente mais amplos e sua voz deve chegar à última fileira para que sua mensagem seja ouvida com todas as nuanças em termos de tonalidade vocal e sinais não verbais. O estilo de sua fala — coloquial, carregado de aspirações ou expositivo — depende de seu objetivo e da reação que deseja do público.

○ **Para um grupo de tamanho médio.** Do mesmo modo que nos grupos maiores, você precisa avaliar com que facilidade você pode se conectar com o público por meio da voz e da linguagem corporal, dependendo do tamanho e da distância de cada membro em relação a você. Para ter êxito, o segredo é ajustar apropriadamente seus "instrumentos". Para facilitar, utilizam-se microfones de lapela e telas de projeção, mas nada consegue despertar mais as emoções quanto o contato visual de pessoa para pessoa quando se deseja promover algo.

○ **Para uma reunião de equipe.** Pondere sobre a dinâmica dos membros da equipe e procure obter dicas nisso. Qual é o estado de espírito e como eles se sentem em relação ao que está sendo discutido? Tal como um público, muitas vezes eles expressam abertamente suas opiniões, e seu plano determinará o rumo da discussão, se você tiver controle sobre a situação.

Ainda que você nem sempre queira um público **participativo** e **desembaraçado** — mesmo em reuniões de equipe —, sem dúvida é possível travar uma discussão mesmo com públicos mais amplos. Pense nas "reuniões com eleitores" tão populares entre os políticos norte-americanos ao longo das duas últimas décadas. Nesse caso, a maneira mais fácil de estabelecer uma conexão com o público é adotar um formato de pergunta e resposta, no qual você ou os membros do público fazem as perguntas. Você precisa estar em sua melhor forma — ser capaz de se lembrar de cabeça de fatos e argumentos, de improvisar e ser espirituoso — para responder perguntas do público, mas essa é uma maneira extraordinariamente eficaz de atrair seus ouvintes. Se você não tiver certeza de que está preparado para confrontar todos os ouvintes, mesmo assim você poderá se envolver com eles dirigindo perguntas e pedindo opiniões. Em ambas as circunstâncias, ao solicitar a participação do público, você estará um pouco mais perto de criar um elo emocional importante com ele.

Veja quais são as **dez armadilhas comuns** que você pode evitar ao se dirigir a um público:

1ª Desconectar-se do público ao se virar de costas para ler os *slides* do *PowerPoint* ou então escrever demasiadamente no *flip chart* ou na lousa.

2ª Ofender determinados membros do público ao fazer piadas inapropriadas.

3ª Perder a atenção de seu público ao utilizar exemplos e dados irrelevantes ou obscuros.

4ª Empregar uma linguagem ou um jargão inadequado ao vocabulário geral do público e, portanto, incompreensível para aqueles que não estão informados.

5ª Deixar os membros mais extrovertidos do público dominar a reunião com perguntas paralelas e temas controversos.

6ª Parecer confuso em reuniões de pergunta e resposta porque está despreparado ou se sentindo intimidado por determinados membros do público.

7ª Omitir o objetivo específico de sua fala e, desse modo, deixar o público se questionar a respeito de seu propósito.

8ª Não estruturar sua fala logicamente, de uma forma que o público possa acompanhá-la facilmente.

9ª Cometer o erro de não contextualizar os dados por meio de narrativas que tornem sua fala relevante para o público.

10ª Finalizar sua fala sem uma conclusão estratégica que informe ao público o que exatamente você espera dele e sobre o que ele deveria pensar ou fazer em seguida.

Preste atenção a essas dicas para obter melhores resultados em sua fala e ampliar seu poder de influência.

Até que ponto a comunicação escrita pode influenciar pessoas e mudar mentalidades

Embora a comunicação escrita não seja tão antiga quanto a comunicação oral (um fato que, paradoxalmente, não é possível comprovar porque não está documentado em nenhum lugar), ambas são anteriores à história documentada. As palavras, escritas e orais têm um poder excepcional para penetrar nos processos conscientes e subconscientes de um público e, portanto, são armas e ferramentas no eterno combate entre a vontade humana, interesses especiais e, com frequência, a **inércia** e a **ignorância**.

Do mesmo modo que na palavra oral, a essência de uma comunicação escrita eficaz é a **voz**, a marca pessoal exclusiva do redator no uso da linguagem e na apresentação da ideia e da pauta subjacentes. Na ficção e também na não ficção, essa voz torna-se o produto específico que o autor está promovendo, atraindo os leitores tanto para compartilhar um estilo e significado emocional quanto para a história em si. O redator pode utilizar uma narrativa na primeira ou terceira pessoa, um vernáculo coloquial, sem adjetivos, condimentado com eufemismos e imagens vigorosas, ou elaborações eloquentes do sublime. Particularmente na redação persuasiva — seja em ensaios, relatórios de intenções, artigos de opinião, jornalismo de defesa ou editoriais —, o objetivo é claro: atingir a mente consciente e subconsciente e instaurar ou mudar um sistema de crenças que viabilize o resultado desejado.

Uma das técnicas mais eficazes da redação persuasiva é potencializar o fenômeno da **retórica** na narrativa. Basicamente, retórica é a linguagem adornada e esmerilhada com um corte específico. É a união entre o familiar e o relevante, tal como a associação entre uma boa comida e a comida caseira. A escrita retórica eleva o tão difamado clichê a um novo patamar de credibilidade e eficácia ao legitimá-lo na fluência interna de uma mensagem escrita, algo muito parecido com um técnico que, no intervalo de um jogo, incita seu time com o calor das palavras ditas no vestiário. Naquele momento elas funcionam, elas obtêm o resultado desejado mais do que algumas opções menos familiares.

Do mesmo modo que a comunicação oral, a redação eficaz depende de que se compreenda o leitor pretendido e, sobretudo,

UTILIZANDO SUAS PALAVRAS PARA INFLUENCIAR E MUDAR MENTALIDADES

se demonstre **empatia** por ele. Quanto mais você souber o que seu público pensa e como ele reage às questões que você apresenta, mais estrategicamente conseguirá elaborar um plano para passar adiante ideias diferentes ou avançadas. A redação persuasiva sempre parece ser uma consequência da lealdade interior do público, quando se transmitem novas informações com uma perspectiva instrutiva e positiva, e não ameaçadora e desaprovadora.

Um exemplo é a influência exercida pelo trabalho e pelos escritos do finado Saul Alinsky, organizador comunitário, ativista e escritor, cujos ensinamentos influenciaram a jovem Hillary Clinton e igualmente Barack Obama em suas iniciativas de organização comunitária em prol da mudança social em Chicago. O trabalho realizado por Alinsky ao longo de várias décadas visava melhorar as condições sociais das comunidades mais pobres dos EUA e ajudá-las a se organizar de uma forma que lhes desse influência e poder. Seu livro pioneiro e controverso *Rules for Radicals* (*Regras para Radicais*) ofereceu uma estrutura de referência para os ativistas na década volátil de 1960 sobre como organizar o povo para uma mudança social. Ele foi chamado de "**profeta do poder**" pela revista *Time* e com frequência é citado ou mencionado pelos modernos gurus da mídia, de Chris Matthews a Glenn Beck.

Alinsky era no mínimo controverso, mas extremamente influente, e as linhas de abertura do *Rules for Radicals* parecem indicar o motivo: "O que se segue destina-se àqueles que desejam mudar o mundo de seu estado atual para o que eles acreditam que deveria ser. *O Príncipe* foi escrito por Maquiavel para ensinar os **ricos** a manter o poder. *Rules for Radicals* foi escrito para ensinar os **pobres** a tomar o poder."

E muito antes dos executivos do Facebook, Twitter e Google tornarem-se os protagonistas de revoluções e movimentos populares em prol da mudança, Thomas Paine, cidadão britânico que passou a viver nas colônias norte-americanas, publicou uma série de escritos influentes em 1774 que instigaram e inspiraram debates públicos sobre a independência dos EUA em relação à Inglaterra. O panfleto veemente de Paine, *Common Sense (Senso Comum)*, foi publicado logo após o início da Revolução Norte-Americana, fomentando a paixão dos colonos pela independência e contra a tirania com seu estilo simples e impetuoso, inteligível à maioria dos cidadãos menos letrados da época. Em um momento historicamente perfeito, Paine empregou em sua escrita um tipo de argumentação retórica e convincente que simplificou as ideias complexas para seus leitores e ajudou a influenciar acontecimentos da forma mais expressiva para o futuro dos EUA — e talvez do mundo. Segundo ele: "A causa dos EUA é, em grande medida, a causa de toda a humanidade."

Dos dias longínquos da tinta e da pena de escrever e das prensas tipográficas de pequena tiragem, a tecnologia mudou nossa forma de escrever e ler, e parece que continuará a fazê-lo num piscar de olhos. Passamos do *e-mail* para os *blogs* e da mensagem de texto ao Twitter tão rapidamente, que um **telefonema** ou uma **carta** parece **surpreendentemente fora de moda!**

Expressando-se pela escrita: do anonimato à influência

Portanto, o que é que torna um texto influente? Thomas Paine passou por um momento histórico que elevou seus escritos de **meramente relevantes** e **adequados** a **altamente influentes** e **inspiradores de mudança**. Desse modo, com tempo para moldar, aparar e dar mais vida às palavras em si, como sua escrita escapa da página, transformando-se em algo que muda mentalidades, estimula as pessoas a agir, inspira esperança e desencadeia mudanças de paradigma?

A resposta tem a ver com algo que a comunicação escrita tem em comum com a comunicação verbal, mesmo quando elas são espontâneas e reativas por natureza. A solução milagrosa é a **estratégia relacional** — agarrar e aproveitar um ponto em comum e em seguida extrair dele opções e oportunidades. Um texto influente raramente é uma agressão infundada ou uma crítica inexpressiva; na verdade, ele está mais para um plano estratégico, um sentimento de simpatia e condolência e a elucidação de um caminho melhor. Ele é escrito com base em uma interpretação íntima do ponto de vista inicial do leitor, que reconhece sua realidade ou pelo menos lhe demonstra empatia antes de pôr em primeiro plano uma perspectiva diferente.

A grande arma secreta da escrita influente são a percepção e as opções oferecidas ao leitor. As opções podem ser dispostas e distorcidas de uma maneira que sirva aos interesses do autor. Ou não. Algumas obras exploram as questões com clareza e objetividade (como *As Regras da Casa de Sidra*, de John Irving), utilizando a consequência (conclusão lógica/inferência) e a emoção para ajudar os leitores a avaliar as variáveis e colocá-las em seu contexto no mundo real. Embora particularmente o gênero ficção conduza as questões para um fundo moral a fim de favorecer a exposição do enredo, tenha certeza de que esses escritores tinham pleno controle de seu poder de influência em termos temáticos — tanto quanto os ensaístas e blogueiros utilizam a **imaginação** e a **analogia** como ferramentas para passar adiante suas ideias. Em ambos os casos, é esse contexto em comum — de questões políticas a questões histórico-culturais, como a escravidão e o voto feminino, do direito à vida à pena de morte e à equidade de nosso sistema judicial criminal — que se torna o alimento da influência.

Artigos opinativos: como redigi-los e posicioná-los

Quer você esteja escrevendo para um *blog*, redigindo um *white paper* ou delineando diretrizes inspiradoras para revolucionários *à la* Paine e Alinsky, o objetivo é praticamente o mesmo: demonstrar **liderança de pensamento** ou **ideias**, promover-se como fonte de inspiração e conhecimentos no momento em que seu nome aparece.

Em geral, os blogueiros são famosos por tomarem partido e dizerem exatamente o que pensam ou dizerem a verdade. Sua presença torna-se uma questão permanente de desenvolvimento/atribuição de marca, o que significa que o poder de influência latente aumenta com consistência e qualidade. O poder desses blogueiros, bem como do todo conhecido pelo nome de blogosfera, não deve ser trivializado nem ignorado — eles já derrubaram políticos, expuseram crimes e fraudes, pressionaram por mudanças sociais e inspiraram redes a restabelecer programas com baixa audiência. No que diz respeito à influência, a **atividade blogueira** é um **míssil titânico** em uma guerra travada com arremesso de dardos e ovos.

A influência é fomentada por uma liderança de pensamento ou ideias, visto que a diferença entre o *status quo* e um vasto delta de ideias novas e atraentes é, na verdade, a soma do poder de mudar mentalidades, modificar opiniões e levar os leitores a agir. E em nenhum outro lugar a influência por meio da escrita está mais claramente em evidência do que no âmbito dos artigos de opinião, antes uma especialidade do arguto, mas hoje — graças uma vez mais à tecnologia — uma oportunidade para todos.

O artigo de opinião encontra-se na "página oposta ao editorial" (e, por isso, é chamado de *op-ed*, de *"opposite to editorial page"*), e publicitários e relações públicas do mundo inteiro têm avidez por conseguir abrir uma porta para seu rol de especialistas nas colunas de artigos de opinião dos jornais de primeira linha e dos mercados *on-line*. E embora eu concorde que hoje a oportunidade de redigir um artigo de opinião está aberta para todos graças à *Web*, existem alguns territórios de artigo de opinião extremamente visados e difíceis de adentrar e que podem se traduzir em prestígio e em um público leitor valioso, sem mencionar a atenção da imprensa e de outras pessoas que você considera importantes e influentes para a sua carreira — em outras palavras, são espaços nos quais você deveria entrar. A página de artigo de opinião do *The New York Times* é uma delas; do *The Wall Street Journal* é outra. Do mesmo modo a do *The Washington Post, USA Today* e *Christian Science Monitor*.

A circulação do *The Wall Street Journal* gira em torno de 1,8 milhão de exemplares, semelhante em número à do *USA Today*. O

Utilizando suas palavras para influenciar e mudar mentalidades

The New York Times imprime perto de um milhão de jornais por dia, e o *The Washington Post* não está muito atrás, com cerca de 600.000 exemplares. Isso não inclui os leitores *on-line*, cujos números giram em torno de milhões para cada uma dessas publicações. Embora a circulação impressa do *Christian Science Monitor* praticamente não ultrapasse os 70.000, de acordo com os dados mais recentes, seu número de leitores *on-line* é respeitável, um fator que eleva a reputação da revista e o prestígio concedido àqueles que têm sorte o suficiente para ver seu artigo publicado.

Mesmo que você não tenha oportunidade de abrilhantar as páginas dessas publicações de prestígio — ou que esteja procurando se preparar para um público nacional —, existem muitas oportunidades para você expressar suas opiniões. Entre em contato com seus blogueiros favoritos, jornais locais ou com os jornais mais proeminentes em seu Estado. Se você fizer parte de uma associação de ex-alunos, empresarial ou cívica, envie-lhes seus artigos. E não se esqueça das inúmeras revistas *on-line*, diárias e semanais, que estão procurando conteúdos novos e criativos.

Tal como o *blog*, o artigo de opinião tem uma estreita janela de oportunidade; os leitores examinam os textos apenas por alguns segundos. O *lead* ou lide nunca deve ficar encoberto; ele é o parágrafo de abertura que contém a essência do conteúdo e deve ser elaborado como um gancho literário empolgante. Além disso, tal como *blog*, o texto deve ser sucinto e vigoroso e conter parágrafos curtos, e não deve ser retórico.

O artigo de opinião deve medir as palavras ou ser furtivo em relação ao objetivo principal. Ele deve, com efeito, solicitar o que deseja com um apelo direto à parcela de memória e à convicção do leitor, com uma lógica incontestável respaldada por pesquisas e evidências confiáveis e, mais importante, por uma **opinião convincente**.

Diferentemente de grande parte das obras da área de negócios, o artigo de opinião não precisa e não deve se esquivar de um toque pessoal. Nesse caso, o entusiasmo e o humor podem contribuir

253

de uma maneira que poderia imbuir um *white paper* de um viés não profissional; desse modo, ele se associa imediatamente e intimamente com a marca externa do redator em relação a qualquer grupo de interesse ou círculo ao qual ele se dirige. Se você se comportar como aquele indivíduo que se senta nos fundos de uma casa legislativa e fica lançando insultos anônimos ao **orador**, é assim que você será percebido — como um **joão-ninguém** que não tem **nada a dizer**. Na verdade, um bom artigo de opinião tem um imponente assento na primeira fileira do pensamento reflexivo e, por meio de um processo de construção argumentativa, transforma-se em uma poderosa fonte de influência no momento em que a última fileira começa a martelar suas ideias com a intenção de convencer.

Até certo ponto, a redação de um artigo de opinião eficaz tornou-se, por intermédio da imprensa tradicional, uma espécie de arte, embora sustentada por meio da associação de destreza e estratégia. Essa dificuldade é representada por determinados critérios de indagação que requerem que os redatores de artigos de opinião preparem minuciosamente seu tema, de preferência com algum tipo de síntese particular que indique os objetivos com especificidade.

Como redator de artigos de opinião, você precisa compreender plenamente a natureza do leitor que pretende atingir, não apenas de maneira geral, mas particularmente em relação ao assunto em pauta. O primeiro passo para conquistar confiança é demonstrar **empatia** e **simpatia**, e raramente a influência estará ao nosso alcance enquanto essa confiança não for alcançada.

White Papers

Outra forma de transmitir sua mensagem com eficácia é por meio do *white paper*. Os *white papers* são exclusivos porque representam o ponto de vista da organização, com frequência no contexto de mensagens concorrentes. Nesse caso, parte da estratégia que gera influência está relacionada ao quanto você investe na pesquisa sobre seu tema para ter domínio sobre todos os fatos, compreender a atividade de seus leitores-alvo mais do que eles mesmos e oferecer soluções criativas para problemas específicos que os leitores não conseguem encontrar empreendendo horas e horas estonteantes de *brainstorming* em uma sala de reunião regada a *pizza* e Pepsi. Conseguir passar mensagens que exijam um breve intervalo de atenção ou atrair leitores muito ocupados por meio de um resumo ou de uma síntese rápida é a norma hoje em dia e deve estar em primeiro plano. Lembre-se de que esse tipo de redação é influente porque instrui e aguça o apetite dos leitores. Você será mais influente se seu texto tiver tudo a ver com seus leitores.

Como se firmar como um líder de ideias

Independentemente da mídia, a liderança de pensamento ou ideias (inovadora) que resulta em uma influência eficaz é consequência de um encontro entre destreza e oportunidade. Um redator não qualificado pode transformar um trajeto desimpedido em um caminho obstruído com uma lógica desordenada e uma narrativa atravancada, ao passo que um redator qualificado pode dar um gume brilhante e esclarecedor a questões que de outra forma seriam consideradas complexas e entrelaçadas por linhas indistintas. O segredo para isso é dirigir sua atenção para o ponto central da necessidade do leitor com uma salva preparada de sentenças de maior credibilidade e bem retocadas.

O caminho em direção a uma liderança de pensamento e à influência tem duas vias e ambas exigem aprendizagem. Uma é o mergulho em uma arena de combate, a conquista de credibilidade por meio de condimentos que intensificam o sabor, de uma paixão apropriadamente refreada e da clareza de propósito. A outra é o domínio da arte estratégica de escrever persuasivamente, que abrange uma lista básica de proficiências e uma ágil habilidade literária que possibilitam que o redator navegue pelas águas traiçoeiras dos assuntos complexos.

Paralelamente a essa aprendizagem de missões gêmeas encontram-se a percepção para agarrar oportunidades e a percepção de *timing*. Praticar é mais do que essencial; é a liga secundária, em que o desempenho é percebido e recompensado, preparando o terreno para a liga principal. Aos **corajosos** se concede a **coroa de ousadia**, mas aos **despreparados** o **chapéu de burro** — um acessório de vestimenta que não combina muito bem com o traje habilmente confeccionado do líder de ideias.

É uma felicidade constatar que, em uma era em que nunca antes as mídias eletrônicas abriram oportunidades tão rapidamente e com um acesso tão desobstruído, suas partidas de treino não são em si o desafio. O desafio é aproximar-se da base e mandar a bola para fora do campo no momento em que você estiver no jogo.

Compartilhamento de experiências humanas

Não importa em que atividade você esteja ou qual profissão você exerce no dia a dia, você pode influenciar as pessoas com o poder das experiências humanas compartilhadas. A forma mais fácil e eficaz de fazer com que a maioria das pessoas tenha interesse e preste atenção ao que você tem a **dizer** é utilizar uma **história pessoal interessante** ou um **caso curioso sobre a experiência** de uma pessoa que pode a princípio passar a ideia de que não tem nada a ver com a questão sobre a qual você está discutindo. Contudo, você rapidamente ligará os pontos para o público e trará de volta para o seu tema principal a experiência que você utilizou como chamada. O que esses relatos curiosos extremamente atraentes fazem — e fazem com efeito — é atrair a atenção do público para o respectivo tema com imagens que você evoca com palavras figurativamente ricas, imagens que o público é praticamente forçado a visualizar em virtude do poder da experiência humana compartilhada e de nosso inescapável tecido social trançado em quadros e narrativas.

No capítulo subsequente, você aprenderá a **gerenciar sua marca pessoal** com o objetivo de **influenciar outras pessoas** e evitar **manchar sua marca** e sua **reputação** com equívocos que, embora elementares, são prejudiciais.

CAPÍTULO 12

Controlando o poder de influência de sua marca pessoal

À primeira vista, John Millard, doutor em medicina, parece o protótipo de um cirurgião plástico bem-sucedido. Seu consultório impecavelmente limpo e elegante no Centennial — um pequeno bairro residencial em Denver, Colorado — respira beleza. Das três recepcionistas ao pessoal administrativo e à equipe médica, todos parecem ser uma propaganda ao vivo para os supostos pacientes que aguardam ansiosamente sua consulta. O próprio Millard casa bem com essa imagem. Bronzeado, em boa forma e musculoso, ele parece quase dez anos mais novo. Sua pequena sala vive abarrotada de periódicos médicos, dispositivos eletrônicos de alta tecnologia e vários porta-retratos com fotos de sua bela mulher e seus três lindos filhos. Tal como vários profissionais bem-sucedidos, ele trabalha muitas horas e gostaria de passar mais tempo com a família. Somente quando você trava uma conversa mais íntima com ele é que se dá conta de que ele não é, em nenhuma hipótese, um cirurgião plástico comum.

A descoberta da medicina transformou radicalmente sua vida. "Eu era um completo fracasso na escola secundária, e me encontrava entre os 20% com nota mais baixa da minha sala", explicou Millard. Então, com 19 anos, ele percebeu seu propósito. "Eu tive de descobrir o que queria fazer na vida — **ser médico** — para de fato despertar minha motivação para buscar aperfeiçoar alguma coisa. Assim que descobri o que queria fazer, o trabalho pesado ficou leve." Ao longo do caminho, ele se tornou um estudante voraz e mergulhou no estudo sobre **beleza, forma humana** e **atração sexual** e o papel que isso desempenha em tudo, da seleção natural à história da ciência e da arte. "Quanto mais me aprofundei no estudo da medicina, e mais recentemente no estudo sobre a escultura do corpo e a medicina antienvelhecimento e preventiva, mais curioso e motivado me senti para continuar aprendendo cada vez mais e a pensar em novas ideias pra contribuir para essas áreas", declarou John Millard.

A principal especialidade de Millard é a **lipoaspiração**. De acordo com vários estudos, a lipo, tal como frequentemente é chamada, é o primeiro ou segundo procedimento cirúrgico **mais requisitado** e **executado** na **cirurgia plástica estética**. A motivação de Millard e sua incansável curiosidade por fim o levaram a descobrir e aprender um método bem menos invasivo e bem mais eficaz do ponto de vista estético — a **liposescultura**. Esse novo procedimento lhe permitiu de fato começar a transformar a vida de seus pacientes oferecendo os resultados mais anatomicamente realistas e desejáveis em comparação a qualquer médico que realize lipoaspiração nos EUA. Com esse conhecimento recente e a tecnologia mais avançada, o artista em Millard podia então esculpir o corpo das pessoas em alta definição — ele atribui uma marca registrada a si mesmo com o termo "VASER® HI DEF" —, respeitando, e não tirando a beleza natural e as curvas individuais das pessoas.

É nessa área que ele influenciou seus pares e clientes, mudando a conversa para todo o sempre; não apenas revolucionando a forma como a lipoaspiração moderna é feita nos EUA, mas também influenciando o que os pacientes procuram cada vez mais e o que seus colegas se sentem compelidos a oferecer se desejarem se manter atualizados em sua área. Em outras palavras, Millard **criou uma sólida marca pessoal** e, ao longo do caminho, mudou o jogo de sua especialidade e profissão. Médicos do mundo inteiro desejam participar dessa conversa — desse novo jogo — e visitar o consultório de Millard para aprender o procedimento e a ideia dos quais ele é precursor.

E Millard está apenas começando. De uma maneira de fato revolucionária, Millard criou recentemente um *think tank* (grupo de pessoas desenvolvendo um banco de ideias ou pensamentos) virtual de especialistas globais cheio até as bordas de ideias avançadas e pessoas de vanguarda, que inclui os especialistas mais notáveis do país em medicina preventiva, antienvelhecimento e áreas relacionadas ao sistema imunológico. Por enquanto, ele mantém os pormenores em segredo, mas seu plano geral tem igualmente a ambição de motivar as pessoas a ter maior responsabilidade pessoal para com sua saúde e oferecer instrumentos eficazes — escolhidos a dedo entre as mentes mais brilhantes — para ajudá-las nesse sentido.

Este livro destina-se aos John Millards espalhados pelo mundo — pessoas que têm sonhos grandes e pequenos, metas de curto e longo prazo para cuja concretização a capacidade de influenciar as decisões alheias é indispensável. O lendário jornalista e noticiarista norte-americano Tom Brokaw disse isso sucintamente ao afirmar: **"É fácil ganhar algum dinheiro. É bem mais difícil fazer diferença."**

Muitos ficam felizes só de conseguir ganhar algum dinheiro. Particularmente quando temos uma hipoteca para pagar e família para sustentar. Segurança em primeiro lugar. Podemos sempre sonhar em algum momento futuro, pensamos. Contudo, e se aquela voz mansa e insistente em nossa cabeça não parar de nos lembrar de todas as grandes metas que certa vez já tivemos ou da marca que queríamos deixar quando acabamos de sair da escola, prontos para incendiar o mundo com nossas ideias?

John Millard enfrentou vários obstáculos em sua escalada. Dentre os quais um fraco desempenho acadêmico no segundo grau e falta de direção e motivação. Mesmo quando ele descobriu seu propósito e firmou uma carreira bem-sucedida, suas ideias e propostas inovadoras foram combatidas e descartadas por seus colegas e pares. No entanto, Millard conseguiu administrar bem sua **marca pessoal** e influenciou a escalada de sua profissão utilizando várias das técnicas propostas neste livro.

Nem todos conseguem ser Oprah

Você está chocado, eu sei, e talvez esteja dizendo para si mesmo: "Você quer dizer que eu **não consigo** dirigir meu império midiático, com *talk shows* (programas de entrevistas), produtora, revista e emissora a cabo?". Entretanto, não se esqueça de que Oprah nem sempre foi "Oprah". Ela superou uma infância difícil e começou a trabalhar no rádio quando ainda estava no secundário. Depois disso, descolou um *talk show* que com o tempo ela transformou na mistura inacreditavelmente popular de **confessionário, ponto de encontro de celebridades** e **autoenaltecimento**.

Não houve nenhuma magia nisso. Talvez um pouco de sorte (tal como lugar certo e hora certa nesse primeiro emprego em uma rádio), persistência e certamente talento. Contudo, mais do que isso, ela conseguiu associar esses ingredientes em uma marca formidável. "**Oprah**" não surgiu simplesmente do nada, por um mero acaso; ela batalhou para que isso acontecesse.

Porém, seja qual for nosso talento inato, é improvável que qualquer um de nós consiga reproduzir o sucesso de Oprah. No entanto, ela é um exemplo para todos nós: identifique seus talentos, aprimore suas habilidades e batalhe, batalhe, batalhe para criar um nome para si mesmo.

Em poucas palavras, é disso que se trata o *branding* pessoal, o desenvolvimento de sua **marca**. Do mesmo modo que uma organização deve moldar as impressões que os outros têm dela, você também pode assumir o comando no sentido de criar a imagem que os outros terão de você, bem como controlar as emoções, percepções e informações decorrentes a seu respeito.

Seus colegas que simplesmente se fiam no "vamos deixar o trabalho falar por si mesmo" estão em evidente desvantagem, porque no mundo de hoje, se você quiser subir, sua marca pessoal terá de vendê-lo com a mesma intensidade que suas realizações. Sem um esforço de sua parte para desenvolver sua marca pessoal, essas realizações com frequência passarão despercebidas e não serão louvadas por aqueles que podem catapultá-lo para um patamar superior.

Desenvolvendo "acidentalmente" uma marca

Existem momentos em que nossas ações de fato se evidenciam a olhos vistos — e nem sempre a nosso favor. Pense em um banheiro. Nós o utilizamos todos os dias e, na maior parte das vezes, nem o percebemos. Entretanto, o que notamos é a pia que não foi lavada, os espelhos manchados, o piso sujo, falta de sabonete ou toalha e, pior, de papel higiênico. Os banheiros limpos não **causam impressão**; os sujos **sim**. De modo semelhante, ser um bom funcionário talvez não o faça ser percebido, mas chegar atrasado, perder prazos constantemente, não ter nada com que contribuir para os esforços do grupo e caluniar maliciosamente os colegas, isso será percebido, e não de uma maneira positiva.

Nesse caso, você será **marcado acidentalmente**. Marca acidental significa criar e reforçar percepções que você não pretendia criar e, na maior parte das vezes, podem prejudicar suas possibilidades de sucesso em situações pessoais e profissionais importantes. Comportamentos descuidados e as emoções e percepções correspondentes que eles criam em outras pessoas culminam em uma marca acidental que pode o acompanhar pelo resto de sua carreira.

Você se lembra do anestesiologista, Robert, o ex-cliente que mencionei no Capítulo 7? Ele criou uma marca acidental fazendo regularmente as enfermeiras chorarem, dando ordens rispidamente, sendo impaciente e, em outras circunstâncias, indo de encontro com colegas e subordinados diretos. Ele foi convidado a se demitir porque não se enquadrava na cultura. A marca que ele inadvertidamente criou para si mesmo o prejudicou profissionalmente e pessoalmente. Trabalhei com ele para criar uma nova marca pessoal, ajudando-o a recomeçar do zero com um novo público.

Uma colega me relatou uma história até certo ponto humilde, mas não menos humilhante, de mal gerenciamento de impressões. Ela estava trabalhando no material do livro do ano de sua turma do colégio desde o primeiro ano e queria e esperava ser escolhida como editora no último ano. Ela ficou aturdida por não ser escolhida. Quando perguntou o motivo, o conselheiro do corpo docente em essência lhe disse: "Você nunca me disse que queria isso, e embromou. Nada em seu comportamento indicou que você estava levando o trabalho a sério. Por que eu a escolheria?". Pelo menos ela aprendeu a lição ainda jovem: se você deseja responsabilidade, deve agir responsavelmente.

Existem inúmeros outros exemplos de *branding* (atribuição de marca), intencional (Richard Branson, empreendedor e especulador) e acidental (Eliot Spitzer e a revelação de suas vadiagens com prostitutas). Na verdade, os políticos não podem se dar ao luxo de se concentrar apenas em estabelecer uma marca; eles têm de rechaçar tentativas de contra-atribuição de marca (*counterbranding*) algumas vezes difamatórias.

Barack Obama, em seu primeiro mandato como senador, tinha de conquistar os partidários em uma acirrada disputa com a então senadora Hillary Clinton pela indicação presidencial do Partido Democrata. Ele tentou atrair os eleitores jovens e acenou para uma visão de um futuro mais promissor. Assim que Obama conseguiu a indicação, ele então se revolveu para convencer os eleitores independentes de sua seriedade de propósito e dignidade, utilizando sua personalidade "serena" para demonstrar que, não obstante sua relativa juventude, ele era sensato o suficiente para lidar com o que quer que se interpusesse em seu caminho. Seu oponente republicano, senador

John McCain, fiou-se na narrativa do **velho** e **sábio guerreiro** e procurou retratar Obama como alguém simplesmente muito inexperiente para lidar com as pressões do cargo de presidente.

Existem livros sobre o que leva os indivíduos a ganhar e perder a presidência; permita-me ressaltar apenas que Obama tinha capacidade para controlar sua *persona*, sua imagem, mantendo um tipo de distanciamento frio em todos os seus debates e após o estouro da crise financeira, ao passo que McCain às vezes parecia mais fora de si do que sensato. McCain de fato ajudou a levantar dúvidas sobre as qualificações de Obama; infelizmente, ele também ajudou a levantar dúvidas sobre si mesmo.

A companheira de chapa de McCain, a então governadora do Alasca Sarah Palin, é outra lição de *branding* intencional e não intencional. Inúmeras vezes ela demonstrou uma inclinação para a sua marca de "Mama Grizzly" ("Mamãe Ursa"), estrelando em um *reality show* na TV, aceitando um emprego como comentarista regular no Fox News, fazendo discursos para públicos conservadores e tecendo comentários regularmente sobre políticos em geral e Obama em particular. Ela cultivou um séquito leal e vociferante nos EUA. Contudo, o fato de Palin ter renunciado ao cargo de governadora quando ainda se encontrava um pouco além da metade de seu mandato e não ter refreado sua tendência a cometer gafes verbais passou a impressão de *branding* acidental. Para um observador astuto, as marcas pessoais entre as personalidade públicas são estudos de caso fascinantes sobre o que fazer e o que não fazer, não importa em que ponto você esteja em sua carreira profissional ou em sua escala socioeconômica.

A maioria das pessoas não precisa se preocupar com coisas que concernem aos políticos e a outras figuras polarizantes: a questão para muitos de nós é mais apatia do que adversidade. Ninguém está tentando contestar nosso caráter, em grande medida porque não estamos expostos aos olhos públicos. Porém, em nossos cantinhos de mundo, as pessoas ao nosso redor têm, sim, uma percepção do nosso caráter. Se e quando procuramos subir de posição e sempre que exercemos influência sobre os outros, devemos esperar uma maior exposição. Possíveis empregadores e clientes talvez não tenham interesse em nos contestar, mas eles podem descobrir que nós mesmos nos impugnamos acidentalmente.

O *branding* acidental pode ocorrer mesmo à pessoa bem preocupada com a sua imagem. Você está participando de uma conferência setorial e acabou de ser apresentado a um alto executivo de uma grande empresa que você gostaria de conquistar como cliente. Você então recorre à técnica frequentemente ensaiada da **"abordagem de um minuto"** (*elevator speech*) para promover benefícios em vez de recursos e enfatizar sua experiência no mercado desse cliente em perspectiva. Contudo, quando você percebe que está falando alto contra uma onda de ruídos ensurdecedores, de repente se dá conta de que, estranhamente, soa um tanto nervoso e eufórico — como um recruta de vendas que está forçando um pouco a barra, falando ligeiramente rápido e fazendo referências técnicas que mesmo um engenheiro teria dificuldade para compreender. Antes que tudo chegasse ao fim, você sente que simplesmente ofendeu e aborreceu alguém que poderia abrir uma porta para você conquistar aquele tão sonhado cliente, mas que, em vez disso, sem dúvida está pensando em mandar mudar a fechadura.

Branding acidental *on-line*

Outro exemplo de *branding* acidental é a história de um aspirante a funcionário da Cisco, que divulgou pelo Twitter: "A Cisco acabou de me oferecer um emprego! Agora preciso pesar entre a utilidade de um gordo salário e viajar todos os dias a San Jose e detestar o trabalho." Um funcionário da Cisco respondeu: "Que gerente o contratou? Tenho certeza de que ele adoraria saber que você detestará o trabalho. Nós aqui na Cisco somos versados na *Web*."

Você nunca seria tão descuidado, seria? Bom, e quanto à sua imagem *on-line* em geral? Sim, aquela conta no Facebook que você criou quando estava na faculdade contém memórias de todos os tipos, e quem não gostaria de tornar célebre aquela noite em que você tomou sete tequilas consecutivas e acabou rebolando no bar? Quem não ficaria impressionado com seus rebolados? Talvez alguém que esteja pensando na possibilidade de contratá-lo para um emprego?

Muitos de nós temos sorte de que as mídias sociais ainda não existiam quando — vamos apenas supor — aprendemos quais eram nossos limites (principalmente quando os ultrapassávamos); não existe nenhuma prova sobre o que ocorreu naquela festa ou no recesso da primavera. Porém, para um número igualmente grande, as contas do Facebook e do MySpace eram os quadros de avisos nos quais afixávamos nossas fotos de festa e insultos sarcásticos, um ponto de encontro *on-line* em que podíamos esticar as pernas e relaxar com os amigos.

Contudo, para o bem ou para o mal, elas não são apenas isso: diferentemente dos quadros de avisos de cortiça, elas são também um indício de sua vida que pode ser facilmente acessado e está aberto a possíveis chefes e clientes. À medida que mais pessoas da geração das mídias sociais passarem a ocupar cargos de gerência, talvez haja alguma compreensão ou passe livre para os nossos comportamentos na escola secundária e na faculdade. Entretanto, nesse meio tempo, você deve limpar sua imagem *on-line*, deletando seus perfis nas mídias sociais, excluindo informações pessoais ou talvez apenas aumentando o nível de privacidade em sua conta e removendo seu perfil dos mecanismos de busca.

Ah, e aquele endereço de *e-mail* gozador — trapalhadassexuais@isp. com? Sim, é melhor você mudar isso.

Saber como você gostaria de ser percebido é fundamental para influenciar outras pessoas

"Quando um indivíduo chega à presença de outros, normalmente procuram obter informações sobre ele ou trazer à tona informações que já possuem a seu respeito." Assim se inicia o clássico *The Presentation of Self in Everyday Life* (*Representação do Eu na Vida Co-*

tidiana), de Erving Goffman, publicado em 1959. Goffman discute nos sete primeiros capítulos como percebemos nossos papéis, como o contexto afeta essas representações e o que ocorre quando os papéis ou o que se fala a respeito dos papéis não correspondem às expectativas. Além disso, ele explica mais detalhadamente "A Arte de Manipular a Impressão".

Outros cientistas sociais ampliaram seu trabalho em relação ao gerenciamento de impressões tanto organizacional quanto pessoal. Embora há quem diga que as abordagens maquiavélicas (nas quais os indivíduos passam intencionalmente uma impressão falsa sobre si mesmos) possam ser eficazes, esse fingimento pode ser arriscado; se essa impressão falsa for revelada, isso pode levar alguém ao descrédito ou a ser penalizado socialmente. Seja qual for o caso, se você estiver tentando se vender, será bem menos complicado se o **seu eu** e a **apresentação** de seu eu estiverem congruentes.

Essa harmonia é particularmente importante quando precisamos estar sempre "ligados": é bem mais fácil assumir a *persona* de alguém que adora ioga ou possui um restaurante se você de fato adora ioga ou esse ramo de negócio. Segundo Billie King Jr., fundador da Bow Tie Cigar Company: "Injetei minha personalidade em todos os aspectos possíveis da minha empresa [...]. A Bow Tie Cigars sou eu e eu sou a Bow Tie Cigars." Jill Donenfeld, fundador da The Dish's Dish, concorda: "Invisto na ideia de respeitar nossos corpos e tratá-los bem. E essas inclinações se evidenciam naturalmente em tudo o que faço, particularmente no que se refere à marca. Isso é fácil quando acreditamos nisso!".

King e Donenfeld estavam entre os dez empresários convidados pela revista *Entrepreneur* para que compartilhassem suas experiências sobre *branding*. A maioria deles reafirmou a importância de associarmos nossas impressionabilidades com nossos negócios a fim de criarmos uma sólida marca pessoal. Tal como defende o especialista em vinhos Gary Vaynerchuk, outro empreendedor também escolhido pela *Entrepreneur*: "Hoje, todo mundo está envolvido com *branding* e atendimento ao cliente. Quer você tenha consciência disso ou não, você já está."

Muitas pessoas já têm consciência disso. Uma rápida busca *on-line* pela expressão *personal branding* (*branding* pessoal) o deixará espantado — são mais de 3,9 milhões de *sites* relacionados, muitos com conselhos sobre como construir sua marca. Entretanto, o que não está tão evidente é como potencializar essa marca para transformá-la em **influência**. Aqui está o segredo: você precisa reconhecer que sua marca não é apenas uma espécie de rótulo; ela é também um **processo** que você deve gerenciar continuamente para ampliar suas oportunidades de sucesso na vida; a marca não é um fim, mas um **meio** para um fim.

Criando uma marca influente

Mas como você cria uma marca influente para si mesmo? Primeiro, comece pelo básico. Muitos de nós já presenciamos situações em que uma pessoa fala sobre o quanto ela trabalha com afinco e em que outra simplesmente trabalha com afinco — e todos nós sabemos com quem preferiríamos trabalhar. Sim, quando você deseja ser promovido, de fato precisa ressaltar seu empenho e os resultados que produziu. Porém, isso só terá repercussão **se você realmente tiver produzido esses resultados**. É improvável que afirmar enfaticamente que você é esplêndido vá impressionar seus colegas, pelo menos não da maneira que você deseja.

Isso me leva para o primeiro passo, isto é, descobrir o que de fato você deseja. O que você deseja conseguir? Aonde você deseja chegar? Como deseja que os outros percebam você? Tal como analisei em outros capítulos, é favorável pensar em termos de narrativa: qual é sua história e qual personagem você representa em sua história? Imagine uma situação ou um quadro mais amplo em que você é o protagonista e utilize isso para orientar seu comportamento.

O segundo passo é perceber seu ambiente. Descubra o que motiva seus colegas — e o que os desmotiva — e adapte seu comportamento de acordo. Algumas empresas desaprovam atitudes de autopromoção exagerada; outras contam com isso; algumas têm estruturas hierárquicas rígidas, enquanto outras são mais abertas; algumas designam aos recém-contratados um mentor com o qual eles supostamente trabalharão, enquanto outras adotam a postura "nade ou afunde". Descubra o que é recompensado e o que é punido e faça o que puder para cultivar a recompensa e evitar a punição.

Como exercício geral, é favorável pensar "Se desejo ser percebido como... preciso...; para influenciar outras pessoas, preciso...". Vejam alguns exemplos:

○ Se deseja ser percebido como um **especialista**, deve demonstrar credibilidade; para persuadir outras pessoas a aceitar sua afirmação. Assim, você deve ajustar sua mensagem às crenças, aos valores e às predisposições de seu público.

○ Se quer ser percebido como uma pessoa **confiável**, deve se preparar para as reuniões, cumprir prazos e produzir consistentemente um bom trabalho; para influenciar outras pessoas, você precisa trabalhar com elas e estar disposto a compartilhar o que você aprendeu.

○ Se pretende ser percebido como uma pessoa **inovadora**, deve se manter informado sobre as novas estratégias em sua empresa e encontrar uma forma de adaptá-las ao seu ambiente de trabalho em particular; para influenciar outras pessoas, você deve fornecer mais informações e evidências que respaldem sua proposição.

○ Se almeja ser percebido como **líder**, você deve demonstrar disposição para assumir o comando, tomar decisões difíceis e aceitar as tradicionais obrigações de liderança. Para influenciar outras pessoas, você precisa aproveitar as oportunidades de liderança que lhe são apresentadas, pedindo para liderar uma equipe ou se oferecendo como voluntário para lidar ou solucionar um problema antigo ou recente.

Você pode se aprofundar ainda mais essas situações: se você deseja ser visto da mesma forma em uma situação de crise; se deseja ser visto como uma pessoa pertinaz, imperturbável, honesta, compassiva. Independentemente da qualidade que você deseja que os outros associem a você, deve primeiro demonstrá-la em seu comportamento.

Reconheça, além disso, que à medida que mudar de cargo seu comportamento também deverá mudar. Ser condescendente com os funcionários mais antigos quando você começa em um emprego é uma atitude afável e inteligente. Desse modo, você demonstra respeito pela experiência deles e, ao mesmo tempo, informa-se a respeito do trabalho e conhece o ambiente. Entretanto, depois de algum tempo, você precisará se impor, para demonstrar que de fato assumiu as rédeas de seu cargo. De modo semelhante, à medida que for promovido, deve reconhecer que aquilo que talvez tenha sido considerado um passo maior do que as pernas em um cargo inferior pode ser esperado em um cargo superior.

Posicionando sua marca pessoal em relação à concorrência

Muitos dos princípios que se aplicam a produtos e serviços tangíveis no que tange ao **posicionamento de marca organizacional podem ser aplicados à marca pessoal** — ser o primeiro, especializar-se em seu mercado, enfatizar a demanda por suas habilidades, tirar proveito da propaganda boca a boca etc. Nesse caso, o nome do jogo é destacar-se de uma maneira que persuada consumidores, clientes, grupos de interesse e colegas a escolher você e suas ideias e produtos em detrimento de outros. **Ponto final**! Portanto, o que podemos aprender com as marcas pessoais e profissionais bem-sucedidas que fazem com que a concorrência tenha de brincar de pega-pega e correr atrás do prejuízo?

Diferencie-se

As marcas pessoais de sucesso identificam um aspecto **exclusivo** no qual elas possam se atribuir uma vantagem sustentável em relação aos concorrentes. O figurinista Ralph Lauren há décadas encontra-se no ponto mais alto de seu nicho no mundo da moda porque ele entende que seus clientes anseiam por um **estilo de vida**, e não desejam meramente uma jaqueta de safári nem botas de equitação. Para reivindicar sua parcela de memória na mente do público, em relação a um aspecto exclusivo de sua profissão, você tem de conhecer o que as pessoas desejam bem lá no fundo, pelo que elas anseiam e quais valores elas consideram mais importantes. Isso faz sentido para um figurinista, você pode pensar. Contudo, de que forma posiciono minha marca pessoal em uma categoria sem dúvida menos incomum como, digamos, a contabilidade? Talvez fazendo nome na área de contabilidade forense, dos investigadores que sabem processar números e revelam e esclarecem as complexidades de uma fraude no mundo das altas finanças e outros crimes de colarinho-branco. Ou talvez você possa se tornar o profissional mais requisitado — o **profissional ético** — entre os empresários com problemas fiscais, ajudando-os a evitar problemas com a Receita Federal. Seja qual for o rumo que você tome para estabelecer uma vantagem sobre a concorrência, lute por um **aspecto exclusivo** que o ajude a liderar e se sobressair mais facilmente.

Seja consistente

Apresentar o Oscar é uma oportunidade que qualquer humorista cobiçaria. Para os organizadores, a decisão sobre quem escolher para apresentar um espetáculo que é assistido globalmente por bilhões de pessoas é extremamente importante, e depende muito do seu sucesso dessa pessoa. Billy Crystal é amplamente considerado um dos **melhores apresentadores** do Oscar de todos os tempos. Seu humor inteligente, sua habilidade para fazer o remate na hora certa e sua conduta carismática tornaram-no uma aposta infalível para oito espetáculos. Ainda hoje a marca pessoal de Billy Crystal é símbolo do Oscar, tendo em vista a inesquecível impressão que ele criou enquanto apresentador. E, do mesmo modo que esse adorado comediante, um gestor de recursos humanos pode erguer sua marca pessoal sobre a reputação de ter oferecido **consistentemente um desempenho de qualidade**. Se sua responsabilidade é gerenciar o banco de talentos de sua organização, ajudar os funcionários a escolher entre uma variedade de planos de saúde, desenvolver programas de treinamento que aumentem a produtividade e revelar os líderes que existem no escalão hierárquico da organização, e sua **habilidade** para isso é **consistente**, você está criando e reforçando uma marca pessoal poderosa. Se você se encaixa nesse perfil, lembre-se do que mencionei antes a respeito de deixar o trabalho falar por si mesmo. Você tem de lutar continuamente para conquistar um espaço na cabeça das pessoas e encontrar uma maneira de divulgar suas contribuições com simplicidade e inteligência para as pessoas certas; do contrário, seus colegas mais carismáticos podem ofuscá-lo e chutá-lo para as laterais do campo.

Ofereça e agregue valor

As pessoas dão primazia às suas marcas preferidas porque extraem um determinado valor das mesmas. Quer esse valor esteja relacionado com segurança, prestígio, respeito, satisfação, liberdade, amor, poder, paz de espírito ou qualquer outro valor subjetivo e exclusivamente pessoal, se você consegue oferecer valores que repercutem profundamente nas pessoas, está em perfeita condição para construir uma **sólida marca pessoal**. Para observar essa questão pessoalmente, pense nas pessoas em sua vida que lhe oferecem (ou ofereceram) esses valores. O médico que você tem consultado há tantos anos oferece apenas cuidados médicos ou mais do que isso? Todos os professores que você já teve são iguais ou algum deles sobressai porque agregou mais valor à sua vida do que todo o restante em conjunto? Você escolheu determinados colegas como mentores ou preferiria terem sido outras pessoas nesse papel para orientá-lo a respeito das políticas da vida organizacional?

Independentemente da área para a qual você dirigir o olhar, é provável que alguém sobressaia por ter contribuído com um tremendo valor para a sua vida, que repercute e corresponde aos valores que considera importantes. E a representação da marca pessoal dessa pessoa em sua mente, os sentimentos e as associações que você imagina quando pensa nela, é algo que você pode cultivar em si mesmo em benefício dos outros. Basta ouvir e descobrir o que os outros consideram precioso e adaptar o que você tem a oferecer para ser precisamente isso: **alguém que agrega valor**. O resultado será sua marca pessoal, construída em torno de um valor que brilha por si só na mente dessas pessoas.

Mantenha sua visibilidade

Parte do sucesso de qualquer marca brilhante deve-se à sua onipresença. Da saraivada diária de marcas de produto que consumimos (como café Starbucks, dispositivos móveis da Apple e as etiquetas que escolhemos vestir antes de sair de casa) às personalidades famosas — tanto famosas quanto infames — que encontramos na mídia, o fato de nos envolvermos com elas clicando na última história de escândalo sobre elas, comprando o livro mais recente escrito por elas ou sintonizando em seu *reality show* é parte do motivo do sucesso delas. Porém, para posicionar sua marca pessoal em relação à concorrência, você não precisa necessariamente da astúcia de relações públicas de Donald Trump. Mas precisa sair da sombra e ser visto pelas pessoas influentes — **com frequência**. As ciências sociais chamam esse fenômeno de **efeito de mera exposição**. A reação humana previsível ao contato frequente com pessoas ou coisas para gerar um sentimento positivo. É importante ressaltar que a ciência faz uma ressalva quanto a isso: só funciona quando não há tendenciosidade negativa. Em outras palavras, a pessoa precisa ter pelo menos uma intenção neutra para com você, ou mesmo favorável, pois do contrário o efeito de mera exposição pode sair pela culatra. Experimentamos isso quando pensamos em nossa atitude com relação a alguém que não suportamos e que de algum modo parece estar em todos os lugares. Passamos a gostar ainda menos dessa pessoa. Portanto, para distinguir sua marca pessoal e posicionar-se por meio da **visibilidade**, tome a dianteira sempre que houver uma possibilidade de contribuir para algo de valor, verbalmente ou não. Quando você agrega valor, mesmo as pessoas que um dia você irritou, **cedo ou tarde verão a verdade**.

As dez formas pelas quais você pode sabotar sua marca pessoal e como evitá-las

Você fez a sua parte, prestou atenção e construiu e tirou proveito de sua marca pessoal. Mas como você a protege?

Pense no exemplo de uma marca global que tenha se dado mal. Hollywood é extremamente indulgente com os maus comportamentos fora do estúdio, pelo menos da parte de suas estrelas e astros. Ser preso por dirigir sob efeito de álcool ou drogas ou ser expulso de uma casa noturna por briga pode fazê-lo aparecer nos tabloides. Porém, a menos que seu comportamento pessoal afete sua capacidade de trabalhar, é provável que você continue conseguindo trabalhos, particularmente se o público continuar ligado.

Contudo, até Hollywood tem seus limites. Prova A: Mel Gibson, ator de ação premiado pelo Oscar e extraordinariamente bem-sucedido que recebeu boas críticas por papéis dramáticos autênticos. Hoje, entretanto, é um **dependente químico**. Embora ainda encontre defensores em Hollywood (alguns dos quais francos e sinceros) entre o público geral, Gibson é mais conhecido por seus insultos a uma oficial de polícia em decorrência de bebedeira, arengas antissemitas frequentes e ameaças (gravadas) e suposta agressão a uma ex-namorada. Que diretor poderia querer empatar um filme de 50 milhões de dólares em um astro que é mais propenso a afastar os frequentadores de cinema do que a convencê-los a ir? Quer dizer, a não ser Jodie Foster, amiga de longa data e diretora de *Um Novo Despertar.*

Talvez Mel Gibson se liberte e conquiste novamente o apoio da indústria cinematográfica e do público. Talvez. Independentemente disso, seu exemplo serve de conto admonitório (é bem verdade que ao extremo) para todos nós: um bom trabalho pode ser levado para o brejo pelo dilúvio decorrente de uma vida pessoal atrapalhada.

Porém, do mesmo modo que é improvável que ascenderemos ao auge *à la* Oprah, também é improvável — assim esperamos — que desceremos ao fundo *à la* Gibson. Contudo, todos nós somos humanos, o que significa que todos nós somos propensos a errar. Desde que você reconheça essa possibilidade, terá oportunidade de evitar ou pelo menos minimizar esses erros. Veja alguns erros óbvios:

1º **Ser inconsistente.** Você acabou de superar o que parecia impossível e conseguiu levar a cabo um importante projeto, no prazo e dentro do orçamento. Não tente dar sequência a esse sucesso descartando o que você pensa ser um projeto relativamente trivial. Se você deseja passar a impressão de que consegue mostrar resultados, então faça isso em relação a todas as coisas, grandes ou pequenas.

2º **Prometer em demasia e mostrar resultados abaixo do prometido.** Entretanto, não diga a colegas ou clientes que você consegue executar um projeto importante **antecipadamente** e pela metade do custo se não tiver absoluta certeza de que conseguirá. Ainda assim, é melhor garantir que o projeto seja executado corretamente e no prazo. **Só prometa o que consegue cumprir**.

3º **Criar falsas expectativas.** Da mesma forma, não estabeleça uma expectativa excessivamente alta a ponto de não ter nenhuma forma de **cumpri-la**, muito menos de superá-la. Não rejeite ajuda quando oferecida, nem recuse uma pausa se você precisar dela. Não finja que consegue fazer tudo perfeitamente. **Você não consegue!**

4º **Envolver-se em atividades de mídia social irresponsáveis.**
Anteriormente, mencionei o exemplo do candidato da Cisco.
Mas, infelizmente, existem mais exemplos. Eis outro exemplo:
o designer Kenneth Cole imaginou que seria esperto e associou
sua nova coleção ao movimento de libertação no Egito. Ele
escreveu no Twitter: "Milhões de pessoas estão em alvoroço
no #Cairo. Os rumores são de que eles descobriram que agora
nossa nova coleção de primavera está disponível *on-line* em
http://bit.ly/KCairo." Como era de esperar, as pessoas responde-
ram no mesmo instante em que ele escreveu, e o fizeram furio-
samente. Cole enviou um pedido de desculpas imediatamente.
O Twitter pode ser uma ferramenta de comunicação poderosa,
um excelente meio para retransmitir informações de maneira
rápida e eficaz. Contudo, como é tentadoramente fácil compartilhar o mais íntimo dos impulsos, as pessoas algumas vezes
enviam mensagens pelo Twitter **antes mesmo de pensar**. É
melhor pensar bastante antes de enviar algo nas redes sociais.

5º **Manter-se invisível.** Algumas pessoas têm medo de que, se puse-
rem o pescoço para fora (metaforicamente falando), alguém lhes
corte a cabeça. Essa pode ser uma boa tática de sobrevivência
em **culturas organizacionais tóxicas**. Porém, em geral, é uma
fórmula para se manter, ano após ano, na mesma e pequena baia
bem lá no fundo do escritório.

6º **Ser ambíguo.** Não diga aos colegas que você **valoriza o tempo**
deles e chegue atrasado nas reuniões. Não diga aos clientes que
você valoriza a empresa deles e depois não retorna seus telefo-
nemas ou *e-mails*. Não diga às pessoas que você é **prestativo** e
então age de uma **maneira indiferente**.

7º **Não praticar o que prega/não fazer o que fala.** Esse ponto é
semelhante ao anterior, direcionado ao seu próprio comportamento. Quantos valores morais líderes políticos e religiosos têm
quebrado para, digamos, "caminhar pela trilha dos Apalaches"?
Mark Sanford, ex-governador da Carolina do Sul e um homem

devoto à família, certa vez foi citado como possível candidato presidencial republicano antes de empreender sua suposta caminhada por essa trilha; na verdade, ele estava viajando à Argentina para se encontrar com sua amante. Lá se foi a sua almejada corrida à Casa Branca. Não pregue aos outros sobre a importância da família quando você mesmo está destruindo a sua.

8º **Ter amizades ruins (más companhias).** Até certo ponto, isso é óbvio. Se você deseja ser visto como uma pessoa honesta, não deve andar por aí com malfeitores ou indivíduos desqualificados. Contudo, não basta apenas evitar os escroques. Você está pretendendo concorrer para um cargo público? Então, talvez você deva deixar de frequentar aquele clube privativo para homens. Você tenta vender sua imagem de protetor responsável do meio ambiente? Então por que você faz parte do conselho de administração de uma empresa que paga multas regularmente por despejo ilegal? De amigo dos animais? Não deixe seu cachorro em um canil no fundo do quintal! Acho que você entendeu o que quero dizer: evite confusões e atitudes que ponham em dúvida sua mensagem e seu caráter.

9º **Concorrer na mesma categoria em que outras pessoas talvez sejam superiores.** Você já ouviu a frase: "**Ele está lutando acima de seu peso**"? A ideia é que alguém seja superado por seu oponente; além de não aguentar, essa pessoa pode sair machucada. Ter **ambição** é ótimo, mas deixar que essa ambição sobreponha-se à sua capacidade não é bom. Aposte em uma área que você consiga dominar legitimamente.

10º **Não conseguir se diferenciar dos concorrentes.** Você é inteligente, dinâmico, competente, ambicioso — **parabéns**, mas milhões de outras pessoas também o são. Referências profissionais, formação educacional, realizações, privilégios e contatos podem significar uma vantagem sobre a concorrência. Entretanto, muitas vezes, são apenas um ingresso para participar do jogo... O que de fato conta é o que você faz com suas vantagens quando tem oportunidade de provar sua determinação. Se você se igualar a todas as outras pessoas, não terá tanta influência, muito menos na direção que deseja. Faça um balanço e identifique um ângulo exclusivo que possa diferenciá-lo do restante. Assim, você aumentará suas chances de influenciar as pessoas sobre as quais deseja ter domínio.

Roubando créditos

O que pode ocorrer se você ignorar a lista precedente e se atrapalhar? Admita, o quanto antes. A professora Shelley Wigley, da Universidade do Texas, em Arlington, examinou o fenômeno denominado "levar ou roubar o crédito" (*stealing thunder*), caso em que o próprio indivíduo revela informações ruins sobre si mesmo. Wigley examinou as estratégias contrastantes das pessoas que respondem somente depois que uma história é revelada e aquelas que tomam a iniciativa de revelar a história. Exceto por um breve pedido de desculpa publicado depois que a história de prostituição chegou aos noticiários, Eliot Spitzer boicotou a imprensa durante dois dias, momento em que renunciou. Entretanto, seu substituto, David Paterson, sentou-se com a esposa e deu entrevistas nas quais admitiu suas relações extraconjugais. Wigley cita o jornalista Juan González, do *Daily News*: "Do mesmo modo que qualquer político inteligente, ele sabe que a melhor forma de lidar com notícias difíceis é enfrentá-las diretamente e rapidamente." De maneira semelhante, Tiger Woods evitou falar com a imprensa sobre suas relações extraconjugais até então supostas, enquanto David Letterman anunciou que estava tendo um caso na abertura de seu *talk show*.

Wigley ressaltou que a estratégia de levar o crédito tem um histórico misto. Os indivíduos que tomam a iniciativa de revelar informações ruins criam credibilidade para si mesmos, mas podem desencadear uma investigação mais a fundo. É também possível que, ao se colocar à frente da história, eles podem esvaziá-la e diminuir sua importância com o famoso **"te peguei"**. Os resultados da pesquisa de Wigley confirmaram a última tese: no que se refere à cobertura da mídia, "as fontes que levaram o crédito foram associadas com colocações mais positivas tanto nas manchetes quanto nos artigos".

Existem algumas peculiaridades na história de cada um dos homens que utilizamos como exemplo anteriormente. Spitzer era um governador e tinha a responsabilidade de impor as leis no Estado de Nova York, leis que ele transgrediu; Paterson simplesmente admitiu suas relações extraconjugais. Woods apresentou-se como um homem caseiro, um marido e pai apaixonado; Latterman, exceto por alusões ocasionais ao filho, não tinha uma reputação pública específica com relação à sua vida privada. Talvez seja mais fácil confessar francamente sua própria sujeira quando você nunca se apresentou como alguém moralmente imaculado.

Todavia, a iniciativa de levar o crédito de fato parece funcionar e, portanto, ressalta a importância de estar atento a boatos e rumores. Se houver murmúrios de escândalo, é melhor enfrentá-los antes que eles estourem. E se você não conseguir se adiantar às notícias ruins, não se mostre evasivo. Alguma vez você já ouviu a expressão **frenesi alimentar** ou, mais apropriado para esse caso, **frenesi por alimento**? É isso o que ocorre quando as pessoas ficam famintas por informação. Dê-lhes a informação — toda ela —, pois assim é bem provável que se acalmem.

Levar o crédito não significa marcar uma coletiva de imprensa para falar sobre um flerte inocente com um colega ou uma colega ou da ocasião em que você tentou contar umas mentirinhas para evitar uma multa contra excesso de velocidade. Porém, se você souber que está circulando uma informação possivelmente prejudicial sobre você, pense muito a respeito do que pode acontecer se essa informação escapar. Se a revelação apresentar o risco de prejudicá-lo, calcule o quanto esse dano poderia ser maior se você não tomar a iniciativa de revelá-la.

Concluindo, mesmo se — **e não mesmo quando** — você errar, lembre-se de que pode se restabelecer. Você pode ter sorte e precisar apenas atenuar um período difícil para a sua reputação ou talvez tenha de reconstruir sua marca pessoal a partir do zero. É totalmente possível que alguns aspectos de sua vida nunca mais sejam os mesmos. Entretanto, lembre-se desse cadinho de sabedoria de Yogi Berra: "**O jogo só acaba quando termina.**" E acrescentaria que somente **você** pode decidir em que momento.

Recapitulando

Ter **influência** em quase todas as direções é mais do que uma habilidade. É um estilo de vida e uma mentalidade alicerçada em princípios essenciais que todo profissional moderno deve dominar para chegar ao topo de sua área e concretizar metas pessoais e profissionais, bem como objetivos mais amplos que **possam fazer diferença no mundo**.

Praticamente nenhuma das constatações e habilidades descritas neste livro é ensinada até mesmo nas escolhas de negócios mais prestigiadas. Contudo, são habilidades profissionais fundamentais e indispensáveis que, assim que aprendidas, mudarão profundamente sua vida para melhor.

Tal como você viu, não é preciso ser diretor executivo para aprender e ganhar domínio nessas novas habilidades. Independentemente de você ser um assistente administrativo que está procurando fortalecer sua influência de baixo para cima em uma organização, um recém-formado em negócios que está procurando obter uma vantagem sobre seus concorrentes em relação a um emprego em uma empresa, um profissional de vendas que está promovendo os benefícios dos produtos ou serviços de sua organização, um empreendedor que está pretendendo despertar o interesse por um novo produto, um novo gerente que está tentando encontrar um meio eficaz para motivar uma equipe diversa, um gerente de projetos que precisa obter apoio em um plano de ação que parece absurdo ou um inovador que tem coragem e motivação para se tornar um líder de ideias, você pode utilizar essas técnicas que apresentei para se transformar em uma pessoa de influência e importância em sua área e também em outros âmbitos.

NOTAS

Capítulo 1 – Dominado, persuadido e compelido: a influência é constante

1. *Um banco da Nova Zelândia persuade gentilmente os clientes.* NZ's Impulse Spending at $ 16 Million Per Day, TVNZ. co.nz, 1º de fevereiro de 2011.
1. *Nos EUA, as cantinas escolares.* What Would the Nudge Cafeteria Look Like?, Nudge.org, 13 de fevereiro de 2009; *The Nudge Cafeteria Part II,* Nudge.org, 9 de março de 2009; "Nudging in New York Cafeterias", Nudge.org, 9 de junho de 2010; e *"Nudge Cafeteria Design, Part III",* Nudge. org, 10 de julho de 2011.
1. *Em Nova York, os táxis têm touchscreen na traseira do banco da frente.* Reuni esses dados da minha vasta experiência andando de táxi em Nova York.
2. *Esse contato com a influência inicia-se com nossa primeira percepção de self.* Justin D. Call, Eleanor Galenson e Robert L. Tyson (eds.), *Frontiers of Infant Psychiatry,* vol. 2 (Nova York: Basic Books, 1983), p. 40.
2. *Com esse primeiro desejo infantil. A necessidade dos pais de perceber e reagir, no sentido de oferecer proteção e/ou aprender, é tão instintiva quanto. De acordo com um estudo de 1968 sobre essa interação:* M. Virginia Wyly, *Infant Assessment* (Boulder, Colorado: Westview Press, 1997), pp. 144-146.
3. *Um artigo recente e bombástico na Rolling Stone:* Michael Hastings, *Another Runaway General: Army Deploys Psy-Ops on U.S. Senators, Rolling Stone,* 23 de fevereiro de 2011.

283

4. *A competição ou disputa por recursos é intrínseca à evolução de qualquer espécie sobrevivente.* Competição, Wikipédia.org; para ver alguns exemplos, consulte David A. Puts, *Beauty and the Beast: Mechanisms of Sexual Selection in Humans, Evolution and Human Behavior,* 31(3), maio de 2010, pp. 157-175; e *When Young Men Are Scarce, They're More Likely to Play the Field Than to Propose,* ScienceDaily.com, 10 de junho de 2009.

4. *À medida que nossa espécie evoluiu, nosso cérebro*: David Geary e Drew Bailey, citados em *Social Competition may Be Reason for Bigger Brain,* ScienceDaily.com, 23 de junho de 2009.

5. *De acordo com Shalom H. Schwartz, Ph.D., da Universidade Hebraica.* Shalom H. Schwartz, *Basic Human Values: An Overview,* Universidade Hebraica de Jerusalém, <http://segr-did2.fmag.unict.it/Allegati/convegno%207-8-10-05 / Schwartzpaper.pdf>.

7. *Diversos pesquisadores respeitados apoiaram-se em sete fases principais:* Tal como analisado em Patrick F. Bassett, *Effecting Change, Montessori Life,* 16(3), verão de 2004, pp. 16-17.

8. *Os funcionários que demonstram comportamentos constantes de autoderrota:* Robert Kegan e Lisa Laskow Lahey, *The Real Reason People Won't Change, Harvard Business Review,* 79(10), novembro de 2001, pp. 51-58.

10. *Na área emergente da economia comportamental.* Arnerich Massena & Associates, Inc., Tony Arnerich, Howard Biggs, Vincent Galindo, Dane Grouell, Jillian Perkins, Jacob O'Shaughnessy (colaboradores), *Ain't Misbehavin'! Behavioral Economics Helps Explain the Reality of Participant Behavior,* março de 2010. (Livro eletrônico gratuito; várias opções de *download.)*

11. *Nosso cérebro dita nossas opções. Roots of Gamblers' Fallacies and Other Superstitions: Causes of Seemingly Irrational Human Decisions,* ScienceDaily.com, 31 de agosto de 2010; para obter mais informações sobre a "falácia do jogador", consulte também a obra de Alex Piquero, citado, por exemplo, por Cathy Keen em *UF Study: 'Gamblers Fallacy' Not Criminal Label Results in More Crime, University of Florida News,* 15 de abril de 2003.

NOTAS

11. *As pesquisas precursoras de Amos Tversky e Daniel Kahneman.* Amos Tversky e Daniel Kahneman, *Availability: A Heuristic for Judging Frequency and Probability, Cognitive Psychology,* 5(2), setembro de 1973, pp. 207-232.

11. *Em poucas palavras. Ibid.* consulte também a obra descrita em Bruce G. S. Hardie, Eric J. Johnson e Peter S. Fader, *Modeling Loss Aversion and Reference Dependence Effects on Brand Choice, Marketing Science,* 12(4), outono de 1993, pp. 378-394.

12. *Meir Statman, da Escola de Negócios Leavey.* Citado em James J. Choi, David Laibson, Brigitte C. Madrian e Andrew Metrick, *Optimal Defaults and Active Decisions,* Escritório Nacional de Pesquisa Econômica, janeiro de 2005.

13. *Hoje, os anunciantes utilizam técnicas fundamentadas na neurociência.* Robert Dooley, *Revealed: How Steve Jobs Turns Customers Into Fanatics,* Neuroscience marketing.com, 25 de agosto de 2010.

13. *A favorita do frango frito nos EUA, a KFC: Smells Can Make You or Break You,* Human Behavior Fun Facts, BestFunFacts. com, 2009.

14. *Advertising Age avaliou que a Procter & Gamble. P&G,* adbrands.net, <http://www.adbrands.net/us/pg_us.htm>.

14. *A marca Apple explora.* Dooley, *op. cit.*

14. *Estudos comprovam que, quando o feedback é imediato.* Keri L. Kettle e Gerald Häubl, *Motivation by Anticipation: Expecting Rapid Feedback Enhances Performance, Psychological Science,* 10(4), abril de 2010, pp. 545-547.

15. *Um estudo alemão comprovou um certo fato.* Daniel Oberfeld, Heiko Hecht, Ulrich Allendorf e Florian Wickelmaier, *Ambient Lighting Modifies the Flavor of Wine, Journal of Sensory Studies,* 24(6), 2009, p. 797. DOI: 10.1111/j.1745-459X.2009.00239.x.

15. *Para os donos de restaurante.* Vladas Griskevicius, Michelle N. Shiota e Stephen M. Nowlis, *The Many Shades of Rose-Colored Glasses: An Evolutionary Approach to the Influence of Different Positive Emotions, Journal of Consumer Research,* 37, agosto de 2010, pp. 238-250.

15. *Pesquisadores da Cornell conduziram um estudo:* Universidade Cornell, *Men Overcompensate When Masculinity Is Threatened,* ScienceDaily.com, 3 de agosto de 2005.

360 GRAUS DE INFLUÊNCIA

15. *Os eleitores avaliam a competência de um candidato.* Christopher Y. Olivola e Alexander Todorov, *Elected in 100 Milliseconds: Appearance-Based Trait Inferences and Voting, Journal of Nonverbal Behavior*, 34(2), 2010, pp. 83-110.

16. *Aparentemente, isso é mais um mito. Underdogs Have More Motivation? Not So Fast, Study Says*, ScienceDaily.com, 11 de fevereiro de 2010.

16. *Novas constatações publicadas na Psychological Science.* Justin M. Carré, Cheryl M. McCormick e Catherine J. Mondloch, *Angry Faces: Facial Structure Linked to Aggressive Tendencies, Study Suggests*, ScienceDaily.com, 2 de novembro de 2009.

17. *Você está pedindo um aumento? Comprando um carro? Esse mesmo estudo procurou avaliar: Tactile Sensations Influence Social Judgments and Decisions*, ScienceDaily.com, 25 de junho de 2010.

18. *Dois psicólogos da Universidade Yale examinaram a influência de um espaço aberto.* John A. Bargh e Lawrence E. Williams, *Keeping One's Distance: The Influence of Spatial Distance Cues on Affect and Evaluation, Psychological Science*, 19(3), março de 2008, pp. 302-308.

19. *Um estudo constatou que a leitura de artigos de jornal influenciam decisões que Doron Kliger, Ph.D., que realizou: Reading Reports Involving Risk-Taking Affects Financial Decision Making*, ScienceDaily.com, 28 de abril de 2009.

20. *Tradicionalmente, as mulheres se revelam mais democráticas na liderança. No outro lado dessa moeda politicamente suscetível:* Linda L. Carli, .*Gender Issues in Workplace Groups: Effects of Gender and Communication Style on Social Influence*, em Mary Barret e Marilyn J. Davidson (eds.), *Gender and Communication at Work* (Burlington, Vermont: Ashgate Publishing Company, 2006), pp. 69-83.

20. *Um estudo demonstrou que um um apresentador masculino.* Kathleen M. Propp, *An Experimental Examination of Biological Sex as a Status Cue in Decision-Making Groups and Its Influence on Information Use, Small Group Research*, 26(4), pp. 451-474.

21. *Jim Moran, professor de administração. Narcissistic Bosses Destroy Morale, Drive Down Bottom Line, FSU News*, 2009, <http://www.fsu.edu /news/2009/08/07/narcissistic.bosses/>.

NOTAS

22. *Um experimento mostrou o que sentiam as pessoas excluí-das.* Nicole L. Mead, Roy F. Baumeister, Tyler F. Stillman, Catherine D. Rawn e Kathleen D. Vohs, *Social Exclusion Causes People to Spend and Consume in the Service of Affiliation, Journal of Consumer Research*, 37(5), fevereiro de 2011, pp. 902-919.

22. *Pesquisadores da Universidade da Flórida e de Illinois. Determinados indivíduos, aqueles com personalidade intolerante e não receptiva a novas ideias. People Sometimes Seek the Truth, but Most Prefer Like-Minded Views*, ScienceDaily. com, 2 de julho de 2009.

23. *Pesquisadores da Universidade do Colorado, em Boulder, descobriram como as pessoas investiam o seu tempo. O erro que podemos cometer algumas vezes.* Leaf Van Boven e Greg Swenson. *Materialistic People Are Liked Less Than "Experiential" People, Says University of Colorado Professor,* Departamento de Serviço de Notícias, Universidade do Colorado, 14 de abril de 2010.

23. *Em termos de influência, estudos comprovam como agem as pessoas com alto nível de inteligência emocional.* Ken McGuffin, *Leaders of the Pack Display High "Emotional Intelligence"*, Universidade de Toronto, Escola de Administração Rotman, 21 de setembro de 2010.

24. *Nancy Carter e Mark Weber, da Escola de Administração Rotman. People Who Are Trusting Are Better at Detecting Liars, Medical News Today,* 6 de agosto de 2010.

25. *Edward M. Hallowell, doutor em medicina e instrutor de psiquiatria.* Edward M. Hallowell, *The Human Moment at Work, Harvard Business Review,* 77(1), pp. 58-66.

Capítulo 2 – A influência de 360 graus começa em você

28. *Em 1920.* John F. Kihlstrom e Nancy Cantor, *Social Intelligence*, <http://socrates.berkeley.edu/~kihlstrm/social_intelligence.htm>, 2000.

29. *Howard Gardner é amplamente conhecido:* Amy C. Brualdi, *Multiple Intelligences: Gardner's Theory*, ERICDigest.org, setembro de 1996.

360 GRAUS DE INFLUÊNCIA

29. *De acordo com o pesquisador Mark Smith:* Mark K. Smith, *Howard Gardner and Multiple Intelligences, The Encyclopedia of Informal Education,* infed.org, 2002, 2008.

29. *Goleman e seus colegas Richard Boyatzis e Kenneth Rhee.* Richard Boyatzis, Daniel Goleman e Kenneth Rhee, *Clustering Competence in Emotional Intelligence: Insights from the Emotional Competence Inventory,* Consórcio para a Pesquisa sobre Inteligência Emocional nas Organizações, 8 de dezembro de 1999; consulte também o *site* de Goleman, danielgoleman.info.

30. *Em um artigo de 2004, em coautoria com David Caruso:* John D. Mayer, Peter Salovey e David R. Caruso, *Emotional Intelligence: Theory, Findings, and Implication, Psychological Inquiry,* 15(3), 2004, pp. 197-215.

30. *...utilizaram para desenvolver o Teste de Inteligência Emocional Mayer-Salovey-Caruso.* Mayer-Salovey-Caruso Emotional Intelligence Test (MSCEIT), Consórcio para a Pesquisa sobre Inteligência Emocional nas Organizações, eiconsortium.org.

30. *Stéphane Côté e colegas.* Stéphane Côté, Paulo N. Lopes, Peter Salovey e Christopher T. H. Miners, *Emotional Intelligence and Leadership Emergence in Small Groups, Leadership Quarterly,* 21(2), junho de 2010, pp. 496-508; e Stéphane Côté e Christopher T. H. Miners, *Emotional Intelligence, Cognitive Intelligence, and Job Performance,* Universidade de Toronto, <http://www.rotman.utoronto.ca/~s-cote/C%C3%B4t%C3%A9andMiners ASQ.pdf>.

30. *De modo semelhante, Joshua Freedman e Marvin Smith.* Joshua Freedman e Marvin Smith, *Emotional Intelligence for Athletes Life Success,* Six Seconds, 6sec onds.org, 1º de maio de 2008.

30. *A inteligência social (IS) enfrentou alguns dos mesmos proble-mas conceituais.* Susan Dunn, *Emotional Intelligence Versus Cognitive Intelligence,* teach-nology.com; <http://www.teach-nology.com/tutorials/teaching/iq/>; Kihlstrom e Cantor, *op. cit.*

31. *Contudo, tal como o psicólogo Nicholas Humphrey ressalta.* Nicholas Humphrey, *The Uses of Consciousness,* James Arthur Memorial Lecture, Museu Americano de História Natual, Nova York, 1987.

NOTAS

31. *O que pensa o consultor Karl Albrecht.* Karl Albrecht. *Social Intelligence: The New Science of Success,* KarlAlbrecht.com.

32. *Um relatório de 2004 do Conselho Científico Nacional sobre Desenvolvimento da Criança:* Conselho Científico Nacional sobre Desenvolvimento da Criança (NSCDC), *Children's Emotional Development Is Built into the Architecture of Their Brains,* Artigo científico nº 2, 2004; consulte também NSCDC, *The Science of Early Childhood Development: Closing the Gap Between What We Know and What We Do* (Cambridge, Massachusetts: Universidade de Harvard, 2007). Ambos podem ser encontrados no Centro sobre Desenvolvimento da Criança, Universidade de Harvard.

32. *Independentemente da dificuldade enfrentada pelos pesquisadores para determinar com perfeição a IE e a IS.* Raymond H. Hartjen, *The Preeminent Intelligence: Social IQ, EducationFutures.org; High Emotional Intelligence = Best Workers,* UPI.com, 17 de setembro de 2010; Ernest H. O'Boyle, Ronald H. Humphrey, Jeffrey M. Pollack, Thomas H. Hawver e Paul A. Story, *The Relation Between Emotional Intelligence and Job Performance: A Meta-Analysis, Journal of Organizational Behavior,* 32(5), julho de 2010, pp. 788-818; *High Level of Practical Intelligence: A Factor in Entrepreneurial Success,* ScienceDaily.com, 30 de outubro de 2010; *Leaders of the Pack Display High 'Emotional Intelligence',* ScienceDaily.com, 21 de setembro de 2010; *Emotional Intelligence Predicts Job Performance,* ScienceDaily.com, 27 de outubro de 2010.

33. *O site Psychometric Success. Emotional Intelligence: Assessing Emotional Intelligence,* <www.psychometric-success.com/emotional-intelligence/assessing-emotional-intellingence.htm>.

33. *Esse último, por exemplo, faz mais de 100 perguntas.* Teste de inteligência emocional Mayer-Salovey-Caruso (MSCEIT), *op. cit.*

35. *O professor de psicologia Timothy Pychyl afirma: "Será que o problema foi que o plano era extremamente ambicioso?".* Timothy A. Pychyl, *Self-Regulation Failure (Part 1): Goal Setting and Monitoring,* PsychologyToday.com, 16 de fevereiro de 2009.

36. *É por isso que o autocontrole é importante.* C. Nathan DeWall, Roy F. Baumeister, Nicole L. Mead e Kathleen D.

360 GRAUS DE INFLUÊNCIA

Vohs, *How Leaders Self-Regulate Their Task Performance: Evidence That Power Promotes Diligence, Depletion, and Disdain, Journal of Personality and Social Psychology*, 100(1), janeiro de 2011, pp. 47-65.

37. *Dicas para desenvolver autocontrole.* As informações dessa seção foram extraídas de DeWall *et al., op. cit.*; Bruce Duncan Perry, *Self-Regulation: The Second Core Strength*, em Teachers, Scholastic.com; Pychyl, *op. cit.*; e Anna Steidle, *The Influence of Power on Self-Regulation*, dissertação (vorgelegt der Human- und Sozialwissenschaftlichen Fakultät der Technischen Universität Chemnitz, maio de 2010).

40. *Dez habilidades para se tornar mais influente.* As informações dessa seção foram extraídas de David Hakala, *The Top 10 Leadership Qualities*, HRWorld.com, 19 de março de 2008; Dan McCarthy, *The Leader of the Future: Ten Skills to Begin Developing Now*, GreatLeadershipbyDan.com, 7 de maio de 2009; bem como de minha própria experiência.

Capítulo 3 – Rompendo a resistência: as principais barreiras para influenciar outras pessoas

49. *O 28º presidente dos EUA. Na verdade, temos uma tendência muito forte a manter as coisas como estão: "Eu não teria visto isso se não tivesse acreditado nisso".* Todas as citações foram extraídas de BrainyQuote.com.

51. *O notável e cético autor Michael Shermer; Shermer, nesse mesmo artigo da Scientific American, afirma:* Michael Shermer, *Patternicity, Scientific American*, dezembro de 2008; consulte também Shermer, *Why Smart People Believe Weird Things, Skeptic*, 10(2), 2003; e *On Strange Beliefs*, TED, filmado em fevereiro de 2006, postado em novembro de 2006.

52. *Ele denominou nosso cérebro e sistema nervoso. Para ajudar a distinguir as diversas crenças.* James Alcock, *The Belief Engine, Skeptical Inquirer*, 19(3), maio-junho de 1995.

56. *Amos Tversky e Daniel Kahneman — economistas comportamentais — identificaram inúmeras "heurísticas".* Amos Tversky e Daniel Kahneman, *Judgment Under Uncertainty: Heuristics and Biases, Science*, 185(4.157), 27 de setembro de 1974, pp. 1.124-1.131; *Choices, Values, and Frames*, em

NOTAS

Kahneman e Tversky (eds.), *Choices, Values, and Frames* (Cambridge: Cambridge University Press, 1984).

56. *Em um artigo na Scientific American, a autora Christine Nicholson chama a atenção para um estudo recente:* Christine Nicholson, *We Only Trust Experts If They Agree with Us, Scientific American*, 18 de setembro de 2010.

57. *O site de pesquisa em ciência política The Monkey Cage:* John Sides, *You Want More Epistemic Closure? Global Warming (Again) and Evolution*, TheMonkeyCage.org, 10 de março de 2011; consulte também Mike Millikin, *Study Presents Evidence for Cultural Cognition of Scientific Evidence*, GreenCarCongress.com, 14 de setembro de 2010; e *Thaler's Question*, Edge.org, 23 de novembro de 2010.

57. *A Escola de Direito da Universidade Yale conduz o projeto Cognição Cultural.* Projeto Cognição Cultural, Escola de Direito da Universidade Yale.

58. *Barry Marshall e seu colega de pesquisa.* Kathryn Schulz, *Stress Doesn't Cause Ulcers! Or, How to Win a Nobel Prize in One Easy Lesson: Barry Marshall on Being... Right, Slate*, 9 de setembro de 2010.

61. *E nós, como ficamos nisso?* Ken Broda-Bahm, *Adapt Your Scientific Testimony to Jurors Skeptical Ears, Litigation Postscript*, 7 de fevereiro de 2011.

63. *Para ajudá-lo a ganhar maior influência.* As informações da tabela subsequente foram extraídas de Ron Ashkenas, *Let's Talk About Culture Change, blogs* da *Harvard Business Review*, 22 de março de 2011; Randi S. Brenowitz e Marilyn Manning, How Leaders Get Buy-In", *Innovative Leader*, 12(2), fevereiro de 2003; *Managing Resistance: Employee Resistance to Change: Why?*, BusinessPerformance.com; Joseph Grenny, David Maxfield e Andrew Shimberg, *Leadership and Organizational Studies: How to Have Influence, MIT Sloan Management Review*, 50(1), outono de 2008, pp. 47-52; Jeff Kehoe e John Kotter, *How to Save Good Ideas, Harvard Business Review*, 88(10), outubro de 2010, pp. 129-132; Nilofer Merchant, *Culture Trumps Strategy Every Time, blogs* da *Harvard Business Review*, 22 de março de 2011; A. J. Schuler, *Overcoming Resistance to Change: Top Ten Reasons for Change Resistance*, SchulerSolutions.com; e minhas próprias observações e experiências.

Capítulo 4 – Saiba o que de fato motiva as pessoas e com o que as pessoas de fato se importam

69. *Originada da palavra grega pathos e de uma palavra alemã.* Jennifer Block-Lerner, Carrie Adair, Jennifer C. Plumb, Deborah L. Rhatigan e Susan M. Orsillo, *The Case for Mindfulness-Based Approaches in the Cultivation of Empathy: Does Nonjudgmental, Present-Moment Awareness Increase Capacity for Perspective-Taking and Empathic Concern?, Journal of Marital and Family Therapy*, 33(4), outubro de 2007, pp. 501-516.

69. *Existe um mito social comum que explica o conceito.* Simon Ross, *Empathic Accuracy, Psychlopedia*, psychit.com.au, 18 de outubro de 2008.

69. *Um experimento que Universidade de Columbia tentou avaliar.* Jamil Zaki, Niall Bolger e Kevin Ochsner, *Unpacking the Informational Bases of Empathic Accuracy, Emotion*, 9(4), agosto de 2009, pp. 478-487.

70. *Uma habilidade que os influenciadores astutos utilizam:* Block-Lerner *et al., op. cit.*

71. *De acordo com Allene Grognet e Carol Van Duzer no centro.* Allene Grognet e Carol Van Duzer, *Listening Skills in the Workplace*, Centro de Linguística Aplicada, 2002-2003.

73. *Primeiro, preste atenção. The Big 6: An Active Listening Skill Set*, Centro de Liderança, ccl.org.

76. *O produto dessa evolução social é o que ele chama de mineração da realidade. O carisma.* Alex Pentland, *.Honest Signaling, American Scientist*, 98(3), maio-junho de 2010, pp. 204-211; consulte também Mark Buchanan, *Secret Signals, Nature*, 457(29), janeiro de 2009, pp. 528-530.

79. *Se você atua nessa área; O Facebook também oferece aos influenciadores.* Beth Snyder Bulik, *What Your Favorite Social Network Says About You*, AdAge.com, 8 de julho de 2009.

Capítulo 5 – Como nossas decisões definem nossa capacidade de influenciar

84. *Sua predecessora no cargo da HP. Portfolio's Worst CEOs of All Time*, postado em CNBC.com, 30 de abril 30 de 2009.

NOTAS

84. *Com certeza, para várias pessoas que trabalham em grandes organizações.* Consulte, por exemplo, Jeffrey Pfeffer e Robert I. Sutton, *The Smart Talk Trap, Harvard Business Review,* 77(3), maio-junho de 1999, pp. 134-142; e Ram Charan, *Conquering a Culture of Indecision, Harvard Business Review,* 79(4), abril de 2001, pp. 74-82.

86. *O ex-secretário do Tesouro e investidor de Wall Street Robert Rubin:* Robert Rubin, discurso de formatura, 7 de junho de 2001, Harvard.edu.

87. *O consultor de gestão Graham Jeffery:* Graham Jeffery, *Tony Blair: Judged on His Outcomes, Not His Decisions?,* grahamjeffery.com, 30 de outubro de 2009.

87. *Seymour Hersh entrevistou autoridades de inteligência e política externa.* Seymour Hersh, *Chain of Command* (Nova York: Harper Collins, 2004).

88. *Rubin adverte contra essa certeza:* Rubin, *op. cit.*

88. *David Weinberger, em um artigo na Harvard Business Review.* David Weinberger, *Garbage In, Great Stuff Out, Harvard Business Review,* 79(8), setembro de 2001, pp. 30-32.

89. *O professor de economia Dan Ariely analisa as decisões.* Dan Ariely, *Good Decisions. Bad Outcomes, Harvard Business Review,* 88(12), dezembro de 2010, p. 40.

89. *Os professores de negócio David Garvin e Michael Roberto,* David Garvin e Michael Roberto, *What You Don't Know about Making Decisions, Harvard Business Review,* 79(8), setembro de 2001, pp. 108-116.

91. *O colunista de negócios do The New York Times Joe Nocera.* Joe Nocera, *Madoff Had Accomplices: His Victims, New York Times,* B1, 13 de março de 2009; consulte também o *blog* de Nocera, *When Smart People Do Dumb Things,* NewYorkTimes. com, 13 de março de 2009.

92. *Elie Wiesel, cuja fundação perdeu mais de US$ 15 milhões. The Madoff Panel Transcript,* Portfolio.com, 26 de fevereiro de 2009.

92. *...porém, tal como Nocera ressalta.* Nocera, *Madoff, op. cit.*

92. *Jim Chanos, outro participante do painel da Portfolio.* Transcrição do painel sobre Madoff, *op. cit.*

92. *Warren Buffet concorda que os inteligentes tomem também decisões tolas.* Warren Buffet, citado em William C. Taylor, *Why Do Smart People Do Such Dumb Things?, blog* da *Harvard Business Review,* 11 de janeiro de 2011.

93. *Os autores John Hammond, Ralph Keeney e Howard Raiffa:* John Hammond, Ralph Keeney e Howard Raiffa, *Thinking About... The Hidden Traps in Decision Making, Harvard Business Review,* 76(5), setembro-outubro de 1998, pp. 47-58; consulte também "Cognitive Biases", Wikipedia.org.

96. *Os psicólogos Stephen Garcia, Hyunjin Song e Abraham Tesser identificaram a tendência à comparação social; Representatividade e disponibilidade; Ilusão de controle e otimismo:* Stephen M. Garcia, Hyunjin Song e Abraham Tesser, *Tainted Recommendations: The Social Comparison Bias, Organizational Behavior and Human Decision Processes,* 113(2), novembro de 2010, pp. 97-101; consulte também Suzanne C. Thompson, *Illusions of Control: How We Overestimate Our Personal Influence, Current Directions in Psychological Science,* 8(6), dezembro de 1999, pp. 187-190; Amos Tversky e Daniel Kahneman, *Judgment Under Uncertainty: Heuristics and Biases, Science,* 185(4.157), 27 de setembro de 1974, pp. 1.124-1.131; Daniel Kahneman, Jack L. Knetsch e Richard Thaler, *Anomalies: The Endowment Effect, Loss Aversion, and Status Quo Bias, The Journal of Economic Perspectives,* 5(1), inverno de 1991, pp. 193-206; e Dan Lovallo e Daniel Kahneman, *Delusions of Success: How Optimism Undermines Executives Decisions, Harvard Business Review,* 81(7), julho de 2003, pp. 56-63.

98. *A previsão por classe de referência foi concebida para eliminar:* Lovallo e Kahneman, *op. cit.;* consulte também JAPA *Article Calls on Planners to Help End Inaccuracies in Public Project Revenue Forecasting, press release* da Associação Americana de Planejamento, 7 de abril de 2005; B. Flyvbjerg, *From Nobel Prize to Project Management: Getting Risks Right, Project Management Journal,* 37(3), agosto de 2006, pp. 5-15, e Flyvbjerg, *Curbing Optimism Bias e Strategic Misrepresentation in Planning: Reference Class Forecasting in Practice, European Planning Studies,* 16(1), janeiro de 2008, pp. 3-21; e *Reference Class Forecasting,* Wikipedia.org.

100. *O psicólogo Barry Dunn investigou a noção de competição.* Citado em Keri Chiodo, *Trust Your Gut... but Only Sometimes,* PsychologicalScience.org, 4 de janeiro de 2011.

100. *O cientista Andrew McAfee igualmente tem dúvidas.* Andrew McAfee, *The Future of Decision Making: Less Intuition, More*

NOTAS

Evidence, blog da *Harvard Business Review,* 7 de janeiro de 2010.

101. *Jeff Stibel, chairman e diretor executivo da Dun & Bradstreet.* Jeff Stibel, *How Forethought (Not Intuition) Separates the Good from the Great, blog* da *Harvard Business Review,* 20 de outubro 20 de 2010.

101. *O professor de psicologia William Grove e colegas.* William M. Grove, David H. Zald, Boyd S. Lebow, Beth E. Snitz e Chad Nelson, *Clinical Versus Mechanical Prediction: A Meta-Analysis, Psychological Assessment,* 12(1), março de 2000, pp. 18-30.

101. *Essa conclusão concorda com a de um estudo mais antigo.* Lewis Goldberg, *Man Versus Model of Man, Psychological Bulletin,* 73(6), junho de 1970, pp. 422-432.

101. *Gary Klein, que defende a tomada de decisão naturalista:* Daniel Kahneman e Gary Klein, *Conditions for Intuitive Expertise, American Psychologist,* 64(6), setembro de 2009, pp. 422-432.

103. *Gosto da observação de um leitor do erudito.* Andrew Sullivan, *A Really Expensive Way to Win a Game Show, Ctd., The Daily Dish,* 17 de fevereiro de 2011.

105. *Shirley Wang, do The Wall Street Journal entrevistou o psicólogo social Frenk van Harreveld:* Shirley S. Wang, *Why So Many People Can't Make Decisions, Wall Street Journal,* wsj. com, 27 de setembro de 2010.

106. *John Hammond, Ralph Keeney e Howard Raiffa criaram um processo:* John Hammond, Ralph Keeney e Howard Raiffa, *Even Swaps, Harvard Business Review,* 76(2), março-abril de 1998, pp. 137-150.

109. *Relacione as variáveis relevantes.* Tom Davenport, *The Year Ahead: Make Better Decisions, blog* da *Harvard Business Review,* 5 de janeiro de 2009.

109. *Questione o processo:* John Baldoni, *How to Make Better Decisions,* CIO. com, 21 de julho 21 de 2008.

Capítulo 6 – Preparando o terreno: como influenciar estrategicamente as decisões das pessoas

116. *O professor Jeffrey Pfeffer considera a percepção. As pessoas que são elogiadas por outras,* Jeffrey Pfeffer, *Shape Perceptions*

360 GRAUS DE INFLUÊNCIA

of Your Work, Early and Often, blog da *Harvard Business Review,* 21 de outubro de 2010; consulte também Pfeffer, Christina T. Fong, Robert B. Cialdini e Rebecca R. Portnoy, *Overcoming the Self-Promotion Dilemma: Interpersonal Attraction and Extra Help as a Consequence of Who Sings One's Praises, Personality and Social Psychology Bulletin,* 32(10), 2006, pp. 1.362-1.374.

118. *O professor de marketing Lars Perner ressalta:* Lars Perner, *Consumer Behavior: The Psychology of Marketing,* consumerpsychologist.com, s/d.

119. *A própria cultura administrativa do Google criou um ambiente de trabalho flexível.* Adam Lashinsky, *Chaos by design, Fortune,* 2 de outubro de 2006.

120. *Na Dinamarca, quando os diretores executivos (homens) têm filhas.* Christopher Shea, *Male CEOs with Daughters Treat Women Better, The Wall Street Journal,* wsj.com, 3 de março 3 de 2011.

120. *Ver alguém bocejando, ouvir alguém bocejando.* Isso é amplamente relatado; um dos autores que popularizaram essa ideia foi Malcolm Gladwell, em *The Tipping Point* (Boston: Little, Brown &Company, 2000).

120. *Os clientes pré-ativados (condicionados) por imagens de dinheiro antes de uma compra:* Yuping LiuThompkins, *The Hidden Power of Context,* yupingliu.com, 13 de julho 13 de 2009.

121. *Os arquitetos que estão discutindo sobre estruturas de construção governamentais.* Para uma discussão geral sobre o fenômeno, consulte Jon Gertner, .Why Isn't the Brain Green, The New York Times (revista), MM36, 16 de abril de 2009.

121. *Contudo, existe aquela visão de que menos é mais.* Barry Schwartz, citado em Beth Kowitt, *Inside the Secret World of Trader Joe's,* CNN.com, 23 de agosto de 2010; consulte também Sheena Iyengar e Kanika Agrawal, *A Better Choosing Experience,* strategy-business.com, 23 de novembro de 2010.

121. *Malcolm Gladwell construiu sua carreira investigando a forma de fenômenos aparentemente insignificantes:* Gladwell, *op. cit.;* consulte também seu *site* (que apresenta excertos de *The Tipping Point),* gladwell.com.

122. *O jornalista William Whyte foi quem cunhou o termo groupthink (pensamento de grupo):* Groupthink, Wikipedia.org; consulte também Noni Richardson Ahlfinger e James K.

NOTAS

Esser, *Testing the Groupthink Model: Effects of Promotional Leadership and Conformity Predisposition, Social Behavior and Personality: An International Journal*, 29(1), 2001, pp. 31-41.

122. *O acadêmico Robert Baron examinou a pesquisa sobre pensamento de grupo:* Robert Baron, *So Right It's Wrong: Groupthink and the Ubiquitous Nature of Polarized Group Decision-Making*, <http://ourcomments.org/psych/GroupthinkIIrealFinalADvances-1.pdf>, s/d.

123. *Os professores David Garvin e Michael Roberto propõem:* David Garvin e Michael Roberto, *What You Don't Know About Making Decisions, Harvard Business Review*, 79(8), setembro de 2001, pp. 108-116.

124. *Hollywood gosta de arquitetos.* J. Sebastian, *Fictional Architects in Movies*, archdaily.com, 30 de março de 2009; *Fictional Architects in Movies*, MirageStudio7.com; e Ruthe Stein, *And Now Let Us Praise Hot Architects. Hollywood Can't Get Enough of Them* (rstein@sfchronicle.com); *A.M. San Francisco Chronicle*, 30 de agosto de 2006, p. E1.

124. *De acordo com os professores Richard Thaler, Cass Sunstein e John Balz. O que se considera como padrão ou convencional é controverso. Os checklists recomendados pelo médico e jornalista do The New Yorker. E com relação a decisões mais complexas, os arquitetos de escolhas também prestam atenção. Uma saída para evitar esse tipo de confusão.* Richard Thaler, Cass Sunstein e John Balz, *Choice Architecture*, ssrn.com, 2 de abril de 2010.

127. *Garvin e Roberto não utilizam o termo arquitetura de escolhas.* Garvin e Roberto, *op. cit.*

128. *Alguns racionalistas instrumentais lamentam com desesperança a aparente incapacidade:* Will Wilkinson provavelmente não se considera um racionalista instrumental, mas ele não acredita na arquitetura da escolha — especialmente em seu potencial paternalista; consulte Wilkinson, *Choice Architecture and Paternalism*, willwilkinson.net, 30 de abril de 2008.

132. *Pegue qualquer coisa complexa e a transforme em uma história:* Analiso detalhadamente as histórias e narrativas no Capítulo 11.

133. *Pesquisas demonstram o que muitas pessoas gostam de ter à sua volta.* Stephen M. Garcia, Hyunjin Song e Abraham

Tesser, *Tainted Recommendations: The Social Comparison Bias, Organizational Behavior and Human Decision Processes*, 113(2), novembro de 2010, pp. 97-101.

134. *Muitos de nós somos culpados por avaliarmos as decisões não pelo seu mérito.* Dan Ariely, Good Decisions. Bad *Outcomes, Harvard Business Review*, 88(12), dezembro de 2010, p. 40; Garvin e Roberto, *op. cit.*; David Weinberger, *Garbage In, Great Stuff Out, Harvard Business Review*, 79(8), setembro de 2001, pp. 30-32.

134. *A linguagem é empregada para gerar compreensão e significado.* Analiso mais detalhadamente a utilização da linguagem para influenciar no Capítulo 11.

Capítulo 7 – Ganhando domínio em política organizacional

138. *Rex C. Mitchell, Ph.D., professor no departamento.* Rex C. Mitchell, *Introduction to Organizational Politics*, csun. edu, s/d, e Andrew Dubrin, *Leadership*, 3ª ed. (NovaYork: Houghton Mifflin, 2001).

140. *As políticas são uma realidade da vida organizacional:* Gill Corkindale, *Reinventing Office Politics*, blog da *Harvard Business Review*, 3 de outubro de 2007.

142. *...política organizacional é "um processo por meio do qual as pessoas... portanto, o que uma organização excessivamente política provoca consequências.* Ben Dattner e Allison Dunn, *The Causes and Consequences of Organizational Politics*, Dattnerconsulting.com, 2002.

143. *Evidências indicam que a fofoca tem um poder bem maior:* Gossip in the Workplace: A Weapon or Gift?, ScienceDaily. com, 30 de outubro de 2009; Tim Hallett, Brent Harger e Donna Eder, *Gossip at Work: Unsanctioned Evaluative Talk in Formal School Meetings, Journal of Contemporary Ethnography*, 38(5), outubro de 2009, pp. 584-618.

146. *Laura Sabattini, em um artigo para a Catalyst sobre as regras informais na organização.*Laura Sabattini, *Unwritten Rules: What You Don't Know Can Hurt Your Career*, Catalyst.org, junho de 2008.

147. *Há 50 anos, os psicólogos sociais John French e Bertram Raven:* French and Raven's Five Forms of Power, MindTools. com, s/d.

NOTAS

149. *Jeffrey Pfeffer, professor de negócios na Universidade de Stanford University, afirmou: Pare de esperar que as coisas melhorem.* Rick Nobles, *Pfeffer Book Explains Acquiring and Maintaining Power*, Stanford Business Magazine Online, agosto de 2010.

150. *É provável que o impositor possa ser reconhecido mais facilmente.* Mark Teich, *Field Guide to the Enforcer*, PsychologyToday.com, 1º de março de 2009.

151. *Tudo isso nos leva para algumas questões controversas previsíveis.* Michael Maccoby, *The Productive Narcissist: The Promise and Peril of Visionary Leadership* (Nova York: Broadway Books, 2003).

152. *Gladeana McMahon e Adrienne Rosen, em uma edição recente:* Gladeana McMahon e Adrienne Rosen, *Narcissism at Work*, Trainingjournal.com, 1º de junho de 2009.

152. *A intimidação (bullying) é uma epidemia.* Jeana Bryner, *Workplace Bullying 'Epidemic' Worse Than Sexual Harassment*, Livescience.com, 8 de março de 2008.

152. *A postura do intimidador o protege.* Cheryl Dolan e Faith Oliver, *Is Your Boss a Bully? Stop Being a Target*, blog da *Harvard Business Review*, 19 de novembro de 2009.

154. *Com base nas constatações de Andrew Durbin. Uma vez mais, Durbin (via Mitchell) faz uma observação proveitosa.* Mitchell, *op. cit.*

156. *Quando você está ampliando sua esfera de influência.* Jim Sellner, *Strategic Management Skill 4: Forming Relationships, Alliances, and Partnerships*, ezinearticle.com, 28 de dezembro de 2010.

157. *Gill Corkindale, que já mencionei anteriormente.* Corkindale, *op. cit.*

Capítulo 8 – Influenciando os de cima: persuada seu chefe a concordar com sua maneira de pensar

161. *Isso é chamado de presença executiva, tema sobre o qual escrevi um livro.* Harrison Monarth, *Executive Presence* (Nova York: McGraw-Hill, 2009).

162, 163. *De acordo com Glenn Llopis, autor de Earning Serendipity.* Glenn Llopis, *Executive Presence in the New Normal Workplace*, Forbes.com, 27 de dezembro de 2010.

163. *E você é igualmente eficaz quando as coisas pioram.* Paul Aldo, *What Is Executive Presence? ...and How Do I Get It Again?*, ajc.com, s/d.

165. *Em uma pesquisa realizada em 2009 junto a 444 diretores executivos globais.* Linda Barrington, *CEO Challenge 2010: Top 10 Challenges*, TheConference-Board.org, 2010.

166. *Adam Grant, professor de administração da Escola de Negócios de Wharton.* Tal como examinado em *Analyzing Effective Leaders: Why Extraverts Are Not Always the Most Effective Bosses*, Knowledge@Wharton, 23 de novembro de 2010.

167. *Outro estudo esclarece o verdadeiro motivo da reação.* Joseph Grenny, *Want More Influence? Just Ask*, Businessweek.com, 11 de janeiro de 2011.

168. *Isso também foi objeto de muitas pesquisas.* 'The Art of Woo': *Selling Your Ideas to the Entire Organization, One Person at a Time*, Knowledge@ Wharton, 17 de outubro de 2007.

169. *O coach de executivos Marshall Goldsmith, em um artigo. A propósito, todas elas funcionam ainda melhor:* Marshall Goldsmith, *Effectively Influencing Decision Makers: Ensuring That Your Knowledge Makes a Difference*, Linkageinc.com, 2009.

172. *Caso venha a saber que trabalhará lado a lado com alguém que se encontra:* John Baldoni, *Tips for Making Small Talk with Bigwigs*, blog da *Harvard Business Review*, 22 de março de 2010.

173. *No livro Buy-In: Saving Your Good Idea.* John Kotter e Lorne Whitehead, *Buy-In: Saving Your Good Idea from Getting Shot Down*, citado em BusinessWeek.com, 8 de outubro de 2010.

174. *Rótulos do tipo bajulador, puxa-saco, adulador.* Beth Weissenberger, *How to Win at Office Politics*, Businessweek. com, 23 de fevereiro de 2010.

174. *Possibilitar que sua lealdade irradie-se mesmo.* Randall Hansen, *Seven Strategies to Recession-Proof Your Career: Build Your Future Regardless of Health of the Economy*, QuintCareers.com, s/d.

175. *Um estudo realizado por Ithai Stern, da Escola de Administração Kellog da Universidade Northwestern.* Aaron Mays, *Flattery Will Get You Far*, Escola de Administração Kellogg, kellogg.northwestern.edu, 16 de agosto de 2010.

NOTAS

Capítulo 9 – O sexo oposto em prol do sucesso mútuo

178. *"Todas as diferenças sexuais são uma consequência do dese-
quilíbrio". Às vezes, existem diferenças genéticas e hormo-
nais.* Diana E. Pankevich, Theresa Wizemann e Bruce M.
Altevogt, *Sex Differences and Implications for Translational
Neuroscience Research: Workshop Summary, Institute of
Medicine* (Washington, DC: National Academies Press, 2011).

179. *Christiana Leonard, do Instituto do Cérebro McKnight.*
Christiana M. Leonard, Stephen Towler, Suzanne Welcome,
Laura K. Halderman, Ron Otto, Mark A. Eckert e Christine
Chiarello, *Size Matters: Cerebral Volume Influences Sex
Differences in Neuroanatomy, Cerebral Cortex,* 18(12), dezem-
bro de 2008, pp. 2.920- 2.931.

179. *Hannah Hoag, em um artigo na New Scientist.* Hannah
Hoag, *Brains Apart: The Real Difference Between the Sexes,
New Scientist,* 199(2.665), 19 de julho de 2008, pp. 28-31.

180. *Larry Cahill, PhD, Universidade da Califórnia, Irvine, observando que:* Larry Cahill, *Why Sex Matters for Neuroscience,
Nature Reviews Neuroscience,* 7(6), junho de 2006, pp.
477-484.

180. *...uma conclusão respaldada pelo relatório do IOM:* Pankevich
et al., op. cit.

180. *Considere a questão de direção:* Hoag, *op. cit.*; Cahill, *op.
cit.*; para uma discussão geral, consulte Geert J. De Vries,
*Minireview: Sex Differences in Adult and Developing Brains:
Compensation, Compensation, Compensation, Endocrinology,*
145(3), março de 2004, pp. 1.063-1.068; e Iris E. C. Sommer,
André Aleman, Anke Bouma e René S. Kahn, *Do Women
Really Have More Bilateral Language Representation Than
Men? A Meta-Analysis of Functional Imaging Studies, Brain,*
127(8), agosto de 2004, pp. 1.845-1.852.

180. *Entretanto, essa é a principal constatação dessa área de pesquisa emergente.* Essa é uma área de pesquisa extremamente
variável em que os resultados com frequência provocam
mudanças nos conhecimentos anteriores sobre o cérebro.
Infelizmente, tal como Cordelia Fine ressalta em *Delusions
of Gender* (Nova York: W.W. Norton & Company, 2010),
pesquisas cuidadosas muitas vezes são distorcidas por julgamentos apressados sobre a cultura popular; consulte também
Diane F. Halpern, *How Neuromythologies Support Sex Role*

Stereotypes, Science, 330(6.609), 3 de dezembro de 2010, pp. 1.320-1.321.

181. *Um artigo na revista The Economist, por exemplo, ressaltou "essas diferenças...". The Mismeasure of Woman, The Economist,* 3 de agosto de 2006.

181. *Tal como um estudo ressaltou sobre o que ocorre nos ambientes de contratação.* Alice H. Eagly e Mary C. Johannesen-Schmidt, *The Leadership Styles of Women and Men, Journal of Social Issues,* 57(4), dezembro de 2001, pp. 781-797.

182. *Yael Hellman, professora de liderança organizacional na Universidade Woodbury. Leadership Styles, Smart Business Online,* 31 de julho de 2006.

182. *Anne Cummings, professora de administração de empresas na Universidade de Minnesota em Duluth. The "Masculine" and "Feminine" Sides of Leadership and Culture: Perception vs. Reality,* Knowledge@Wharton, 5 de outubro de 2005.

182. *Entretanto, é preciso apoiar-se consideravelmente nessas generalidades.* O estudo sobre os estilos de liderança masculino e feminino é uma área de pesquisa valiosa para os cientistas sociais e do mundo corporativo; consulte, por exemplo, Linda L. Carli, *Gender and Social Influence, Journal of Social Issues,* 57(4): dezembro, pp. 725-741; Alice H. Eagley e Linda L. Carli, *The Female Leadership Advantage: An Evaluation of the Evidence, The Leadership Quarterly,* 14(6), dezembro de 2003, pp. 807-834; Robin J. Ely e Deborah L. Rhode, *Women and Leadership: Defining the Challenges,* em Nitin Nohria e Rakesh Khurana (eds.), *Handbook of Leadership Theory and Practice* (Boston: Harvard Business Press, 2010); Patterson McGrath & Associates, *Leadership: Being a Woman, What Difference Does it Make?,* Paper 2, Women in Leadership Research Project Series 1, setembro de 2010; Cecilia L. Ridgeway, *Gender, Status, and Leadership, Journal of Social Issues,* 57(4), dezembro de 2001, pp. 637-655; e Janice D. Yoder, *Making Leadership Work More Effectively for Women, Journal of Social Issues,* 57(4), dezembro de 2001, pp. 815-828.

182. *Hellman afirma que isso pode ter um efeito devastador: Leadership styles, op. cit.*

182. *Pense nas autoridades militares.* Contudo, os estereótipos relacionados à liderança militar persistem; consulte, por exemplo, Jennifer Boldry e Wendy Wood, *Gender Stereotypes and the*

NOTAS

Evaluation of Men and Women in Military Training, Journal of Social Issues, 57(4), dezembro de 2001, pp. 689-705.

183. *De modo semelhante, isso ocorre com homens e mulheres que não usam botas de combate no trabalho:* Jan O'Daniel, *With More Women in Work Force, Office Cultures Getting a Shakeup,* Bizjournals.com, 4 de maio de 2009.

184. *Simma Lieberman, coautora de Putting Diversity to Work (Pondo a Diversidade em Prática), adverte: "Conflitos em uma área podem afetar todo um relacionamento; ...os homens e as mulheres têm também características exclusivas com relação à forma de demonstrar concordância."* Simma Lieberman, *Differences in Male and Female Communication Styles,* simmalieberman.com, s/d.

185. *Realmente, é melhor não desatar a chorar.* Joanna L. Krotz, *Six Tips for Bridging the Communication Gap,* Microsoft Business, s/d.

186. *Nicholas Kristof, em um artigo no The New York Times.* Nicholas Kristof, *When Women Rule, New York Times,* 10 de fevereiro de 2008; consulte também Monica Biernat e Kathleen Fuegen, *Shifting Standards and the Evaluation of Competence: Complexity in Gender-Based Judgment and Decision Making, Journal of Social Issues,* 57(4), dezembro de 2001, pp. 707-724; Alice H. Eagly e Steven J. Karau, *Role Congruity Theory of Prejudice Toward Female Leaders, Psychological Review,* 109(3), julho de 2002, pp. 573-578; *Men or Women: Who's the Better Leader?,* Centro de Pesquisas Pew, 25 de agosto 25 de 2008; e Linda Perriton, *"We Don't Want Complaining Women!" A Critical Analysis of the Business Case for Diversity, Management Communication Quarterly,* 23(2), novembro de 2009, pp. 218-243.

186. *Há mais de 30 anos, Robert Altemeyer e Keith Jones.* Robert A. Altemeyer e Keith Jones, *Sexual Identity, Physical Attractiveness and Seating Position as Determinants of Influence in Discussion Groups, Canadian Journal of Behavioural Sciences,* 6(4), 1974, pp. 357-375.

187. *Tal como ressaltam Madeline Heilman e Michelle Haynes, pro-fessores da Universidade de Nova York.* Madeline E. Heilman e Michelle C. Haynes, *No Credit Where Credit Is Due: Attributional Rationalization of Women's Success in Male-Female Teams, Journal of Applied Psychology,* 90(5), setembro de 2005, pp. 905-916.

360 GRAUS DE INFLUÊNCIA

187. *Um estudo da Harvard Business Review constatou que, mesmo quando as líderes mulheres:* Herminia Ibarra e Otilia Obodaru, *Women and the Vision Thing, Harvard Business Review*, 87(1), janeiro de 2009, pp. 62-70.

187. *Um estudo da Catalyst sobre mulheres e liderança demonstrou: Women "Take Care," Men "Take Charge", Stereotyping of U.S. Business Leaders Exposed*, Catalyst.org, 2005.

188. *Outra dificuldade é o problema da "delicadeza":* Kristof, *op. cit.*

188. *Laurie Rudman, professora de psicologia na Rutgers, Universidade Estadual de Nova Jersey.* Laurie A. Rudman e Peter Glick, *Prescriptive Gender Stereotypes and Backlash toward Agentic Women, Journal of Social Issues*, 57(4), dezembro de 2001, pp. 743-762.

188. *Os homens podem adotar um estilo autocrático sem que isso cause repercussão.* Hilary Lips, *Women and Leadership: A Delicate Balance*, WomensMedia.com, 2 de abril de 2009.

189. *De acordo com avaliações deduzidas de um levantamento informal realizado pela Forbes sobre chefes do sexo feminino:* Meghan Casserly, *The Conversation: Male versus Female Bosses*, Forbes.com, 23 de abril de 2010.

189. *Se, entretanto, uma mulher quiser invadir uma área do "homem". Women "Take Care", op. cit.*

190. *Shaunti Feldhahn, autora de The Male Factor.* Shaunti Feldhahn, *Cracking the Male Code of Office Behavior, New York Times*, 5 de fevereiro de 2011.

191. *...se a ideia é de que eles não devem ser emocionais no trabalho.* Christopher Shea, *Sexualized Anchors, Uninformed Male Viewers, The Wall Street Journal*, 3 de fevereiro de 2011.

191. *Não existe nenhuma evidência de que os homens são menos verbais do que as mulheres.* Yvonne K. Fulbright, *Male-Female Communication: Debunking the Mars-Venus Myth, Huffington Post*, 13 de fevereiro de 2011.

191. *...mas essa ideia de que os homens se expressam como crianças de jardim de infância:* Anne M. Koenig e Alice H. Eagly, *Stereotype Threat in Men on a Test of Social Sensitivity, Sex Roles*, 52(7/8), abril de 2005, pp. 489-496.

191. *Esses efeitos decorrem da pré-ativação:* Consulte, por exemplo, S. Christian Wheeler e Jonah Berger, *When the Same Prime Leads to Different Effects, Journal of Consumer Research*, 34(3), outubro de 2007, pp. 357-368.

NOTAS

191. *Esse é um dos perigos do toquenismo.* Kelly Danaher e Nyla R. Branscombe, *Maintaining the System with Tokenism: Bolstering Individual Mobility Beliefs and Identification with a Discriminatory Organization, British Journal of Social Psychology*, 49(2), junho de 2010, pp. 343-362.

192. *Tal como ressalta Deborah Cameron, em The Myth of Mars and Venus: Deborah Cameron, "What Language Barrier?", The Guardian,* 1º de outubro de 2007.

192. *Os homens podem também levar uma rasteira se não exibirem bons resultados.* Madeline E. Heilman e Aaron S. Wallen, *Wimpy and Undeserving of Respect: Penalties for Men's Gender-Inconsistent Success, Journal of Experimental Social Psychology*, 46(4), julho de 2010, pp. 664-667.

193. *Por exemplo, quanto ao tema de equipes mistas de homens e mulheres, um estudo constatou: Mixed Teams Outperform Single-Sex Teams. Right?*, efinancialcareers.com, 1º de novembro de 2007; para ver uma visão ligeiramente diferente, consulte Lucy Ward e John Carvel, *Best Ideas Come from Work Teams Mixing Men and Women, The Guardian,* 1º de novembro de 2007, que divulgou um estudo citado por Lydia Gratton no Escola de Negócios de Londres.

193. *...segundo um comentarista, isso se devia a problemas de comunicação.* Heilman e Hayes, *op. cit.*

194. *As professoras Nilanjana Dasgupta, da Universidade de Massachusetts, Amherst, e Shaki Asgari.* Nilanjana Dasgupta e Shaki Asgari, *Seeing Is Believing: Exposure to Counterstereotypic Women Leaders and Its Effect on the Malleability of Automatic Gender Stereotyping, Journal of Experimental Social Psychology*, 40(5), setembro de 2004, pp. 642-658.

195. *Joanna Krotz, colunista-colaboradora do MSN.* Krotz, *op. cit.*

197. *Pesquisas indicam que os grupos mistos de homens e mulheres podem gerar resultados piores. Mixed Teams, op. cit.*; Ward e Carvel, *op. cit.*

197. *Observe que parte do problema talvez se deva à proporção da condição de minoria conforme mostrava Gratton e colegas.; Criação de melhores condições. Innovative Potential: Men and Women in Teams* (Centro Lehman Brothers para Mulheres no Mundo dos Negócios, Escola de Negócios de Londres, 2007).

360 GRAUS DE INFLUÊNCIA

Capítulo 10 – Influenciando as impressões do público sobre sua organização

203. *As empresas que dependem muito de sua força de trabalho, como a Mary Kay Cosmetics ou Amway.* Michael J. Pratt, *The Good, the Bad, and the Ambivalent: Managing Identification Among Amway Distributors, Administrative Science Quarterly,* 45(3), setembro de 2000, pp. 456-493.

203. *Em seu artigo na Harvard Business Review, o jornalista Paul Hemp relatou.* Paul Hemp, *My Week as a Room-Service Waiter at the Ritz, Harvard Business Review,* 80(6), junho de 2002, pp. 50-62.

203. *A Groupon, por exemplo, é uma empresa de mídia social extremamente bem-sucedida.* Utpal Dholakia, *Why Employees Can Wreck Promotional Offers, Harvard Business Review,* 89(1/2), janeiro-fevereiro de 2011, p. 28.

204. *E com relação aos que negam a importância da satisfação do funcionário:* Martin Sprouse (ed.), *Sabotage in the American Workplace* (San Francisco: Pressure Drop Press, 1992).

205. *O Bank of America mantém mais de um milhão de hipotecas ruins; ...comprando nomes de domínio.* David Streitfeld e Louise Story, *Bank of America to Reduce Mortgage Balances, New York Times,* 24 de março de 2010, p. B1; *Bank of America Buys Up Nasty Domain Names in Defensive Move,* HuffingtonPost.com, 23 de dezembro de 2010.

206. *Talvez o Bank of America seja totalmente inocente de todas as transgressões; Talvez o diretor executivo da Medtronic, Bill George, chegue mais próximo do alvo.* Mina Kimes, *The Three-Minute Manager, Fortune,* 159(5), 16 de março de 2009, p. 30.

206. *O ano de 2010 não foi bom para a empresa de energia.* Kirsten Korosec, *Gulf Oil Spill: BP CEO Hayward Just Can't Help Blaming Someone Else,* bNet, 29 de abril de 2010; Clifford Krauss, *Oil Spill's Blow to BP's Image May Eclipse Costs, The New York Times,* 29 de abril de 2010, p. B1; Kirsten Korosec, *BP's History of Oil Spills and Accidents: Same Strategy, Different Day,* bNet, 7 de maio de 2010; Frank Furedi, *Why BP Is Not Very Slick in an Emergency,* FrankFuredi.com, 21 de junho de 2010.

NOTAS

207. *Os carrinhos de bebê são necessários?.* Farzad Rastegar, *How I Did It... Maclaren's CEO on Learning from a Recall, Harvard Business Review,* 89(1), janeiro-fevereiro de 2011, pp. 41-45.

209. *A Toyota iniciou um* recall *em resposta às reclamações:* 2009-2010 Toyota Vehicle Recalls, Wikipedia.org.

209. *Andy Beal, consultor de gerenciamento de reputação on-line:* Andy Beal, *The 11 Unwritten Laws of Reputation Management,* Forbes.com, 4 de janeiro de 2011.

209, 210. *...porém, em torno de um ano depois, o Departamento Nacional de Transporte Rodoviário:* Matthew L. Wald, *Electronic Flaws Did Not Cause Toyota Problems, U.S. Says, The New York Times,* 8 de fevereiro de 2011, p. B1.

210. *Eu poderia lhe oferecer uma lista de soluções para gerenciar.* Compilei essa lista com base no que poderia ser considerado senso comum e nos seguintes autores: Ron Ashkenas, *Who's Responsible for Your Company's Reputation?, blog da Harvard Business Review,* 28 de abril de 2010; David Kiley e Burt Helm, *The Great Trust Offensive,* Businessweek.com, 17 de setembro de 2009; Colin Mitchell, *Selling the Brand Inside, Harvard Business Review,* 80(1), janeiro de 2002, pp. 99-105; ReputationInstitute.com; Sprouse, *op. cit.*

211. *...nada mais pode destruí-la mais rápido do que reagir desfavoravelmente a uma crise: Bank of America, op. cit.* Beal, *op. cit.*; Furedi, *op. cit.*; Korosec, *op. cit.*; Rastegar, *op. cit.*

212. *Andy Beal, em Radically Transparent, enfatiza a importância:* Beal, *op. cit.*

213. *O presidente e diretor executivo Carlos Ghosn ressaltou a importância da estratégia:* Carlos Ghosn, *Saving the Business Without Losing the Company, Harvard Business Review,* 80(1), janeiro de 2002, pp. 47-45.

214. *Histórias sobre como o diretor executivo continuou a utilizar o pato.* Consulte, por exemplo, Adam Armbruster, *The Advertising Duck That Roared,* TVWeek.com, 2006, <http://www.tvweek.com/news/2006/11/the_advertising_duck_that_roar.php>.

214. *E, tal como Andy Beal ressaltou: "As empresas raramente mudam sua marca quando têm uma excelente reputação."* Beal, *op. cit.*

215. *No livro Differentiate or Die: Survival in Our Era of Killer Competition.* Steven Rivkin, *Differentiate or Die, Executive Summaries,* parte 2, 22(9), setembro de 2000, pp. 1-8.

215. A. A. Mohamed, *professor de administração na Universidade de Indiana. As táticas indiretas prosseguem*: A. A. Mohamed, A Taxonomy of Organizational Impression Management Tactics. *Advances in Competitiveness Research*, FindArticles.com, 1999.

217. A *Massey Energy (que agora faz parte dos recursos da Alpha Natural)*: Ian Urbina, *Wealthy Coal Executive Hopes to Turn Democratic West Virginia Republican, The New York Times*, 22 de outubro de 2006; Trefis Team, *Someone Will End Up Overpaying for Massey Energy*, Forbes.com, 19 de janeiro de 2011.

217. *Não obstante a observação franca e direta de Gary Kelly, diretor executivo da Southwest Airlines; Inder Sidhu, vice-presidente sênior.* Inder Sidhu, *Profiles in Doing Both: The Secret Behind the LUV at Southwest*, Forbes.com, 11 de janeiro de 2010.

218. *Kevin Lane Keller, professor de marketing.* Kevin Lane Keller, *The Brand Report Card, Harvard Business Review*, 78(1), janeiro-fevereiro de 2000, pp. 147-157.

219. *De acordo com um levantamento do Instituto da Reputação, essa atenção para o prestígio é importante.* ReputationInstitute.com.

219. *Laurie Burkitt, jornalista da Forbes, opinando sobre a reputação:* Laurie Burkitt, *America's Most Reputable Companies*, Forbes.com, 20 de abril de 2010.

220. *Outro levantamento, voltado para "líderes inovadores" dos EUA: 2010-2011 International Index of Thought Leaders: Executive Summary*, novembro de 2010, <http://www. tlg-ltd.com/index2010/>.

220. *Às vezes, as próprias ações podem contar a história.* Spencer E. Ante, *At Amazon, Marketing Is for Dummies*, Businessweek.com, 17 de setembro de 2009.

221. *De modo semelhante, a Zappos estruturou seus negócios no estoque.* Bill Taylor, *Why Zappos Pays New Workers to Quit: And You Should Too, blog da Harvard Business Review*, 19 de maio de 2008.

221. *Randall Beard, ex-diretor de marketing global.* Kiley e Helm, *op. cit.*

222. *A página Web de atendimento ao cliente da L. L. Bean.* Customer Service, LL Bean.com.

NOTAS

222. *O Ritz-Carlton aloca US$ 2.000 a a todos os funcioná-rios.* Hemp, *op. cit.*; consulte também Courtney Dillard, Larry D. Browning, Sim B. Sitkin e Kathleen M. Sutcliffe, *Impression Management and the Use of Procedures at the Ritz-Carlton: Moral Standards and Dramaturgical Discipline, Communication Studies*, 51(4), inverno de 2000, pp. 404-414.

Capítulo 11 – Utilizando suas palavras para influenciar e mudar mentalidades

226. *A habilidade de enquadramento é um componente fun-damental no conjunto de instrumentos.* Jay A. Conger, *Inspiring Others: The Language of Leadership, Academy of Management Executive,* 5(1), 1991, pp. 31-45.

226. *Quando tentamos enquadrar uma questão.* Steve Woolgar e Dorothy Pawluch, *Ontological Gerrymandering: The Anatomy of Social Problems Explanations, Social Problems,* 32(3), feve-reiro de 1985, pp. 214-227.

230. *Campanhas complicadas — um novo empreendimento, restau-ração de uma imagem prejudicada.* Embora não examine dire-tamente o enquadramento, o estudo a seguir mesmo assim é relevante. R. A. Yaros, *Is It the Medium or the Message? Structuring Complex News to Enhance Engagement and Situational Understanding by Nonexperts, Communication Research,* 33, 2006, pp. 285-309.

234. *Por que as histórias funcionam? Simples, não é?* Baesler e Burgoon, *op. cit.*; Michael Dahlstrom, *The Role of Causality in Information Acceptance in Narratives: An Example from Scientific Communication, Communication Research,* 37(6), 2010, pp. 857-875; Elizabeth J. Marsh, Michelle L. Meade e Henry L. Roediger, *Learning Facts from Fiction, Journal of Memory and Language,* 49(4), novembro de 2003, pp. 519-536; e, para uma análise mais hermetica, consulte Martin Kreiswirth, *Merely Telling Stories? Narrative and Knowledge in the Human Sciences. Poetics Today,* 21(2), verão de 2000, pp. 293-318.

235. *Stephen Denning, consultor privado e especialista na arte de narrar histórias organizacionais. Learn the Language of Leadership: Where to Use Storytelling,* SteveDenning.com.

309

238. *...as palavras que empregamos com nossos clientes.* Conger, *op. cit.*

239. *O famoso escritor Rudyard Kipling fazendo declarações:* Rudyard Kipling, BrainyQuote.com.

240. *Aqui, a palavra-chave é concreto.* Eugene Borgida e Richard E. Nisbett, *The Differential Impact of Abstract vs. Concrete Information on Decisions, Journal of Applied Social Psychology*, 7(3), setembro de 1977, pp. 258-271.

241. *As metáforas são poderosas porque elas se associam imediatamente.* Conger, *op. cit.*

242. *Frank Luntz, especialista em sondagem de opinião pública e estrategista de comunicação do Partido Republicano.* Frank Luntz, *The 11 Words for 2011, The Huffington Post*, 1° de março de 2011.

244. *Um modo geral, para atrair a atenção de alguém.* Consulte, por exemplo, Bonnie Erickson, E. Allen Lind, Bruce C. Johnson e William M. O'Barr, *Speech Style and Impression Formation in a Court Setting: The Effects of "Powerful" and "Powerless" Speech, Journal of Experimental Social Psychology*, 14(3), maio de 1978, pp. 266-279.

244. *Haverá sempre resistência.* A resistência e persuasão são temas muito estudados tanto nas ciências sociais quanto nos negócios. Um autor que transita em ambos os campos, Howard Gardner, escreveu sobre mudança de mentalidade em *Changing Minds* (Cambridge: Harvard University Press, 2004); consulte também E. J. Baesler e J. K. Burgoon, *The Temporal Effects of Story and Statistical Evidence on Belief Change, Communication Research*, 21, 1994, pp. 582-602; H. B. Brosius e A. Bathelt, *The Utility of Exemplars in Persuasive Communications, Communication Research*, 21(1), 1994, pp. 48-78; John B. F. de Wit, Enny Das e Raymond Vet, *What Works Best: Objective Statistics or a Personal Testimonial? An Assessment of the Persuasive Effects of Different Types of Message Evidence on Risk Perception, Health Psychology*, 27(1), janeiro de 2008, pp. 110-115; Dave Hakala, *Eight Ways to Get Buy In from Company Executives*, Itmanagement.com, s/d; John P. Kotter e Lorne A. Whitehead, *Buy In* (Boston: Harvard Business Press, 2010); Linda Simon, Jeff Greenberg e Jack Brehm, *Trivialization: The Forgotten Mode of Dissonance Reduction, Journal of Personality and Social Psychology*, 68(2), fevereiro de 1995, pp. 247-260; Gary A.Williams e Robert

NOTAS

B. Miller, *Change the Way You Persuade, Harvard Business Review*, 80(2), maio de 2002, pp. 65-73; Joseph Yeager e Linda Sommer, *Linguistic Mechanisms Cause Rapid Behavior Change, Part Two: How Linguistic Frames Affect Motivation, The Qualitative Report*, 12(3), setembro de 2007, pp. 467-483; bem como a discussão geral sobre enquadramento.

249. *Um exemplo é a influência exercida pelo trabalho e pelos escritos do finado Saul Alinsky; e com frequência é citado ou mencionado pelos modernos gurus da mídia:* Saul Alinsky, Wikipedia.org.

249. *Ele foi chamado de "Profeta do Poder" e Alinsky era no mínimo controverso. Radical Saul Alinsky: Prophet of Power to the People, Time,* 2 de março de 1970.

280. *O panfleto veemente de Paine. Common Sense:* Jill Lepore, *The Sharpened Quill, The New Yorker,* 16 de outubro de 2006.

251. *A grande arma secreta da escrita influente.* Conger, *op. cit.*

251. *Em geral, os blogueiros são famosos por tomarem partido.* Farhad Manjoo, *How to Blog,* Slate.com, 18 de dezembro de 2008.

253. *Tal como o blog, o artigo de opinião tem uma estreita janela de oportunidade.* David Jarmul, *15 Ways to Get an Op-Ed Article Published,* bnet (originalmente publicados em *The Masthead,* verão de 1993).

254. *Essa dificuldade é representada por determinados critérios de indagação: Questions for Op-Ed Writers,* The Op-Ed Project. org, s/d.

254. *Os white papers são exclusivos porque. Ten Secrets of Effective White Paper Writing,* Write2Market.com, s/d.

Capítulo 12 – Controlando o poder de influência de sua marca pessoal

259. *À primeira vista, John Millard, doutor em medicina, dá outra impressão.* Relato pessoal do autor.

260. *De acordo com vários estudos, a lipo, tal como frequentemente é chamada, é algo desejado pelas pessoas.* De uma entrevista com John Millard, doutor em medicina, 14 de março de 2011.

261. *O lendário jornalista e noticiarista norte-americano Tom Brokaw.* Tom Brokaw, BrainyQuote.com.

360 GRAUS DE INFLUÊNCIA

262. *Entretanto, não se esqueça de que Oprah nem sempre foi "Oprah".* Oprah Winfrey, Wikipedia.org.

266. *...é a história de um aspirante a funcionário da Cisco.* Helen A. S. Popkin, *Twitter Gets You Fired in 140 Characters or Less*, MSNBC.com, 23 de março de 2009.

267. *Quando um indivíduo está na presença de outros.* Erving Goffman, *The Presentation of Self in Everyday Life* (Nova York: Doubleday, 1959).

268. *Outros cientistas sociais ampliaram seu trabalho:* Dentre eles: Adam Arvidson, *Brands: A Critical Perspective, Journal of Consumer Culture*, 5(2), julho de 2005, pp. 325-358; William L. Gardner e Mark J. Martinko, *Impression Management in Organizations, Journal of Management*, 14(2), 1988, pp. 321-338; Alison Hearn, *John, a 20-year-old Boston Native with a Great Sense of Humour: On the Spectacularization of the "Self" and the Incorporation of Identity in the Age of Reality Television, International Journal of Media and Cultural Politics*, 2(2), 2006, pp. 131-147; Douglas Holt, *Toward a Sociology of Branding, Journal of Consumer Culture*, 6(3), novembro de 2006, pp. 299- 302; Daniel J. Lair, Katie Sullivan e George Cheney, *Marketization and the Recasting of the Professional Self, Management Communication Quarterly*, 18(3), fevereiro de 2005, pp. 307-343; Mark R. Leary e Robin M. Kowalski, *Impression Management: A Literature Review and Two-Component Model, Psychological Bulletin*, 107(1), janeiro de 1990, pp. 34-47; e Ernest Sternberg, *Phantasmagoric Labor: The New Economics of Self-Presentation, Futures*, 30(1), janeiro de 1998, pp. 3-21.

268. *Segundo Billie King, Jr., fundador da Bow Tie Cigar Company. Jill Donenfeld, fundador da The Dish's Dish e como defende o especialista em vinhos Gary Vaynerchuk.* Lydia Dishman, "10 Ways to Build Your Personal Brand", BusinessInsider.com, 9 de abril de 2010.

269. *Uma rápida busca on-line pela expressão "personal branding" (branding pessoal) o deixará espantado.* Consulte, por exemplo, WilliamArruda.com; Rancatore; Ryan, em PersonalBranding101.com; e Dan Schawbel, em PersonalBrandingblog.com, que são apenas alguns exemplos dos vários existentes.

269. *Isso me leva para o primeiro passo.* Tom Peters, *The Brand Called You*, FastCompany.com, 31 de agosto de 1997.

NOTAS

276. *Contudo, todos nós somos humanos.* Peter Gruber, *Apple, Gabrielle Giffords, Toyota: When Good Stories Go Bad. The Huffington Post*, 8 de fevereiro de 2011.

277. *Eis um exemplo: o designer Kenneth Cole imaginou que seria inteligente e associou o "problema" com o seu negócio:* Mark Pasetsky, *Kenneth Cole Apologizes for "Absolutely Inappropriate" Egypt Tweet*, Forbes.com, 3 de fevereiro de 2011.

279. *Admita, o quanto antes.* Shelley Wigley, *Telling Your Own Bad News: Eliot Spitzer and a Test of the Stealing Thunder Strategy, Public Relations Review*, 37, 2011, pp. 50-56.

SOBRE O AUTOR

Harrison Monarth, autor *best-seller* pelo *The New York Times* e especialista na área de comunicação (desenvolvimento de mensagens), marca pessoal e *coaching* em comunicação oral, é o fundador da GuruMaker School of Professional Speaking, e está entre os *coaches* de oratória e consultores de comunicação mais procurados nos EUA. Harrison orienta regularmente empresas da *Fortune* 500 e prepara diretores executivos, candidatos políticos e outros profissionais proeminentes para apresentações de alto risco, oportunidades de palestra e outros desafios comunicacionais.

Harrison orientou pessoalmente líderes de organizações de renome nas áreas médica, hoteleira, de serviços financeiros, de tecnologia e de produtos de consumo, bem como no setor imobiliário, sem fins lucrativos e político. Sua lista de clientes inclui IBM, Merrill Lynch, US Bank, PepsiCo, Intel, Cisco Systems, DHL, Prudential, Associação Norte-Americana do Coração, Biblioteca e Museu Presidencial Abraham Lincoln, Escola de Negócios Haas, Cardinal Health, Northrop Grumman, Coldwell Banker, Hertz e muitas outras corporações importantes, assim como candidatos políticos e membros do Congresso.

The Confident Speaker [*O Palestrante Confidencial*] (da editora McGraw-Hill, 2007), foi um livro *best-seller* de Harrison consagrado pelo *The New York Times*, baseia-se em vários anos de pesquisa e experiência na área de comunicação persuasiva e discursos de alto impacto. Seu livro *Executive Presence: The Art of Commanding Respect Like a CEO* (*Presença Executiva: A Arte de Liderar como um CEO*), publicado originalmente pela McGraw-Hill, é considerado por executivos de grande destaque como um recurso fundamental no desenvolvimento de liderança executiva.

Harrison reside na cidade de Nova York

www.dvseditora.com.br